増補版 なんとかせい！
一事入魂
島岡御大の10の遺言

山清光

鳥影社

御大の
ユニフォーム姿
（神宮球場）

右・ゲーム前ノックをした頃の御大
右下・観衆に応える御大
左下・バックネット前の笑顔の御大
（島岡寮資料室所蔵）

御大の笑顔
五景

（写真：島岡寮資料室所蔵）

第6回明治神宮野球大会で駒沢大を破り優勝後の記念撮影、1975年11月4日、神宮球場にて

同期の集合写真。前列左から浜武（東筑）、荒井（成東）、筆者（上田）、御大、梅田（岐阜商）、名取（甲府商）、後列左より大塚（小倉）、関（中京商）、堀（岐阜商）、伊藤（日大一）、小林（明治）、伊藤（高槻）、丘野（大宮）、1975年秋、神宮球場

現在の内海・島岡
ボールパーク

上・スタンド壁面の球場ネーム
右・グラウンド全景
右下1・島岡寮全景
右下2・島岡寮食堂
下・島岡寮看板

拝啓　教導院吉誉入魂恩大居士（島岡吉郎）様

初春の候、いかがお過ごしですか
すべてに一事入魂のあなたが鬼籍に入られてから三十四年
あなたの最初の門下生は九十二歳、最後の愛弟子は五十二歳
光陰は矢より迅《すみや》かなり
勝った時の喜び、負けた時の怒り、すべてが島岡吉郎でした
生活のすべてを野球、選手教育に注ぎ
なんとかせい！
その情熱で選手が奮い立ち、心を躍らせました
時には古くさい、時にはやり過ぎだ
周囲の声にも島岡流の猪突猛進
四年間であなたが遺した数多くの「銘言」
社会でも通じた、その「遺言」を記します

敬具

令和五年睦月

丸山龍光

はじめに

昨秋の東京六大学野球リーグ戦で田中武宏（舞子高）監督率いる明治大学野球部は6度目の春秋連覇を遂げ、その後の明治神宮野球大会では7度目の秋の大学日本一に輝いた。鍛えられた完成されたチームだった。慶賀に堪えない。85年ぶりとなる明治にとって2度目の4連覇達成を期待したい。

東京・多摩の府中市若松町に東京六大学野球の一角をしめる明治大学野球部のグラウンドと合宿所がある。2006（平成18）年につつじヶ丘（東京・調布市）から移設された。グラウンドのスタンドの壁面には「明治大学　内海・島岡ボールパーク」と記されている。神宮球場でプレーすることを夢見て全国から集まった高校球児が学業とともに、合宿所「島岡寮」で寮生活を営んでいる。

グラウンドの三塁側後方奥の丘には、明治大学野球部の産みの親、当時の野球部長の内海《うつみ》弘《こう》蔵《ぞう》（旧一高─東京帝大）と元監督の島岡吉郎《きちろう》の笑みをたたえたブロンズの胸像がある。内海像は神宮球場の方角を向き、島岡像はグラウンドで白球を追う選手達を見守っている。緑の人工芝が張り巡《めぐ》らされたグラウンドは神宮球場と方角が同じに設計してある。室内練習場、更衣室、食堂、物干し場、浴室等、どの設備も機能的だ。毎年30名前後の新人が120名を収容できる島岡寮の門をくぐる。このグラウンドと島岡寮を見学に来る選手の親御さんは、施設を見るなりわが子を明治大学野球部に入れたくなるそうだ。それほど高校球児だけなく、その家族も憧れる全国屈指の野球施設となっている。

明治大学野球部の創部は、島岡吉郎誕生の前年、1910（明治43）年に遡《さかのぼ》り、今年で創部1

〔上〕内海弘蔵の胸像　〔下〕御大の胸像
（内海・島岡ボールパーク・府中市）

13年を迎える。そして、元監督が故郷の信州で高等小学校の時に野球を覚えたころ、東京六大学野球（以下、六大学野球）が産声を上げた。六大学野球の勃興については、慶応、早稲田の両校野球部の存在抜きには考えられない。しかし、1903（明治36）年に始まった早慶対抗戦は3年後に慶応の拒絶で中断し、その後、早稲田が慶応へ絶縁状を突きつけたこともあり、19年間にわたり対戦がなかった。明治は中断していた早慶対抗戦の復活を唱え続け、早慶に明治を加えた三大学リーグの設立、入場料の徴収問題をはじめ、法政と立教が加わった五大学リーグでも早慶戦復活などに積極的に関わった。加盟校が3校から6校に至る様々な場面で、重要な役割を果たしたのが明治だった。

六大学野球がスタートした1925（大正14）年の前年、6校でのリーグ設立への理事会が明治大学で行われた。この当時の会議の多くは駿河台（東京・神田）の明治大学で行われている。慶応がリーグ戦開始の延期を3度申し出て難航し、早慶を除いた4校で協議した結果、「いつまでも変態のリーグを存続するわけにはいかない。両校（早慶）の握手がなければ、リーグ解散もやむなし」との強い発言も出たが収拾した。この決定に至るまで全体をリードしたのは、明治大学野球部の産みの親、内海弘蔵だった。『明治大学野球部史第一巻』（駿台倶楽部編）に詳しく記されている。対抗戦だった早慶試合を、6校によるリーグ戦を成立させることにより、早慶戦を花形にした源は明治だったともいえる。大学野球勃興期の要だった。明治の早慶戦復活への度重なる折衝がなかったら、六大学野球も早慶戦も、今のスタイルではなかった。

一方で、試合での応援が過熱し、応援のあり方が教育界をはじめ各方面から問われ、社会問題へと発展した。それだけ、当時の早慶戦をはじめ大学野球への人々の熱狂ぶりは尋常ではなかった。

1925（大正14）年に東京帝国大学（現東京大学）が春のテスト参加を経て秋に正式に加わり、現在の六大学野球の形になってから、今年で98年を数える。その98年の歳月のうち、37年間も六大学野球の現場に関わった人物がいる。そして、今もなお私たちの記憶のなかにある。

「なんとかせい！」。時は1970年代。熱戦が繰り広げられた神宮球場に、何度響き渡ったことか。魂の籠《こも》った腹の底から出るこの檄《げき》に心が奮《ふる》った。チームがピンチの時、チャンスの時、選手に浴びせられる何とも言えない響きのある叫びだった。この人が発すると、緊張が走るとともに「何とかしなくては」と身体に芯ができた。

東京六大学野球のリーグ戦で毎試合、神宮球場に向かう前に、調布市佐須町（現在の深大寺南町）にあった明治大学野球部合宿所「明和寮」では、戦いの前から緊張感がみなぎった。出陣の前に明和寮脇にあった「明治稲荷大明神」に全員で必勝を祈願し、リーグ戦で優勝するごとに朱の鳥居がひとつずつ増えていった。

「早稲田大学1回戦の必勝を期して、校歌一番……」

この魂の込められた発声に続き、

明治稲荷大明神、右は明和寮（調布市佐須町）

「おお、明治……」

と主将のリードで明治大学校歌1番を全員で唱《うた》い上げ、柏手《かしわで》を打って神宮球場に向かうのが習わしだった。

「元気がない！　もう1回」

時には、校歌のやり直しもあった。その魂が込められた発声の主が島岡吉郎であった。我々は島岡吉郎を畏敬と親しみを込め、本人や先輩の前では「御大《おんたい》、同期生と下級生のなかでは「おやじ」と呼んで親しんだ。

ふり返れば大学の4年間は、あっという間に過ぎ去った。この4年間に、島岡吉郎から発せられた数々の「銘言」が、半世紀を経ても甦《よみがえ》る。社会に出ても役に立った。IT全盛の今、アナログの世界は新鮮だ。

卒業してから半世紀近くが過ぎ、4年間で体験したそのひと言、ひと言をふり返り、直《じか》に接した島岡吉郎を回想してみたい。

島岡吉郎。1911（明治44）年、長野県下伊那郡市田村（現下伊那郡高森町）生まれ。1989（平成元）年没。明治の末に生を享《う》け、平成の最初の年に逝《い》ったのは因縁を感じる。明治、大正、昭和、平成と生き抜き77年。筆者にとっては、その77年のうちのたった4年間の出会いであった。しかし、人生においてかけがえのない時を過ごした。これは筆者だけでなく、島岡吉郎とともに明和寮で、そしてグラウンドで、4年間を過ごした神宮球場に憧れて全国から集まった選手、すべての共通項と言っていい。その薫陶《くんとう》を受けた選手は、総勢1900名（入学ベース）を超える。末尾に年代を追って全選手、マネージャーを記した。

六大学野球98年の歴史のなかで、神宮球場のフィールドで野球という競技を経験していない唯一の監督が島岡吉郎だ。このことだけでも異色だ。その人となりは多くの書籍、雑誌で紹介されている。多言は無用だ。4年間で島岡吉郎から発せられた多くの「銘言」がある。昭和、平成、令和と半世紀を経ても、身体に染みついているのが不思議だ。島岡吉郎と接した者は、その一つひとつを「吉郎語録」と称して、社会人になっても酒の席などで、懐かしく回想している。

島岡吉郎のような野球の監督は、最初で最後だろう。多くの野球関係者に問うても異論はない。応援団長あがりの名物監督という一面が強調されてきた。神宮では「なんとかせい！」、卒業生には「一事入魂」のひと言をはじめ、この明治、大正、昭和、平成を生き抜いた名物監督が東京六大学野球という伝統ある野球舞台で、大学の威信をかけて戦いながら、子供、孫のような選手にどう向き合ったか、その底流には何があったか。没後33年を越え、「吉郎語録」を「10の遺言」としてまとめた。半世紀前に、島岡吉郎と直に触れた4年間の記憶を辿《たど》りながらふり返ってみた。そして、IT全盛時代にもその語録は生き、野球の世界だけでなく、社会にも活用できた。「なんとかせい！」と叫びたくもなることがスポーツにも政治の世界にも頻繁に起きている。御大だったらどう向き合ったか。

人間は誰でも「人生我が師」と呼べる人を何人か持つ。両親は元より、教師、会社の上司や同僚、かけがえのない友人。その出会いと縁は人生を変える。人生の師に島岡吉郎を挙げる島岡門下生は多い。筆者もそのひとりだ。

また、本著は2020（令和2）年に筆者が上梓した『なんとせい！ 島岡御大の置き手紙』（文藝春秋企画出版部）を加筆、修正し、『増補版 なんとかせい！ 一事入魂 島岡御大の10の遺言』と題し、改訂版の出版としたことを申し添える。参考資料として新聞記事を多用し、同時発売の電子版では挿入した写真はカラー素材を可能な限り活かした。

本稿では感謝を込めて、「御大」と言わせてもらう。また、すべての敬称を省略させていただくことをお許しいただきたい。

丸山龍光（清光）

増補版　なんとかせい！　**一事入魂**　島岡御大の10の遺言　◉　目次

はじめに　3

其の一「ここは野球部の合宿所ではない。人間修養場だ」……19

▽魂を込めて造ったグラウンドで、まず人間を鍛《きた》えたい
▽人間修養場「島岡野球劇場」
▽徹底した島岡式施設管理

人づくりは環境から　20
なぜ、監督を目指したか　22
人間修養の場「明和寮」　26
吉郎語録の産みの場所　28
食事も風呂も島岡精神　30

其の二「野球の前にまず、人間の修養を積め」「人間力を磨け」「不得手に挑戦」……37

▽野球を通じて人間力を養うことは島岡野球の原点
▽自分の欠点を探し挑戦させた

人間力は島岡野球の原点　38
大学案内に「人間力」が溢れる　42
人間力の産みの親？　45
素直さは人間力を磨く第一歩　47
不得手に挑戦　49

其の三「実るほど頭を垂れる稲穂かな」……51

▽謙虚さと感謝はしてもし過ぎることはない
▽選手の奢りを戒めた
▽成功の裏には必ず下支えがある

感謝と謙虚　52

恩師への感謝・その1　木村頌一先生　53
恩師への感謝・その2　武田孟先生　56
三度《みたび》の甲子園　58
勝利へ「私」は許さない　66
部屋割りにも配慮　69

其の四　「島岡式勝利の方程式は、（技術×練習）×元気＋その日の調子」

……75
▽技術と練習と元気（精神力）の相乗効果
▽身体で覚える練習は島岡野球の真髄
▽「その日の調子」は御大の優しさ
外部コーチで技術をカバー　76
島岡式トスバッティング　78
3名の外部コーチ　80
身体で覚える練習　86
霜解けに挑戦　88
1000球ピッチング　90

アンパンミット 93
ルイジアナ遠征 95
アメリカと日本の野球環境 102
同時スタート 107
牽制球も投げ込み 110
技術と練習に元気を掛ける 112
野球日誌とラグビー早明戦 114
御大と忠さん 116
緊張と上がりは違う 119
四球と失策は勝利の方程式を壊す 122
リーグ戦は戦場? 125
その日の調子とコンディションづくり 127
投手に投手を代打 129
御大のアンパイアと六大学の審判 131
身体のケアと山登り 135

其の五 「同じレベルだったら下級生を使う」 143

▽島岡式選手制度は厳しさと優しさが同居

島岡式選手制度とは 144
選手の進言に柔軟 146
人事異動でも生きる 149

其の六「明大野球部の存在意義は早慶を倒すことにある」……153

▽常に六大学野球全体を考えていた
▽打倒早慶はライフワーク
打倒早慶の執念と初優勝 154
優勝が最大使命と下支え 159
早慶から始まった六大学野球 163
野球殿堂入り 166
明慶戦でなく慶明戦 170

其の七「打倒江川!　江川の高めの球を捨てろ」……175

▽御大が檄で発した唯一の個人選手
▽「高校生に敗れた」から始まった江川対策

▽用意周到な対策はマーケティングの域
高校生に敗れた　176
打倒江川へハワイ遠征　178
江川の高めの球を捨てろ　181
「見逃し」も打撃練習　183
決戦は？　187
「怪物」江川　190

其の八「グラウンドの神様に謝れ」……197

▽グラウンドに神様が宿る？
▽勝つためには縁起担ぎも徹底
グラウンドに神様が宿る？　198
石灰ボールとローソク　200
命がけで造ったグラウンド　201
学費値上げ闘争がグラウンドへ　204
縁起担ぎ・その1　背番号　205

縁起担ぎ・その2　ユニフォーム　210
縁起担ぎ・その3　猪マーク　213
縁起担ぎ・その4　明治稲荷　215
縁起担ぎ・その5　仏滅と対東大連敗　217
あわや没収試合　220
応援団と御大　225
御大の執念の集大成　233
縁起担ぎ・その6　鼻血　238
日米大学野球と御大の黄金時代　239
縁起担ぎ・その7　メモ用紙と鉛筆　242
フラッシュサイン　247
東大との縁　250

其の九　「旧来の陋習を破れ」「悪貨は良貨を駆逐する」……261

▽監督就任時の方針を終生貫く
▽組織の荒廃の結末をわかっていた

旧来の陋習を破れ　262

悪貨は良貨を駆逐する　264
「習慣」に行き着く　266

其の十　「社会に出たら労働基準法などないと思え、ひたすら働け」「初月給でいい酒を買え」…………269

▽いい酒で一日をふり返れ
▽高校野球を想う

働き方改革、隔世の感　270
社会人野球と御大の「就職活動」　272
香田誉士史監督のこと　279
初月給でいい酒を買え　281
高校野球を想う　283
金属から木製へ　287

番外編　一球入魂から「一事入魂」へ…………297

▽社会に出てもなお生き続ける銘言

▽大事も小事も魂を込めて事にあたれ
▽政治家より監督、御大の遺言

一事入魂と「スロー、アンド、シュア」 298
新聞も「なんとかせい！」 301
御大と政治と「なんとかせい！」 322
「ぽっぽや」と北の鉄路と北海道 329

御大に捧ぐ

345

御大の監督時代の選手・マネージャー 362
御大の生涯と世相 406

参考文献・資料 411
ご協力をいただいた皆さま 413

其の一「ここは野球部の合宿所ではない。人間修養場だ」

▽魂を込めて造ったグラウンドで、まず人間を鍛《きた》えたい

▽人間修養場「島岡野球劇場」

▽徹底した島岡式施設管理

人づくりは環境から

明治大学野球部のグランドと合宿所は、現在の府中市へ移る前は調布市にあった。御大が1961（昭和36）年に、明治大学の和泉校舎建設に伴い、野球部長の武田孟《つとむ》（平安中―明治）の指揮の下で和泉グラウンド（東京・杉並区）から調布市へ移設した。

敷地は約9500坪（約3万平方メートル）もあり、本グラウンド、明治高校も使用した第2グラウンドに更衣室とトレーニングルーム、雨天練習場、そして明和寮が併設されていた。グラウンドは、神宮球場(注1)と同じように本塁から二塁を結ぶ線が東北東を向き、両翼は100メートル、センターは125メートルで、長嶋茂雄（佐倉一高―立教）が立教時代にホームラン記録を塗り替えた当時の神宮球場とほぼ同じ大きさに造ってあった。外野には天然芝が張り巡らされ、土は黒々としたいい土だった。バックネットは太い鉄骨で組まれ、どんな強風が吹いてもビクともしない頑丈な造りになっていた。ダッグアウトの深さも神宮球場と同じだった。一塁側のダッグアウトの隣には監督室（神宮球場はアナウンス室）があり、ここで御大は練習の合間に昼食をとり、来客があれば招き入れた。御大の「球場事務室兼応接室」だった。芝生の保護、球場施設の修理、

旧明治大学野球部グラウンド全景、後の島岡球場（調布市佐須町）

グラウンド全般を管理する専属の職員も雇っていた。職員の指導の下で、芝生に生える雑草取りは1年生の作業だった。後に「島岡球場」と呼ばれた。

この両翼100メートルのグラウンドから巣立ち、プロ野球、社会人野球で活躍した選手は数知れない。なかでも読売ジャイアンツの左翼手で不滅のＶ９に貢献した高田繁（浪商高）主将の逸話はグラウンドとともに語り継がれた。当時の後楽園球場の両翼は90メートル、実測は88メートルだったという。調布のグラウンドより12メートルも短かった。その分両翼のフェンスを高くしてあった。調布の100メートルで練習したお陰で、落下地点に早く入ることができ、あの「塀際の魔術師」の異名が生まれた。高田がいち早く左翼フェンスに張り付き、ジャンプして好捕したシーン、フェンスに跳ね返る打球を素早く処理し、二塁へ矢のように送球し二塁打を阻止したシーンが浮かんでくる。イチロー（鈴木一朗・愛工大明電高）の送球も凄かったが、ひと味違った緻密さを感じさせる送球だった。

御大はよく、

「高田の守備はここで生まれた。前の神宮（球場）と同じに造った

明和寮の正面玄関（調布市佐須町）

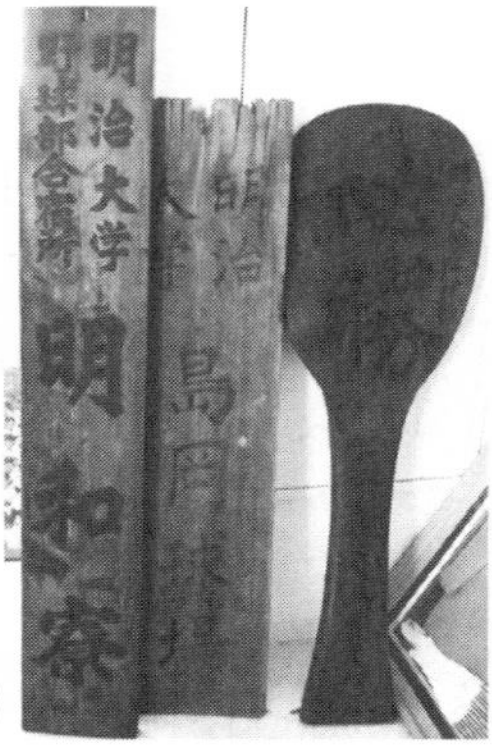

明和寮の看板（島岡寮資料室所蔵）

お陰だ」

と話していた。ランニング練習で、レフトのフェンス際に行くと、ここで「塀際の魔術師」が生まれたのかと思いに耽《ふけ》った。

最寄りの駅は、グラウンドから南へ徒歩で約20分の京王線つつじヶ丘駅。京王バスもあったがあまり利用しなかった。駅へは下り坂で甲州街道を横切り、帰りは上り坂で、神宮で負けて帰る時は、上り坂がより重く感じた。4年間で何回この道を往復したことか。思い出の道だ。

このグラウンドで幾多のドラマが生まれた。その一つひとつに御大が浮かび上がる。御大が人生を賭けた場であり、人づくりをする稽古場であり、明治の誇りを植えつける道場だった。まさに「島岡野球劇場」と言えた。

なぜ、監督を目指したか

御大が大学野球に関わったひとつの目的は、戦後の日本の荒廃を憂《うれ》え、野球を通して若者を育成し、戦後の復興に必要な人材を世に送ることだった。人を育てるにはまず環境づくりだ。野球をするための施設だけでなく、人間を鍛錬《たんれん》し、人間修養と人づくりの舞台をつくろうとした御大の思いの集大成が島岡球場と明和寮だった。

もうひとつ、監督になった背景を御大から聞かされた。当時、六大学野球の選手が卒業を待たずして、職業野球（御大はプロ野球をこう呼んでいた）に行ってしまう、いわゆる「青田買い」の風潮が色濃く、この青田買いにはプロ野球の将来を画策する背景があった。1950（昭和25）年から始まったプロ野球の2リーグ分裂だった。読売中心に動いてきた球界に6球団から球団を増やす構想が持ち上がった。プロ野球の産みの親である読売の正力松太郎が構想した大リーグの2リーグ制の日本版が基にあった。2リーグ制（注2）スタートの前年に毎日新聞を皮切りに多くの企業がプロ参入を表明し、紆余曲折の末、プロ野球初の2リーグ制の成立となった。この一連の経緯は多くの書物に記述があり、親会社同士の駆け引きも描かれているので一読すると面白い。後で触れる昭和後半での新聞部数の覇権をめぐる「朝読」戦争があったが、この時の2リーグ制誕生は「読毎」が主役だった。

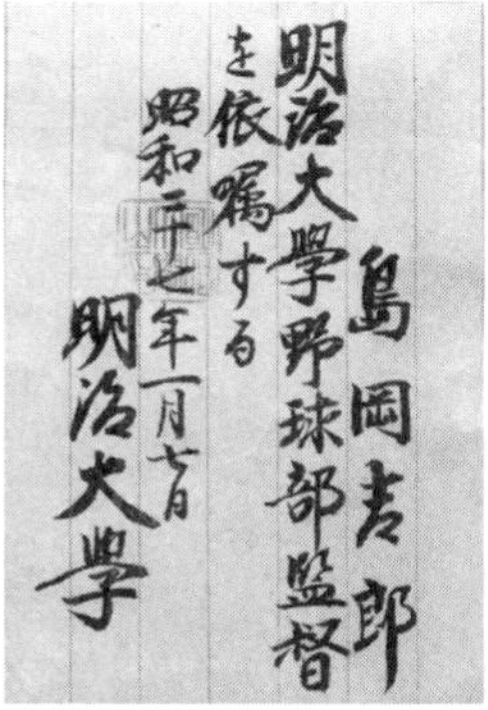
島岡吉郎
明治大学野球部監督
を依嘱する
昭和二十七年一月七日
明治大学

明治大学野球監督委嘱状

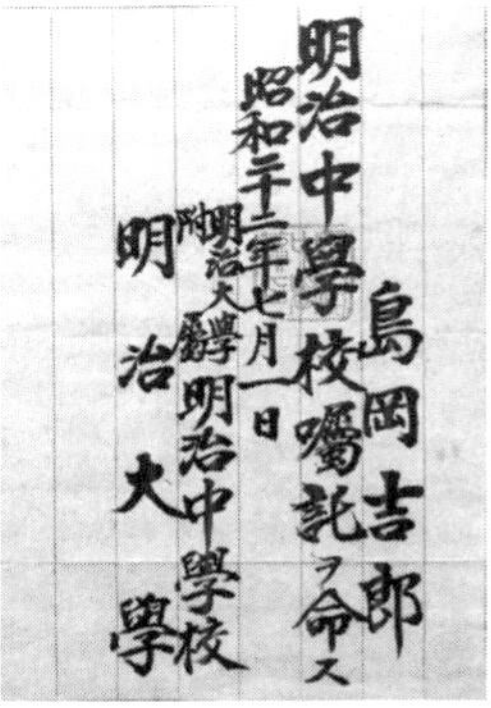
島岡吉郎
明治中學校囑託ヲ命ス
昭和二十二年七月一日
明治大學附屬明治中學校
明治大學

明治中学野球部監督委嘱状

（長野県高森町・御大の館所蔵）

この時、プロ野球参入に手を上げた企業を見ると面白い。新聞系がすでにあった読売、中日に加え、毎日、京都、中国、西日本の各新聞社が手を上げ、朝日にも打診があったという。さらに鉄道系は、阪神、阪急、東急に加え近鉄、西鉄、名鉄、国鉄（現在のＪＲ）、小田急、西武が手を上げている。戦後の復興が進む中で、プロ野球の人気で新聞の部数、鉄道の売上を増やそうとした群雄割拠の時代と言える。急激な球団増加に選手が足りず、球団同士の選手の引き抜きが横行し、ついには社会人野球、六大学野球にも引き抜きの手が及んだ。２リーグ制がスタートしてからは、毎日をはじめパ・リーグのチームの球団経営が逼迫し、球団の身売りが相次いだ。仮に、朝日が参入していたら、新聞部数と野球で読売と鎬《しの》ぎを削ることになったが、成功してもしなくても、朝日は参入しなくて正解だった、と思う。

プロ野球側の「青田買い」を憂えた明治大学は野球部の改革に動いた。衆議院議員、貴族院議員を経て、初代明治中（現明治高）の校長をも務め、明治大学総長の任にあった鵜澤總明《うざわふさあき》（旧一高―東京帝大）が御大に指令した。

「卒業しないで職業野球にいくのは、学生としての本分を外れる。由々しきことだ。その風習を変えよ」

御大から聞かされた。御大がよく選手に「旧来の陋習《ろうしゅう》を破れ」と言った源のひとつになっていると思った。卒業の時、鵜澤總明著の旧字体で書かれた『法律と道徳との関係』『統帥権と統帥』の２冊を御大から「難しいが読んどけ」と言われて貰ったが、引越しを何回かしているうちになくしてしまった。鵜澤は弁護士としても著名で、戦後の極東国際軍事裁判では日本側の弁護団長にもなっていて、人権擁護派の弁護士だった。

御大の監督就任にあたっては、時の野球部OBの反対、選手の集団退部事件もあり、新聞沙汰にもなったようだ。詳しくはわからないが、明和寮では御大の口からは、就任の際のひと悶着についてはひと言も出なかった。卒業の時に御大から渡された鵜澤總明の書は、監督就任時の苦労を無言で伝えたかったのかと、今になって思う。

本著の初稿執筆後に、御大の監督就任の理由を裏付ける記事を見つけた。1954（昭和29）年11月3日付の朝日新聞が「最上級生の出場ストップ　試合よりも卒業を」として報じている。紙面には、

最上級生の出場ストップ
明大野球部島岡監督の断
試合よりも卒業を
一部の選手に単位不足
英雄扱いは迷惑
優勝、三年に一度で十分

「最上級生の出場ストップ」「試合より卒業を」
（1954年11月3日付朝日新聞）

「最上級生の4年生17人のうち数人が、学校が用意してくれた夏休み中の補講に出ず卒業不能の恐れが出たため、御大の判断で秋のリーグ戦途中で対象となった選手がユニフォームを脱ぎ、神宮球場から姿を消したたことが話題となっている」

とある。周囲は「来年の優勝に備え3年生を場馴れさせるために4年生を引き上げた」とみ

る向きもあったが、御大は取材に対し、

「優勝する、しないは私にとって問題外だ。それよりも選手が社会人になった後、教養の面でケイベツされない立派な人間になってもらう方が優勝するよりうれしい。優勝はせめて3年に1度すればたくさんだ」

と答えている。御大の判断の裏にあった詳細はわからないが、周囲の反対を乗り越えて監督に就任した理由が、プロ野球の「青田買い」対応や「野球の前に人づくり」を実践したものと考える。早稲田OBの飛田穂州《とびたすいしゅう》（水戸中）が、

「島岡君のやり方については、スポーツ選手も一般学生となんら変わりない建前からいって批判の余地のない正しいことだ。（中略）明治の野球部だけでなく、ほかの野球部にも示唆を与えることだし、運動選手以外の怠け学生にも注意を促すだろう」

と御大の姿勢を同記事で評価している。

人間修養の場「明和寮」

島岡球場に隣接していた「明和寮」は、当時の大学運動部の合宿所の設備としては群を抜いていた。御大自慢の施設だった。御大が1952（昭和27）年に監督に就任してから9年後のことだ。

明和寮は鉄筋コンクリートの3階建てで、1階は応接室、マネージャー室、選手用の2人部屋、食堂、風呂場、2階は監督室と選手用の2人部屋、3階は監督の寝室と選手用の大部屋とミーティング室で構成されていた。1階の応接室以外はすべて畳の間だった。選手用の2人部屋は、4畳半に机、本棚、押し入れ、エントランス、下駄箱がついていた。60人の部員を収容できた。筆者はここで、布団、毛布の四隅をきれいに揃えて畳み、押し入れに角を揃えて入れることを習慣化することを覚えた。

御大は時々、抜き打ちで選手の部屋を見回った。ある上級生が、本棚に教科書の代わりにサントリーオールドを置いていたのが見つかり大目玉を食らった。オールド全盛の時代だった。なかなか洒落《しゃれ》ているなあと思っていたら、御大のカミナリが落ちた。

「野球をする以前の心構えが曲がっとる。こんなことで下級生がついてくると思うか。馬鹿もん」

後輩にお手本を見せる癖を付けさせたい一心だったと今になって思う。筆者は、それを見て、教科書と大学受験に使った研究社の英和辞典を並べ、それに初めて買った広辞苑をブックエンドにした。

トイレは各階にあり、1階のトイレはチーフマネージャー、2階のトイレはキャプテンが掃除をすることに決まっていた。ある時、御大がトイレの掃除の不備に気づき、寮生を2階のトイレに集めた。

「おまえら、よく見ておけ。便所の掃除はこうやってやるんだ」

と言って、マネージャーの持つ雑巾を取り上げ、便器の中に額がつくほど顔を埋《うず》め、拭き始めた。

「これが仕上げだ」

さらにシャツを腕まくりして、素手を便器の奥に突っ込んで便器を洗い始めた。一同あっけに取られた。このトイレ掃除のお陰で、今でもトイレの掃除は全く苦にならない。素手で掃除することも厭《いと》わなくなった。習慣とは恐ろしいものだ。御大様々だ。

吉郎語録の産みの場所

3階にあった畳のミーティング室。ここは主に御大が選手を集めて訓示をする部屋だった。御大の指令でキャプテンやマネージャーが「集合！」の号令をかけ、選手全員が3階に駆けつけた。突然の「集合！」も度々だった。「主題」が何かわからない時もあり、その度に緊張して集まったものだ。

御大が部屋に入るまで、選手は畳の目に膝を揃えて、正座をして待った。御大が入って椅子に座り、

「ようし、楽にしろ」

明和寮のミーティング室で星野仙一主将らに訓示する御大、1968 年

の声で一同、正座を解いて胡座《あぐら》をかいた。この部屋でいわゆる「吉郎語録」が数多く産まれた。御大は何か訓示をすると最後に、

「わかったな」

と言うのが癖で、その後に選手は、

「はい」

と返す。いま思えば何とも言えないリズムだった。軍隊調であったが、監督と選手がひとつになる不文律のようだった。

御大はチョークでミーティング室の黒板に、選手に言いたいことを丁寧に書いた。なかなかの個性のある、すぐにでも教員になれるような板書だった。これから記す「吉郎語録」も何度も板書した。写真の背番号10は当時の星野仙一（倉敷商）主将で、貴重な一枚だ。

御大の「集合」に野球の技術の訓示はなかった。対戦相手への意気昂進、寮生活の心構えが多く、

「悪貨は良貨を駆逐する」「旧来の陋習を破れ」など人生を説くような訓示が多かったと記憶する。今思えば、寮生活の乱れ、選手が易き方へ流れるのを危惧していたように思う。

このミーティング室には、御大の訓示以外に4年間で語り尽くせない思い出が詰まっている。これは胸の奥に秘めておこう。

食事も風呂も島岡精神

1階には板張りの広い食堂があり、1年生、2年生は「食当《しょくとう》」といって食堂の当番があった。食堂には1日3食つくる専属の女性職員「食堂のおばさん」が2名いて、選手は交替でその補助をしていた。配膳だけでなく、盛り付け、食器洗いは勿論、玉ねぎを剝《む》いて切ったり、ハンバーグを捏《こ》ねたり、コッペパンにマーガリンを塗ったりもした。バケツに何杯も剝いたお陰で、玉ねぎの剝き方がうまくなった。

献立《こんだて》は、朝夕は主菜に野菜、汁物、漬物が主で、昼はジャムバターのコッペパン、牛乳にバナナが主なメニューだった。主食のご飯は、押し麦が2割の麦飯が御大の方針だった。2年以上同じ献立だと飽きてしまうのか、上級生になるとちょっと手をつけて外食に行ってしまう選手もなかにはいた。筆者は長野の実家でよく麦飯を食べていたので、4年間平気だった。下級生のころはおかず一品で、麦飯を当たり前にどんぶり4杯は食べていた。いま思えばその量にぞっとする。

神宮で試合のある前日の金曜日、土曜日の夕飯メニューは、金曜日が「とんてき」、土曜日が「とんかつ」が定番だった。「敵に勝つ」、縁起を担ぐ御大の指定メニューだった。さらに神宮での昼食は、ユニフォーム組とバッティングピッチャーには、食パン2枚に柔らかい鶏モモのソテー1枚をそのまま挟んだサンドイッチだった。食中毒を防ぐためか、食パンには洋ガラシを軽く塗った。消化も考えた徹底した島岡式食事管理だった。食事当番も人間修養だと考えると、御大は高野山などで修行僧が交替で行う「食当《じきとう》」を描いていたのかもしれない。

御大は、練習中に水を飲むことは禁じなかった。飲んでもいいとも言わなかった。飲み過ぎることが、よくないことを知っていたからだ。その代わり、夏は食当に梅干しをどんぶりで用意させ、一塁側と三塁側のダッグアウトに置いた。塩分補給をしながら水を飲むことが体力の消耗を減らすことをわかっていた。水を飲むことを禁ずるレベルの上を行く合理性があった。神宮球場のダッグアウトには、レモンスライスを置くことも忘れなかった。レモンをかじって唾液が出ない人はいない。唾液を出すことによって緊張が解けるような気がしていた。原稿を書きながら、唾液が噴き出した。

当番には1年生が交代で担当する「ふろ当」もあり、一度に詰めれば15人は入れる大風呂の風呂焚《た》きが役目だった。浴槽は広さに加え、深さも胸下まであったろうか。浴槽を深くして、水圧で選手が練習後の疲れた筋肉のマッサージになるようにという、御大の配慮だった。

薪《まき》をリヤカーでグラウンド脇にある薪置き場から運び、古新聞に火をつけ、小枝から薪と進み風呂を沸かす。これが結構、コツが要《い》った。ふろ当で一番難しいのが湯加減だった。今のように、ガス給湯器で、しかもタイマー付きで自動で湯加減ができるものではない。薪で沸かす大風呂の湯加減は、家庭風呂とは異なり、湯量が多く表面の温度で判断すると大失敗する。浴槽の木の蓋《ふた》が10枚ほどあり、それで湯をかき混ぜるように指導されていた。草津温泉の湯もみの要領だ。風呂に入る順番は、当然4年生が先で、ある1年生がこの「湯もみ」を忘れ、表面の温度だけで済ませて、4年生が入ったら、下は水で大目玉を食らった。彼は一生、風呂の湯加減が気になって仕方がないだろうと思った。プロでも大活躍した有名なある先輩は、ふろ当の時に、4年生が入る前に、ちゃっかり自分で風呂に入って湯加減を確認したという。プロ入りの前に、「ふろ」でもプロだった、という逸話もあった。たかが運動部の合宿所の風呂だが、選手に風呂焚きまで経験させる御大の愛情と思惑が詰まっていた。

そして、他校にはまずない「施設」があった。冒頭で紹介した「明治稲荷大明神」だ。選手は「おいなりさん」と呼んでいた。明和寮が建設された当時はなかったが、後に和泉校舎付近から調布に移設された。

寮生活で一番辛かったことは、下級生のころに同期が野球部を去っていくことだった。夜10時の消灯の後、部屋に集まり、スタンドの明かりの下で、野球部を辞める理由《わけ》を吐露する同期の悩みを聞いた。一緒に辞めようという同期もいたが、自分はどうしても神宮のマウンドに登るまで頑張る、一緒に頑張ろう、と言ったこともあった。主な原因は、野球部の組織と合わないことだ

旧明治大学野球部グラウンド跡にある御大のレリーフ（調布市深大寺南町）

ったが、集団生活、企業では付きものの話だ。甲子園経験者もいて辛い思い出が残った。

御大が選手と起居をともにした明和寮も、多くの選手の汗が浸《し》み込んでいるグラウンドも今はない。グラウンドの府中への移設後は、５７０戸の深大寺レジデンスという高級マンションとなっている。マンションの傍らに、御大の写真と高田繁、星野仙一らの手形が埋め込まれたレリーフが残っている。柏木グラウンドから始まり、駒沢、和泉、調布、府中と、グラウンドも１１３年の歴史が引き継がれている。

（注1）神宮球場

正式呼称は明治神宮野球場。所有者は宗教法人「明治神宮」。明治神宮第二球場が併設されている。明治神宮外苑競技場（国立霞ヶ丘陸上競技場に改築後、通称は国立競技場）ほかのスポーツ施設とともに建造され、着工は東京六大学野球が発足した１９２５（大正14）年、翌年の10月に開場した。開場された年から東京六大学野球のリーグ戦

1960 年代の明治神宮球場。広告板は 1969 年から外野フェンスに取り付けられた

現在の明治神宮球場

で使用し、その後早慶戦などで観衆が増え、内外野のスタンドを増設し、5万8000人（現在は3万969人）を収容できる改修を行った。敗戦後はアメリカ軍に接収されたが、1952（昭和27）年に返還された。現在は東京六大学野球、東都大学野球、高校野球、社会人野球などで使われ「アマチュア野球の聖地」「大学野球の聖地」とも言われる。東京ヤクルトスワローズも使用するプロ・アマ併用球場となっている。開場後の両翼100メートル、中堅118メートルが、1967（昭和42）年に、同91メートル、同120メートル、2008（平成20）年に両翼97・5メートルに改修が重ねられ、現在は全面人工芝グラウンドとなっている。神宮球場が他の球場と違うところは、学生野球に優先使用権が認められていることである。リーグ戦開催中は、東京六大学が土曜日から水曜日、東都大学野球が木・金曜日に日程が与えられている。明治神宮外苑をスポーツの聖地とする目的で、第二球場、秩父宮ラグビー場（所有者は日本スポーツ振興センター）、神宮球場を順に取り壊し、新たな神宮球場、秩父宮ラグビー場を建設する計画が固まっている。

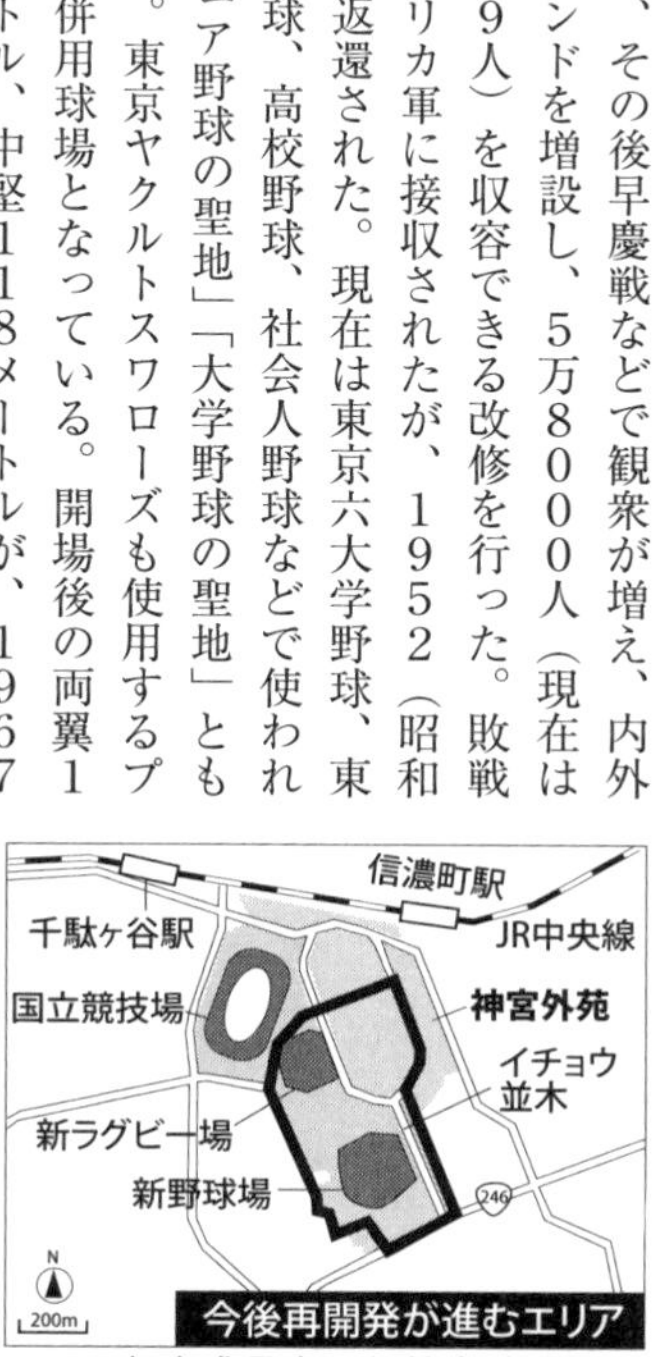

2031年完成予定の新神宮球場を含む神宮外苑の見取り図

（注2）プロ野球初の2リーグ制

戦後の復興とともにプロ野球への関心が高まって、1949（昭和24）年7月に毎日新聞が新球団設立を打診。続いて9月に近鉄、大洋、広島、西鉄等も名乗りを上げて乱立模様となった。既存8球団のうち巨人、中日、太陽（後に松竹）、大阪（後に阪神）が共倒れを懸念してリーグ拡大に反対したのに対し、南海、阪急、大映、東急が2リーグ制を支持。結局、同年11月26日に従来の日本野球連盟を解体して、セントラル・リーグ、パシフィック・リーグが設立された。50年に国鉄が加盟、51年に西日本と西鉄、53年に松竹と大洋が合併し、57年に大映が高橋ユニオンズと合併後に毎日と合併し、セ・パ６球団制となった。その後、パ・リーグは球団経営が逼迫《ひっぱく》した状況が続き、１リーグ制を要望した結果、球界の再編の動きを経て２００５年からセ・パ交流戦が始まった。（参考・コトバンク）

其の二「野球の前にまず、人間の修養を積め」
「人間力を磨け」「不得手に挑戦」

▽野球を通じて人間力を養うことは島岡野球の原点
▽自分の欠点を探し挑戦させた

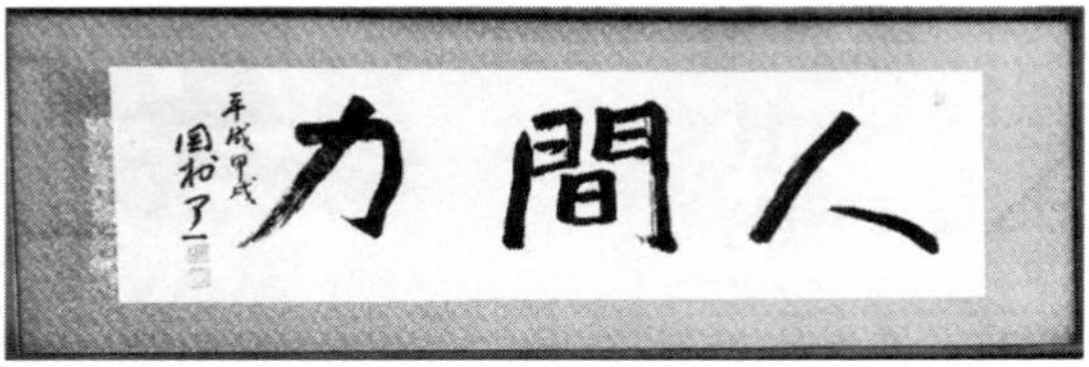

島岡寮と御大の館にある額
（島岡寮・府中市若松町と御大の館・高森町）

人間力は島岡野球の原点

御大はよく選手に「野球の前にまず人間の修養を積め」「人間力を磨け」と説いた。その象徴的な言葉が「人間力」であった。御大の野球が「精神野球」「人間力野球」と言われる所以《ゆえん》だ。今では人間力という言葉は当たり前に使われている。当時はあまり使われなかった。島岡寮の玄関には、「人間力　平成甲戌《きのえいぬ》　岡村了一」（岡村了一書）の横書きの額が来客にもよく見える位置に掲示してある。同じものが信州の「御大の館」にもある。岡村了一（川越中―明治）は、御大より15歳下の弁護士で、御大が亡くなった3年後の1992（平成4）年に、11代目の明治大学理事長に就任している。川越中学（現川越高）時代から憲政の父といわれた尾崎行雄に師事して、戦時の政局を批判したというから、相当な腹の据わった人物だったと想像できる。御大とは深い親交があったと思われるが、御大からは聞けず仕舞だった。御大はマネージャーに模

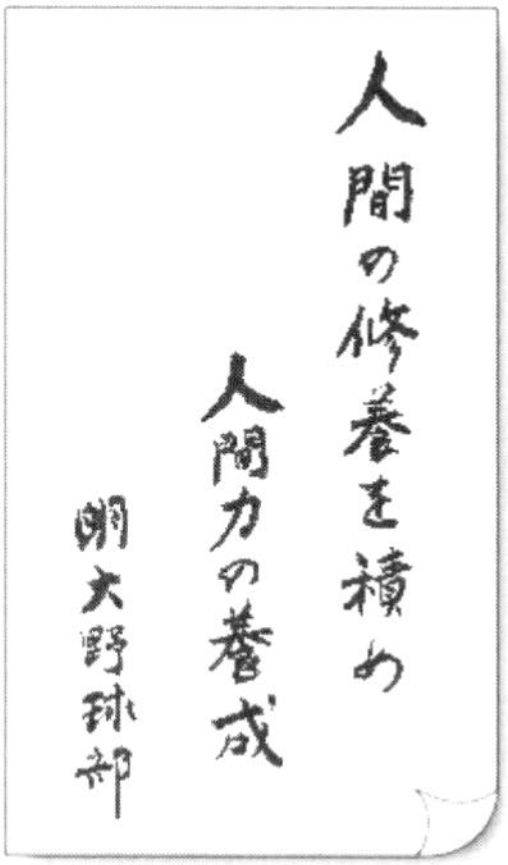

「人間の修養を積め、人間力の養成」の模写

造紙に毛筆で「人間の修養を積め　人間力の養成　明大野球部」と書かせ、明和寮の廊下に掲示した。戦後の日本の荒廃を憂え、野球を通して若者を鍛える。これは御大が監督になった理由のひとつであることは前に触れた。しかし、選手には「人間力の養成」「人間の修養を積め」と説いていたが、発信元の御大が、人間力とは何かを説明したことは一度もなかった。御大には人間力の定義はあったのかと思ったこともあった。

しかし、人間力の重要性を選手に口を酸っぱくして言っていたわけだから、御大がなぜ人間力を説いたか、繙《ひもと》く必要がある。御大に直接聞けばよかったが、選手のころはそんな余裕があるはずがない。それを聞いたことのある人にお目にかかったこともなかった。御大は単純に「人間社会に通ずるために信念（誠）を持って頑張り抜ける力。それが人間力だ」と言いたかったといま思う。

御大は幕末の志士、吉田松陰の生き方に心酔していたと言われていた。尊皇攘夷を旗印に、幕末から明治維新に向かって多くの若者に思想的な影響を与えた人物だ。松陰先生といわれるが、満29歳で没している。新しい日本を築くために、投獄も恐れず、建国に必要な人材を育てた。その象徴が「松下村塾」だった。御大は明治大学から当時の野球部改革で監督に指名され、野球に勝つことよりまず人づくりを優先した。そのもとには吉田松陰の生き方があり、明和寮が御大流の松下村塾となったのではないか。

吉田松陰が残した多くの語録のなかに、

「誠の一字、中庸《ちゅうよう》尤《もっと》も明らかに之を洗発《せんぱつ》す。謹んで其の説を考ふるに、三大義あり。一に曰《いわ》く実《じつ》なり。二に曰く一《いつ》なり。三に曰く久《きゅう》なり」

がある。松陰は中国の古典『中庸』(注1)をもとに、誠の実践を若者に問いかけ続けた。『中庸』の哲学では、特に「誠」の概念が重要視されている。平たく言えば「真心」のことだ。御大は人を評する時に、「あいつは誠のひとだ」とよく言っていたことを思い出す。

誠を実践するための「三大義」に「実」「一」「久」がある。調べると、実は「実行」、一は「専一《せんいつ》」、久は「継続」とあった。松陰流の「ＰＤＣ」だったかも知れない。この３つは御大の指導方針に符合するものがある。実（実行）は「理屈より実行を大切にせよ」、一（専一）は「まず野球だけに没頭せよ」、久（継続）は「練習の積み重ねに努力せよ」となり、見事に重なり合う。これが御大の人間力を説いた源になったのではと思いを膨らませた。

「至誠通天《しせいつうてん》」。すなわち「誠を尽くせば、願いは天に通ずる」。もともと孟子の言葉に由来し、感銘を受けた松蔭が松下村塾に持ち込んだという。政治家はじめ多くの人が座右の銘にしている。

最近の政治に目を向けると、わが国の国政選挙の投票率は50%前後まで落ち込んでいる。世界的にみても、１９４カ国の中で１３９位（出典：民主主義・選挙支援研究所）で低投票率国にランクされている。国政を担う国会議員が国民から期待されていない証《あかし》だ。民主主義の入り口から壊れている。天に通ずる前の「誠」を心に刻み、国民に大義を示し信頼を回復できる国会議員が果たして何人いるのだろうか。国民の期待より諦めの高さを投票率が示している。

御大が終生唱えた人間力をキャッチフレーズにしている野球部は、全国に大学にも高校にも数多くある。日本体育大学は「人間力野球　体育会イノベーション」、京都文教大学（軟式）は「野球を通して『人間力』を高める」など、野球を通して人間力を養うことを前面に出している。

社会人になってから、人間力のある人とない人の違いは何かと聞かれたことがあった。周囲に惑わされず逃げずに挑戦できる人、いつも謙虚で感謝を忘れない人、溢れる優しさがある人、と答えた。御大との経験から生まれた答えだ。筆者には、「挑戦」「謙虚」「感謝」「優しさ」がキーワードになった。社会人になっても生きた。

筆者は還暦を迎える頃、オテルニューオータニ（東京・紀尾井町）で行われたセミナーの帰りに偶然にもエレベーターの中で、野球の監督では御大とは対極にあると思われる野村克也（峰山高―南海ホークス）夫妻と出くわした。

「明治（大学）の野球部出身の丸山と申します」

と名刺を差し出し挨拶すると、沙知代夫人が、

「あなた、カツノリ（野村克則・堀越高）の先輩よ」

と言うと、野村は、

「おお、そうか。島岡さんにはもう少し長生きして欲しかったよな」

とポツリと囁《ささや》いた。もし御大が健在で「島岡・野村放談」を企画したら、「ＩＤ野球」と「猪突猛進」でどんな展開になっただろう、とエレベーターの中で妄想が駆け巡った。ふたりは人間力を磨くことと人に対する優しさでは繋がるのではと思った。

大学案内に「人間力」が溢れる

受験生に大学を紹介する大学案内はどの大学にもある。２０２２年度用の全国の大学案内を北から順番に覗《のぞ》いてみると、「人間力」は思いの外、全国津々浦々に溢れている。全国で確認しただけでも50を超える人間力が大学案内に登場する。いくつか紹介する（注・人間力の傍点は筆者）。

・「人間力」を備えた学校教員の養成（宮城教育大学）
・創造的人間の育成のために「知力」と「人間力」を磨く（創価大学）
・ビジネスの最前線で活躍できる人間力を育む（明治大学）
・他者と共に生きる人間力の育成（聖学院大学）
・学生が主役！つながり続ける「人間力」（大阪産業大学）

・人間力・実践力・総合力を養い、知的専門職業人を育成する（摂南大学）
・翔け外大人間力／次世代を担うことのできる「人間力」の養成（京都外国語大学）
・現代教養と人間力を根底におく教育（鳥取大学）
・教養教育は特に「人間力＝よりよく生きる力」の育成に努める（徳島大学）
・社会生活に必要な人間力を基礎からしっかり学ぶ教育環境（久留米大学）

詳しく調べればさらに「人間力」は出てくる。全国の大学案内には、人間力を「磨く」「育む」「養う」「培う」「備える」「身につける」といった表現が多用されている。「人間力」の他に、「人間性」「人間関係」「人間形成」「人間探求」という言葉が溢れ、「人間」花盛りだ。「人間学部」がある大学は全国で11を数える。半世紀前の筆者の受験時代の大学案内を見てみたいものだ。

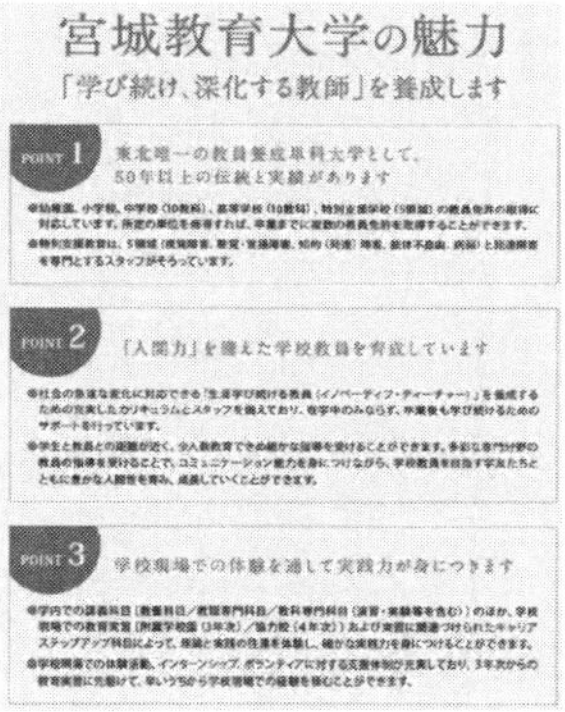

大学案内に溢れる「人間力」
〔上〕宮城教育大学
〔下〕久留米大学
2022年度版

全国の大学で唯一、大学案内がなかったのが東京大学だったが、２００６年度版から新設された。東大の入試事務局が出している女子中高生向けのキャンパス案内「Perspectives ２０１０年版」（男女共同参画室編）に「人間力」があった。「自ら学び、人間力を高め、グローバルな感性を持つ女性へ。さあ、東大から未来を始めよう」と題して、当時の濱田純一総長が「知力だけではなく人間力、国際性を兼ね備えたタフな学生を育てていきたい」とメッセージを寄せている。

また、大阪成蹊大学の２０２２年度版大学案内では、石井茂総長が「真の人間力教育の展開」として、人間力のある人を、「生命力豊かな人」「基礎能力を十分保有している人」「主体性・独自性を持っている人」「適切な価値判断や問題解決ができる人」「強い心を持つ人」「人との絆を大切にする人」としている。東京家政大学では共通教育科目に「人間力育成実践科目」があり、社会で豊かに生きていくための人間力や現代社会の諸問題への対応力などを育成する実践科目としている。また、至学館大学は人間力を、「健康力」「知的視力」「社会力」「自己形成力」および「当事者能力」の５つで構成されると定義している。なかなか人間力は幅が広い。

大学案内では「人間力」は、大学本来の専門性の学びと並行して使われている。専門分野の追究と同等、それ以上に人間が問われ、人間の追求が表に出てくるのは、現代社会が求めている証《あかし》だ。

さらに、２０１９年末にトヨタ自動車は、ＣＡＳＥ時代に対応した人材育成を行う一環で、「即断即決の専門性、メンバーを束ねる人間力を備えたプロ人材が必要だ」と発している。同時に、「実行力」と「人間力」に重きを置いた人事評価に制度を見直す検討に入ったという。令和の時代に入り、日本が政界に誇るトップ企業が、昭和の時代から御大が唱えていた「人間力」「行動力」を企業の行動方針、人材評価に導入することは、社会における人間の価値観の底にあるものがリフレインしていると考える。

人間力の産みの親？

当時はあまり人間力を前面に出さなかった。人間力は漠然として、何を指して人間力かということがはっきり言えなかったからだろう。高度経済成長の上り坂の時代には、明瞭な行動指針の方がわかりやすかった。所得倍増計画を掲げ一気に日本経済を押し上げていった池田勇人内閣は1960（昭和35）年から始まり、4年後の東京オリンピックが総仕上げとなった。御大がグラウンドと明和寮を調布に移設する前の年で、御大も新しい施設で絶頂期を創ろうとしていた時期にあたる。「投資が投資を呼ぶ」「成長率10％」「技術革新」「重厚長大」と「人間力」からは距離のある景気のいい言葉が溢れていた。

しかし、高度成長が終わり、バブルとその崩壊を経験して、GDP（国内総生産）の伸びも止まり、今や一桁《ひとけた》の前半を辛うじて維持している状況だ。かつては日本からのODA（政府開発援助）をはじめ資金、技術援助を受けた中国にも経済では後塵を拝する時代となった。新聞によると、中国へのODAは1979年に始まり、つい最近まで続き、2018年度で終了したという。円借款、無償資金協力、技術協力といった政府援助だけで、40年間で3兆6500億円もの援助を提供し、インフラ整備などを中心に中国の近代化を支えてきた。中国国内ではその認知度は低いという。寂しい限りだ。戦争による日本との行き違いはあるものの、中国に認めるものは素直に認める「人間力」を贈りたい。

日本経済の絶頂期の前から選手に人間力を強調していた御大は、今日のような低成長の時代がやがて到来し、社会で人間力が求められることを先取りしていたのかもしれない。「人間力」が溢れる大学案内が証明している。

「人間力」はこうした背景のなかで、人間が社会生活で、今必要とされている要素だ。専門知識だけでなく、組織全体を見渡し、総合力と協調性を発揮することが必要とされている。真の共生が叫ばれる時代に、人間が生きてゆく過程で、専門知識に加えて全人格的な人間の力を発揮することが、幅をきかせる時代になった反映だろう。それを御大は「人間力を磨け」と監督就任以来、半世紀以上も前から選手に説いていた。慧眼《けいがん》に値する。御大が人間力の産みの親ではないが、御大自身が吉田松陰の説いた「実」「一」「久」を生涯貫いたことはまさに「人間力」に値する。

明治大学の大学案内には、「個が世界を動かす」として、建学の精神の「権利自由」「独立自治」を底流にして、「個」の確立から「個」の共創が謳《うた》われている。「個」が磨き築いた人間力の強さを生かし、「個」が手を取り合ってグローバル社会を創っていくことを強調している。群れずに己（個）を磨き人間力を高め、その「個」同士がともにつながり合えば、より強く社会に寄与できる、と筆者なりに解釈した。

社会に出ても、この「人間力を磨け」は、己を見つめる基礎となった。

素直さは人間力を磨く第一歩

筆者は社会人後半で2社の関連企業を経験した。2社目は札幌で単身生活を8年間も経験した。その2年目に倫理法人会(注2)に出会った。毎週水曜日の朝6時半からの経営者の異業種交流会だった。会員社になると、その社員も参加できる仕組みで、全国に交流組織があり、登録法人数は7万社に迫っていた。早朝から集まった80名前後の参加者で、大声で会の歌を歌ったり、テキストを手に声を出して読んだりするので、宗教の会と間違える人もいた。

毎週1回、定期的に早起きし6時半に集まり、セミナーが約1時間、軽食の朝食会で交流を持ち、8時10分には終了する運営システムだった。早起きの習慣がつき、早朝から声を出し、週替わりのゲストスピーカーの講演を聞き、最後は朝食交流会で締め、会社の始業には十分間に合った。自分磨きに役立ち、経験してもいい集まりだった。早起きの習慣と、何より「素直」になることを意識できたことが収穫だった。早朝のすがすがしさで一層素直になれた。この素直になれることは、なかなか難しい。家庭でも企業でもエゴが表に出て、素直になれないことがある。人間が素直になれることは、人間の持つ素養として素晴らしいことであり、人間力を磨く基礎になる。人の話を聞く習慣の第一歩となる。そして、素直になると、無意識に頭《こうべ》が垂れる。

この早朝勉強会に誘ってくれたのは、北海道の真ん中に位置する南富良野町出身の星澤幸子だった。札幌市でクッキングスタジオを主宰し、地元テレビ局（ＳＴＶ）の「どさんこワイド」という平日の夕方の番組で、32年にわたり料理コーナーに生出演し、ギネスブックにも登録されていた。２０１８年12月に７０００回の出演を記録した。地元の人は星澤先生と呼んでいる。北海道の郷土料理を研究し、道産の食材を使った料理を紹介し、北海道命名１５０周年では料理記念本『私たちが食べ伝えたい北海道郷土料理』（中央公論新社）を出版した。北海道では知らない人はいない有名人だった。倫理法人会の経験は浅かったが、２０１９年まで全道の倫理法人会の会長を務めた。

それまで筆者は星澤とは面識がなく、法人会で7年ほどの付き合いだった。60半ばの星澤が、倫理法人会の活動が短いにも拘《かか》わらず、素直さと謙虚さが増していくのを見て、人間は年齢に拘わらず成長し、変われるものだと実感した。人間力磨きに通ずるものを感じた。倫理法人会は、札幌単身8年間での収穫のひとつだった。南富良野町出身の星澤とはある映画でも繋《つな》がった。

不得手に挑戦

御大は自分の欠点にチャレンジすることを「不得手に挑戦」という言い方をして、選手に説いた。御大流の言い方だった。欠点とは言わなかった。「欠点を直せ」という言い方は、ネガティブな感じを与える。不得手は「得意でないこと」「苦手なこと」、欠点は「欠けているところ」「劣っていること」と言い方によってだいぶ異なる。

逆の「長所を伸ばせ」というのも指導者の発信方法として一般的だ。御大は、野球だけではなく、人間の成長のために、得意でないことを自ら探しそれを克服することが人間力の形成に繋がるという信念を持っていた。長所を伸ばせと選手に言ったことはなく、選手の欠点を指摘することもなかった。欠点を補うことの方が、人間は鍛えられる。その努力が人間力を養う、ということだ。自ら苦手なことを探して、自らそれを克服せよということだった。御大は個人個人が自分の欠点を補うことが、集合体であるチーム全体のレベルを上げると考えていた。企業や組織のレベルアップも同じだ。高校生が相手だったら、監督自ら欠点を指摘するだろう。相手は大学生であり、御大は選手の克己心を精神力と捉え、観察していたかもしれない。

札幌での早朝勉強会は、1週間に1度とはいえ、自宅の場所によっては、4時前後に起きなければ間に合わない人も多く、雪の舞う厳寒の朝は余計に堪《こた》えた。明和寮での生活のお陰で、朝起きるのはどんなに早くても平気だった。しかし、二日酔いの朝も零下の外に出掛ける習慣は、不得手に挑戦ともいえた。習慣化することによって、苦手を克服できる例だった。会員になっても、朝起きが続かないことが主な原因で辞めてしまう人も多くいた。1週間に1度とはいえ、習慣化することは難しい。「不得手に挑戦」する心がないと萎《な》えてしまういい例だった。

（注1）中庸

中国の哲学書。一巻。孔子の孫の子思の作と伝えられる。元来「礼記」の中の一篇であるが、南宋の朱熹《しゅき》が取り出して四書の一つに加え、「中庸章句」という注釈書を作った。天と人間を結ぶ深奥な原理を説いたものとして、特に中宋以後重視された。「中庸」の意義は「天命を知る」とあり、根幹に誠の概念がある。語句の使われ方として、「中途半端」「足して2で割る」と混同されてしまうことがあるが、本来は「偏らないこと」「常に変わらないこと」「調和がとれていること」の意味で使われる。（参考・『大辞林』ほか）

（注2）倫理法人会

教育者の丸山敏雄（福岡県出身、広島高等師範学校卒、1892〜1951）が設立した倫理研究所の法人組織。倫理運動を元に「企業に倫理を、職場に心を、家庭に愛を」をスローガンに、全国6万8千社の会員社が倫理経営を学び、実践し、その輪を拡げる活動に取り組んでいる。実践活動を養うことを目的に各種のセミナーを開催している。全国に719の地域法人会があり、台湾、アメリカ、ブラジルにも拠点がある。（一般社団法人倫理研究所パンフレットより）

其の三「実るほど頭を垂れる稲穂かな」

▽謙虚さと感謝はしてもし過ぎることはない
▽選手の奢りを戒めた
▽成功の裏には必ず下支えがある

感謝と謙虚

「実るほど頭を垂れる稲穂かな」(注1)。御大はこの言葉も選手の前でよく言った。

「稲穂がよく実ると垂れるのは、いい土と水と太陽、そして施《ほどこ》してくれる人がいるので垂れるのであって、自分の力で垂れるのではない。稲穂はそれに感謝して穂を垂れている」

さらに、

「野球も人の道も一緒だ。成功しても常に感謝の気持ちを持たなければならない。感謝はしても し過ぎることはない。減るものではない。人間は常に謙虚さを忘れてはいけない」

と付け加えた。松下幸之助もこの言葉を信条としていた、ということもよく話した。松下幸之助の名言、格言ほど書物として世に多く出たものはない。書店で求めようとすると選ぶのに困るほど書架に溢れている。感謝と謙虚に関わる名言を数多く残している。「誠実に謙虚に、そして熱心にやることである」「感謝の心が高まれば高まるほど、それに正比例して幸福感が高まっていく」「謙虚さを失った確信は、これはもう確信とはいえず、慢心になってしまう」など、人間の心持ちの基本を数多く説いている。

御大の「実るほど頭を垂れる稲穂かな」は、「謙虚」と「感謝」に行き着く。いま、飽食の時代には大切なことだ。「個」を主張する反面、忘れてはならないことだ。御大はこういう時代を予測してか、選手にはいつも「実るほど……」と説いていた。

早稲田の教育方針の伝統のなかに「志はあくまで高く、頭《ず》はあくまで低く」とあり、筆者はマウンドで投げながら、早稲田の応援席でなびく校旗に稲穂があるのはこのせいかと思ったりもした。そして、御大は、

「この人がいなければ、この人と関わらなければ、今の自分はない、いつもどこかで感謝している」

と、口癖のように話していた。

恩師への感謝・その1　木村頌一先生

記憶にあるひとりは、木村頌一《しょういち》（飯田中—国学院大）だ。御大は木村先生と呼んでいた。御大は生誕の地、信州の市田村（現下伊那郡高森町）で、高等小学校の頃に野球を初めて教わったのが、５歳年上の飯田中学（現飯田高）野球部の木村だった。御大はキャッチャーだったと聞いた。後にも先にも野球をしたのはこの時だけだ。この時に木村に野球を教わっていなかったら、明治大学の応援団長にも監督にもなっていなかったかもしれない。唯一の野球の師である木村との出

会いは、後の「島岡監督」誕生の源になる。御大の故郷、飯田市美術博物館には『遠野物語』等を著した日本を代表する民俗学者の柳田國男の書斎を移築した柳田國男館がある。その事務局長の松上清志が、長野県長寿社会開発センターが主催しているシニア大学講座で講師として使った資料に御大と木村の記述があり、参考にした。

木村は、御大と同じ市田村に生まれ、飯田中学から国学院大に進み、東都大学リーグでピッチャー、3番で首位打者に輝き、後半は国学院大の監督も務めた。国語の教師の免許を取得し、愛知の名門・中京商業（現中京大中京高）を擁する梅村学園創始者の梅村清光（水戸中―茨城師範学校）校長に乞われて監督になり、1937（昭和12）年の選手権大会で全国制覇を成し遂げ、翌年の選抜も優勝している。メンバーには、東京セネタースで活躍した野口二郎（法政）はじめ6名もプロ野球で活躍した選手がいた。その後、九州の県立福岡工業に乞われて3年連続甲子園出場を果たし、さらに四国の名門、松山商業に移り戦争を迎えた。松山では野球どころではなく、道後温泉の旅館の娘さんと結ばれた。戦後に帰郷すると、4度目の監督要請が筆者の母校の信州・上田松尾高（現上田高）の校長中沢睦次郎からあり、1957（昭和32）年に夏の甲子園初出場を果たしている。最後は、母校の飯田高の指導者になり、1958（昭和33）年、夏の決勝戦で松商学園に0対1で敗れ、惜しくも故郷の信州での2年連続の甲子園出場を逃している。飯田高が優勝していたら、飯田の町は沸き返り、御大も和泉のグラウンドから一目散に飯田に駆けつけたことだろう。現在も強豪の中京大中京高（当時は中京商）、松山商はじめ、まさに「木村の行くところに甲子園あり」だった。社会人にもプロにも進まなかったので目立たないが、競技者、指導者の両面で信州が生んだ偉大な野球人に違いない。

　筆者が木村と初めて出会ったのは、大学に入学した翌年、１９７３（昭和48）年2月の明和寮の監督室だった。

上田松尾高（現上田高・長野）時代の木村頌一（左上）
教え子と校門前で（写真提供：小林勇氏）

「この木村先生は、お前の母校の上田高校を初めて甲子園に連れてった方だ」

と、御大に紹介されて初めて知った。不思議な縁を感じた。木村は地元の信州で神主をしており、毎年、2月の初午の日に御大から招かれて、リーグ戦中に毎試合、必勝祈願でお参りしている明治稲荷のお祀《まつ》りに祝詞《のりと》を上げた。初めて野球を教えてくれた恩師を、毎年、信州の地元から呼び寄せて、もてなしていたことは、島岡流の感謝の表し方だった。

　昭和50年代当時、六大学各野球部は春のリーグ戦が終わると、6月の中旬にかけて3年生と4年生は全国の高校野球部へ1週間ほどのコーチに出掛けた。夏の大会前の高校チームの強化補助と翌春入学の選手発掘が目的だった。筆者は高校時代に、明治の小野寺重之（気仙沼高）、白石善俊（現在は国分姓・浪商高）のコーチを受けた。白石には2年連続で教わった。明治の選手にしてみれば、信州の県立高相手では物足りないのは明らかだったが、キャプテンが多くコーチに招かれた。高田繁（浪商高）も訪れている。これには、御大と木村との関係があった。元々は早慶戦の初戦に上田中（現上田高）出身の選手が2名も慶応の先発メンバーに名を連ねていた関係で、慶応からコーチが派遣されていた。『慶應義塾野球部百年史』（慶應義塾野球部史編集委員会編）に1910（明治43）年夏に、黒沢、高橋彦次郎（ともに不詳）が上田中にコーチに出かけた記録がある。木村が上田高の監督に就任してからは、御大の指令で、明治のキャプテンクラスが上田に来ていた。これも、御大の木村に対する敬意の表れだったと後で知った。筆者は明治からコーチが来ていなければ、明治の受験はなかったかもしれない。御大とも縁はなかった。縁は深い。白いアンダーシャツに憧れて受験票を取り寄せたが、紫紺でよかった。

恩師への感謝・その2
武田孟先生

もう一人は、武田孟《つとむ》（平安中―明治）だ。御大は武田先生と呼び、

「武田先生がいなかったら、自分の監督就任も、調布のグラウンドもなかった」

と話していた。武田は、明治大学商学部教授、学部長から学長、総長を経て、全日本大学野球連盟会長、甲子園の開会式での挨拶で記憶にある日本学生野球協会会長を歴任した。学生の頃には、校歌「白雲なびく……」の起案にも関わっていて、広島生まれの生粋《きっすい》の明治人だった。1952（昭和27）年に、商学部教授の時、御大が監督に就任すると同時に野球部長を引き受け、畑違いの応援団長経験者として監督に就任した御大への周囲の反発を抑えたという。その翌年の秋に監督就任後初の優勝を飾った。筆者は御大が初優勝した年に生まれている。これも縁を感じた。

（左から）武田孟野球部長と御大、中澤不二雄（荏原中―明治）パ・リーグ会長。旧和泉グラウンドにて（島岡寮資料室所蔵）

その後、武田は札幌大学の設立にも尽力。学長にも2度にわたって就任し、学校はもちろん、野球部をはじめ運動部の強化も図り全国レベルに押し上げた。野球部のユニフォームは明治と同じ紫紺カラーだった。札幌大学の野球部が東京遠征した時に、明治とオープン戦が調布のグラウンドで組まれた。当時は地方の大学とのオープン戦は、戦力を落としたり、2軍が対戦するケースがよくあった。

「1軍で行く。絶対に手を緩めるな」

御大は、リーグ戦と変わらない態勢で札幌大学を相手に試合に臨んだ。御大の人生の師である武田への最大の感謝と敬意であった。その後、札幌大学は全国大会出場の常連となり、筆者が4年の時の大学選手権では明治に、明治神宮大会では駒沢大に敗れたが、11年後の1986（昭和61）年の明治神宮大会では、2回戦で明治を破ってベスト4に進んだ。その時の札幌大学のベンチは涙、涙の喜び様《よう》だったと聞いた。御大にとって14回目になる最後のリーグ優勝を果たした直後の大会だった。札幌大学野球部はこの年まで学長を務めた武田孟と御大へ最上の餞《はなむけ》を贈った。ふたりにとって1952（昭和27）年に明治大学野球部の監督と部長にともに就任してから34年後の縁だった。

三度《みたび》の甲子園

いまでも不思議に思うことが2つあった。御大の甲子園出場と応援団時代のことだ。御大の口からは一度も出たことがなかった。御大が監督として3度も甲子園の土を踏んでいることは、明和寮内では話題にならなかった。大学の監督に就任する6年前、終戦直後の1946（昭和21）年に明治中（現明治高）の監督に就いている。その後、1950（昭和25）年の春と夏、翌年の選抜と3大会連続で甲子園の土を踏んでいる。監督室での歓談では、甲子園に行った自慢話は一

甲子園出場を決めた明治高校の練習風景。先頭は御大、1950 年（島岡寮資料室所蔵）

度も聞かなかった。4年間で不思議なことのひとつだった。明治高時代の苦労を背負って、周囲の反発を乗り越えての大学の監督就任であり、高校野球時代の話題は、選手の前では封印したものと解釈した。これも、御大自身の「実るほど頭を垂れる稲穂かな」の実践だとも思った。

自らの高校野球時代の話はしなかったが、東京都高等学校野球連盟（都高野連）の話はよく出た。高校野球の前身の中等学校野球大会は、創設した朝日新聞が発祥した関西で始まった。第1回大会は1915（大正4）年に、甲子園ではなく豊中球場（大阪・豊中市）で行われ、参加校10校のうち関西が2校を占め、東京の早稲田実業、東北の秋田中以外は東海以西が占めていた。

余談だが、この第1回大会の決勝戦は、京都二中と秋田中の対戦となり、延長13回で京都二中がせり勝っている。秋田中が勝っていたら、後世にわたり言われ続けた「深紅の優勝旗が白河の関を越えられない」というフレーズではなく、「白河の関」が「津軽海峡」になっていただろう。その89年後に、白河の関も津軽海峡も越え、後で記す香田誉士史《こうだよしふみ》（佐賀商－駒沢大）率いる駒大苫小牧高が全国制覇を2年連続で成し遂げてしまう。そして、2018（平成30）年には、金足農業が秋田勢として103年ぶりに決勝進出を果たしたが、惜しくも全国制覇を逃している。

さらに、この第1回大会の準決勝で秋田中に敗れた早稲田実業の捕手岡田源三郎は、明治大学野球部を経て、3代目の明治の監督になっている。その岡田源三郎に御大は明治中学の監督の時に、実質的な「監督」であるコーチを依頼し、甲子園への礎《いしずえ》となった「島岡・岡田体制」があった。ここで、奇策を弄《ろう》して早慶を苦しめたという老練な岡田元監督と新米監督の御大が繋がった。そして、この大会は世界のホームラン王の王貞治（早稲田実業－読売巨人軍）とも繋がっていた。(注2)

その後、中等学校野球の舞台は鳴尾球場（兵庫・西宮市）、甲子園球場（一部は西宮球場を併用）と移り、参加校も年々増加した。しかし、東海以西の出場枠が多い体制が続いた。関東の中心、東京の連盟強化に中心的な役割を果たしたのが御大だった。その東京都高校野球連盟の事務所は、名取ビル（東京・渋谷区）にあり、東京六大学野球連盟の事務所とは今でも同居している。筆者が在学中に都高野連の事務局に寄ると、現在も職員として在籍している横山幸子（上田市・長野）が言った。

「島岡さんは都高野連の恩人です。島岡さんがいなかったら、都高野連の組織づくりはもっと遅れていた。(夏の甲子園の)東京代表を2校にしたのも島岡さんの力が大きかった」

当時の日本高野連会長の佐伯達夫(市岡中―早稲田)と、東京都の代表を2校にすることで、御大は連盟の会議室では隣の部屋に響き渡るほどの大声を張り上げ、喧嘩腰の勢いで交渉したということも聞いた。明和寮の監督室で、

「佐伯のおっさんとはよくやり合ったよ。でも最後は俺の言うことを聞いてくれた」

という話を聞いたのを思い出した。後年にこのことを言っていたのかとわかった。

横山の話を裏付ける資料があった。後述する好村三郎(灘中―立教)が筆者に送ってきた自著のコピー『朝日新聞記者の証言2――スポーツ記者の視座』(昭和55年9月・朝日ソノラマ)のなかで記した「記事に書けなかった話」に、「混合チームが東京代表に」と題した下りがあり、原文のまま紹介する。

高校野球も長い間見た。その中には記事にしたいものもたくさんあった。しかし、それを書くことは、高野連に水をさすような内容にもなるだろうし、自重もした。だが、若いころは、いやな質問を佐伯高野連会長にぶっつけたこともある。その際に会長から、「好村ハン、あんた共産党とちがうか」といわれたことは忘れられない思い出だ。つぎに書くことは、朝日に入って二年目の夏の東京大会のことである。これはもう三十年も前の話で時効といってよい。／それは昭和二十三年の夏の決勝戦だった。上井草球場だったと思う。／優勝戦は明治高と慶応

高（部長は長尾先生？）だった。慶応が勝って東京代表となった。だが、その慶応は慶応商工（第二高校）慶応普通部（第一高校）の二校のチームがいっしょになって慶応高として出場（翌年、正式に慶応高として神奈川に移った）。この慶応高は実在しなかったわけだ。負けた明治高が慶応の違反をとなえれば、明治高が代表になれた。だが、そのころは、高野連の結成がおくれ、当時は東京体育連盟と呼称、会長は麻布中の故細川潤一郎、副会長は寺尾某と記憶している。この違法の慶応に対して、負けた明治高の野木野球部長は、時の島岡吉郎監督（現明大総監督）とともに、勝つだけが高校野球のすべてではないと引きさがって大問題とはならなかった。どの新聞もこれには気づかず、朝日としても、この問題が表面化すれば書かざるを得なかった。／終戦間もないこの時代だからこそ、この問題は、わずかな関係者の胸にしまわれた。／この翌年、東京都高校野球連盟が結成された。これには当時の井上悠助会長、小山台高の故栗原理事長、島岡吉郎理事、現理事長の山本先生の方々が、東京体育連盟を相手に苦労された。ことに島岡は故細川潤一郎に、戦犯容疑者としてＧＨＱに訴えられるような事件もあった。東京が高野連を結成するに当たって、他の地区では味わえない苦しみの中に誕生したことも、忘れられない。／三十年前の話で、（中略）少しは思い違いがあるかもしれないが、私にとっては忘れることのできない出来事でもあった。

戦後わずか3年目の話である。「戦犯容疑者」とは驚いた。好村は別の特集記事（昭和56年8

月1日付某紙「甲子園の顔」）で、明治高が慶応高に敗れた後の記事を次のように記している。「閉会式が終わり、東京代表と決定した慶応であったが、（中略）島岡さんは『試合に負けていまさら、それをいっても仕方ない。両チームはやがて合併することを前提に、こんなチームを編成したと思う。それを見逃したわれわれにも責任がある』と引き下がった。いかにも気骨ある島岡さんらしい態度だった。

この問題は当時の高野連の数人と島岡さんの胸におさめられている。（中略）長い高校野球史には、一行も触れられていない」

明治高にとっては「幻の甲子園」となったが、御大は因縁の慶応高との借りを2年後には早稲田実業を破り甲子園出場で返している。この頃から御大の「打倒早慶」は始まっていたわけだ。

さらに、好村は高野連の体協加盟に反対する御大についても記している。

「佐伯さんは高校野球を体協に加盟させようと画策し、島岡さんに相談したことがあった。独自路線をうち出し、学生野球協会まで結成したのにいまさらと、もちろん島岡さんは猛反対。それで大もめした。／このため、神宮球場の一室で東京高野連の井上、山本、島岡の三氏と佐伯さんが話し合った。たまたま隣の部屋にいた私の耳に、その会談の内容が伝わってきた。／佐伯さんはボソボソ話であったが、突如、机をたたいて大声がひびいた。島岡さんだった。／『佐伯天皇、佐伯天皇といわれて、いい気になるな。東京の高野連をつくったときの事情も知っているはず。いまさら、なんで体協入りを……、頭を冷やして……』／そんな内容だった。（中略）ところが

全國高校野球予選

東京代表は慶應高

本社地方大會主催

第二次

慶應高 4-2 明治高

慶応高が明治高を破り甲子園へ

（1948年7月30日付朝日新聞）

佐伯さんが亡くなる前年、体協入りをむしかえして再び島岡さんと衝突した。そのときの話し合いでは、島岡さん、飲んでいた茶わんを床に投げつけるほど激高したという。（中略）もし島岡さんが筋を通さなければ、高校野球は佐伯ワンマンペースにひきずられ、あるいは甲子園大会も変わったものになったかも知れない。高校野球の発展のために人生を賭けた島岡さんの心意気が、オーバーにいえば甲子園大会をますます盛り上げているともいえるだろう」

ひとつの歴史をつくるには並大抵でない苦労があったことがよくわかる。御大が高校野球の高校体育連盟化を拒《こば》んでいなかったら、現在の高校野球のあり方は大きく変わっていたに違いない。筆者は後年に朝日新聞社で宣伝担当になるが、主催する夏の高校野球の宣伝方法が変わったものになっていたかもしれない。その前に運営のあり方もどうなっていたか。

また、東京都高野連の副会長時代に、当時170（現在は272）チーム前後あった東京都の2代表制を日本高野連の佐伯会長相手に粘り強く折衝し、1974（昭和49）年代表から実現させた。それまで東京都代表は、8試合を勝ち抜かないと夏の甲子園にたどり着けなかった。この時も御大の果たした役割が大きかったという。六大学野球だけでなく、高校野球全体のことを考えていたことも頷《うなず》けた。「政治家・島岡吉郎」を彷彿《ほうふつ》させる。選手の前では、このことは一度も話したことも自慢したこともなかった。

御大は都高野連の副会長をしていたので、名取ビルには頻繁に出入りしていた。「会議の時の厳しい顔は、事務所に戻ると優しい表情になっていた。最愛の奥さんのキヌさんが病に伏せた時には、事務所の机に座り人目も憚《はばか》らず、タオルを片手にボロボロと涙を流していたのが印象的だった」という話も横山から聞けた。涙を明和寮では見せられず、連盟事務所で思い切り泣いている御大を想像すると、溢れる人間味を感じないわけにはいかない。

グラウンドと明和寮が御大の生活の場
新装なった明和寮の庭で掃き掃除をする御大
（写真：『明治大学野球部 90 年の歩み』）

御大は、久が原（東京・大田区）の自宅には年に数日しか帰らず、明和寮とグラウンドが生活の場だった。大晦日に自宅に帰り、元旦にはおせち料理を持参し調布に戻っていたそうだ。自宅にはキヌ夫人ひとりだ。人生の半分を都内で「単身赴任」をしていたことになる。4年の秋に1度だけ自宅にお邪魔したことがあった。質素な佇《たたず》まいだった。お茶と御菓子をいただいていると、御大が言った。

「人生は一度きりだ。贅沢はすればするほど切りがない。なるべく質素に生きることだ」

「ひとの家庭を見る時、奥さんをみればその家庭がわかる。将来、いい奥さんを貰え」

とも言い、思わずキヌ夫人に目を遣《や》った。キヌ夫人から「夫吉郎」「監督島岡」について計り知れない辛抱の話とともにじっくり聞きたかった。

勝利へ「私」は許さない

1973（昭和48）年の秋は、8シーズンぶりの優勝だった。10勝1敗の完全優勝で、11試合で失策が5という鉄壁の守りだった。筆者が2年生ながら4勝を上げることができたのも、守備で助けられた試合が多かった。

優勝がかかった対早稲田2回戦で、エースの上田芳央（浪商高）は快刀乱麻の投球だった。8回までフォアボールを1つ与えただけで、早稲田を完全に抑え、ノーヒットノーランは目前だった。9回に代打で出た先頭の小橋秀明（岡山東商）の打球は、セカンドの斎藤茂樹（PL学園高・後に明大監督）の頭上右へバットの先で引っ掛けたライナーが飛び、だれが見ても、センターに抜け、記録は途絶えると思った。ところが、上背はレギュラーの中では最も低い斎藤が、無類のバネでそのライナーをジャンプして好捕したと思ったが、グラブの先で弾かれた。弾かれたボールは、斎藤が体勢を崩しながら2度お手玉しグラウンドに落ち、上田の大記録は途絶えた。その瞬間、マウンド上の上田は、悔しさのあまり、グラブを右手に持ち替え右膝を思い切り叩いた。その後、安打が2つ続くと、御大は、すぐさまダッグアウトを飛び出して、ピッチャー交代を告げた。

大記録が途切れ動揺しているピッチャーに、タイムを取り、ひと呼吸置き間を取るのが普通だ。そのまま続投しても、後続を抑え完投し勝利投手は間違いない情勢だった。しかし、御大は、マウンドの上田の動作を見て、自分の記録を優先していると思って交代させたのだろう。上田に奢《おご》りがあった様子はまったくなかった。三塁側のブルペンで見ていて、厳しい交代だなと思った。降板させた方が、試合の流れは悪くなると思ったが、御大の考えは違った。選手の将来まで案じて交代させることを考えていたら、御大流の教育的判断だと思う。勝利へ私情は挟まない、と受け取るしかなかった。

しかし、この後にまだドラマが続いた。宿敵早稲田を倒して優勝が決まっても御大の胴上げはなかった。御大はすぐさま選手をロールームに集め、御大の筋向かいに座った上田を見るなり、

「こんな大事な試合にぶざまな投球をしおって。バカヤロー」

と、青筋をたてて怒り出した。今にも上田にビンタが飛ぶ気配だった。上田は「これだけ投げて、しかも優勝もしたのに何故怒るんだ」と胸中で訝《いぶか》った。その瞬間、御大は上田につかつかと歩み寄り、ビンタを予測した上田の両手を握りしめ、

「上田、よう投げた」

と涙を浮かべて頭を下げた。それを見た上田の目からは大粒の涙がボロボロとこぼれ落ちた。上田はいまでもこの光景は手に取るように思い浮かべることができるという。なぜ、御大はこんなことができたのだろう。宿敵早稲田から終盤にもつれた末、やっとの思いで勝利をもぎ取り、勝ち得た優勝だった。御大がよく口にした「血の小便が出る思い」だったのだろう。胴上げもなしで、外部の者をロッカールームに入れず、いの一番に上田の好投を褒めたかったに違いないと思った。早稲田を相手に緊張が続き、気持ちが高ぶった後の喜びが、上田に怒りをぶつけ、そして褒めるという御大独特の表現の仕方だった。優勝を決めた後の心を打つ光景だった。優勝後のこんな光景は他校では絶対にお目にかかれない。そこにあるのは溢れる人間味、そのものだった。

芝生席

明大の優勝が決まった瞬間、内野から外野席まで埋め尽くした三万の大応援団から、ワッと紙吹雪が舞い上がった。グラウンドに飛び下りたファンを食い止めるため、芝生の散水機が一斉に水しぶきをあげたが、それも九シーズンぶりの勝利を祝う大噴水のようだった。待望久しかった優勝、早大の猛反撃をやっと退けての勝利、応援団の興奮は一段とすさまじかった。

62歳の大いなる〃喜怒〃 島岡監督

しかし明大チームは、さっと控室に飛び込む。円陣を入れずトビラを突き抜けて聞こえてきたのは、感激の泣き声でもなければ笑い声でもなく、島岡監督の怒りの大声だった。やがて、姿を再びグラウンドに現した島岡監督は「怒ったのは上田の態度について。九回に二塁強襲安打が出たとき、上田は口惜しがった。ノーヒット・ノーランという自分の記録に気を取られていた証拠。大事な試合なのに、はたせるかな、あのあとガタガタになった」。厳しい口調だが、喜びの涙をぐっとこらえているのは隠せなかった。そばで「島岡さんはうれしくてどなったんですよ。選手たちは知っていますよ」とOBは笑った。

選手たちが胴上げしようとすると、島岡監督はまたキッとなって「法大に勝って完全優勝するまではダメッ」——。監督二十一年目、明治生まれ、六十二歳の監督は、あくまで精神野球を貫こうと頑固だった。

やがて島岡監督の〃興奮〃が落ち着くと「キャプテンの井上が私の欠点（カッときやすいことを指す）を補って、チームをよく引っ張ってくれた。投手陣がよくがん張ってくれた。それが一番の勝因」と語った。上田、井上、丸山の投手陣は、六大学一の完封4を記録、それも〃目〃となった東大、立大に記録し、スルリと抜け出して第六週で優勝を決める原動力となった。東大に完封で連勝したのは、とにかくいまのところ明大だけなのである。

この日で4勝目をあげ大活躍だった上田は「きょうは絶対ノーヒット・ノーランができると思っていた。一球々々一生懸命投げた。九回にヒットを打たれたとき、その残念さが思わず態度に出てしまった。怒られても仕方がない」と優勝のうれし涙を流した。春、早大がやはり第六週で優勝を決めたときの相手は明大。一、二回戦とも上田が先発して敗れた。明大も上田も、この日はその雪辱であった。（相沢）

ノーヒット・ノーラン目前の上田に交代を告げ、優勝後の御大の喜怒、1973年秋の早稲田戦
（1973年10月15日付毎日新聞）

部屋割りにも配慮

ノーヒットノーランが途切れた当事者、斎藤の守備は群を抜いていた。先ほどのライナーも、体勢を崩しながら3回もグラブに当てたのは、見ていて芸術的だった。守備範囲が広く、盗塁は中間疾走が速く、あっという間に二塁に滑り込み、「ニンシャ」（忍者）というあだ名がついていた。ゲッツーの時のジャンピングスローが華麗で、初めて見た時は痺《しび》れた。しかし、地味を好む御大には「派手な」プレーと映った。

「斎藤は足が速くていいんだけど、プレーが派手なんだよなあ」

と斎藤を評して言ったことがあった。斎藤の守備範囲は、他の二塁手と比べて、左右で2メートルは優に広かった。ピッチャーの左を這うゴロが、センター前に抜けると思った瞬間、後ろをふり返ると、斎藤は守備態勢に入っていた。助けられたピッチャーは筆者だけではなかった。いつしか、御大の口から「派手な」が取れ、六大学屈指の二塁手となり、よく手入れをした黒光りした握りの太いＮＳＢ（注2）のバットで首位打者に輝いた。斎藤のバットの握り部分は、これまで見たことのない太さだった。練習後は自室でバットを牛骨で磨きながら毎日手入れをしていた。バッターの命であるバットを可愛がる姿に打たれた。ある試合でその愛用のバットが根元から折れ、斎藤の嘆きようは見ていられなかった。金属バットを使用している現在の高校野球では、絶対にお目にかかれない光景だ。

縁あって筆者は、1年上の斎藤と同部屋になった。ピッチャーの同室の相手は、キャッチャーかピッチャー同士が多く、内野手とピッチャーが同部屋になることはあまりなかった。

レギュラークラスの部屋割には御大も絡んでいた。斎藤は秋田県本荘《ほんじょう》市の出身で、PL学園の出身だった。東北から野球でPL学園にスカウトされたと思ったら、自分の意思で大阪のPL学園の中等部へ行ったと本人から聞いた。強い意志を感じた。PL学園が初めて甲子園で決勝へ駒を進めた時のメンバーで、プロで活躍しイチロー（鈴木一朗・愛工大明電高）の打撃コーチで有名な新井宏昌（法政）、広島カープなどで活躍した投手の新美敏《にいみさとし》らがいた。明治では最も理論肌の選手で、御大とは対極にいる選手だった。

部屋では印象に残る話をたくさん聞けた。

「お前はピッチャーだから投げる球の縫い目を気にするだろう。野手も一緒だ」

何だろうと思った。捕球してから送球するまでに、球の握りを変えて指を縫い目に合わせて送球するという。捕球してから投げるまで1秒足らずで球を縫い目に合わせて持ち替えるという。

「そうする方が、一塁手に正確に捕りやすい球が投げられる。もちろん間一髪の時はできないが、練習の時はこれを基本にしている。一塁に最も近いセカンドの一塁への送球は、投げる時に姿勢を変えなければならないので送球は意外にサード、ショートより難しいんだ」

初めての話で驚きしかなかった。ある時は、

「お前はピッチャーだから盗塁することはないが、盗塁はどこを目がけてスライディングする？」

と聞かれ、

「セカンドベースですよね」

と答えると、

「普通はそうだ。俺はグラブだ。ベースに入る野手のグラブを目がけて蹴り上げる。アウトのタイミングでも野手の落球でセーフになる可能性が生まれる。勝つためだ」

「守備妨害になるのでは」

と聞くと、

「守備妨害を取られないための工夫を練習でするしかない。野手もそれを防ぐ練習をすれば、お互いのレベルが上がる」

と返され、それまでの野球観を覆《くつがえ》された思いだった。

斎藤と布団を並べて交わした会話は、甲子園常連のＰＬ学園と信州の県立高校の野球への取り組みの違いがわかる会話だった。戦歴の浅い筆者に、高校では一流の斎藤を同室にしたことは、御大の意図と捉えるしかなかった。

斎藤はその後、社会人野球を経て、明治大学野球部の監督に就くが、在任中に病に襲われ帰らぬ人となった。残念でならない。

ジュン・イシイの圧縮バット（公益財団法人野球殿堂博物館所蔵）

（注1）実るほど頭を垂れる稲穂かな

季語が「稲穂」の5・7・5の俳句で、ことわざとして使われている「詠み人不詳」の故事成語。いつ詠まれたかも不明。

早稲田大学の建学教旨は「学問の独立」「学問の活用」「模範国民の造就」であり、早稲田大学の姿勢として「教育・研究・社会貢献」を柱とし、歴史と伝統のなかで「実るほど頭を垂れる稲穂かな」を身につけ「志はあくまで高く、頭《ず》はあくまで低く」という早稲田人の生き方を作り出してきた。社会貢献の場に生かす学生づくりを指針としている。（参考・早稲田大学HP・TRANS.Biz）

（注2）NSB

当時、明治の選手が使用していたバットのメーカーは、美津濃《みずの》、サンアップ、NSB（Nihon Shimizu Bat）で、一部の選手は王貞治も読売ジャイアンツ時代に使用していたJun Ishii's（ジュン・イシイ）の圧縮バットを使っていた。光沢のある何ともいえない品のあるバットだった。野球殿堂博物館に展示されている。調べてみると、このバットは松戸市にあった「カジマヤ商店」の石井順一（早稲田実業―早稲田）の製造で、石井は第1回全国中等学校優勝野球大会の早稲田実業の6番・遊撃手で出場していた。なんと世界記録868本の本塁打は、早実の先輩後輩で繋がっていたバットから産まれた。

明治ではレギュラーには個人用に削ってもらったモデルバットが、ピッチャーにもシーズンで2本を支給されたと記憶している。斎藤の折れたバットはNSBのモデルバット。御大のノックバットもNSBの特注だった。現在も製造しているのは、ミズノ（美津濃）のみ。

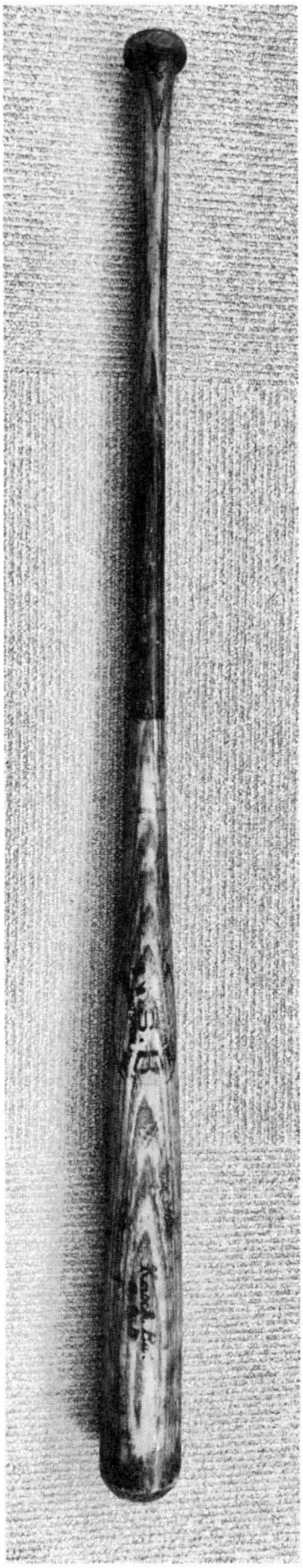

NSB特注の
御大のノックバット
（御大の館所蔵）

其の四「島岡式勝利の方程式は、（技術×練習）×元気＋その日の調子」

▽技術と練習と元気（精神力）の相乗効果

▽身体で覚える練習は島岡野球の真髄

▽「その日の調子」は御大の優しさ

外部コーチで技術をカバー

島岡式勝利の方程式＝（技術×練習）×元気＋その日の調子。

御大は3階のミーティング室で、この「方程式」を黒板によく書いた。当時は同じことをよく書くな、くらいに思っていたが、野球という競技への心構えをよく表している。

「技術」が必要なことは当たり前だ。しかし、4年間で御大から技術指導を受けたことは一度もなかった。筆者はピッチャーだったので、受ける指導はボールの握り方、フォームの修正、牽制球の技、トレーニングの方法、肩のケアの方法はじめチェック項目は、ノートに書き留めたらきりがない。御大はピッチャーの経験がないので、余計な指導をしてもうまくいかないことをよくわかっていた。しかし、数多く投げることは「指導」した。バッティングについても、細かい指導をしているのは見たことがなかった。

その代わり、御大が信頼している明治のOBはじめ外部の臨時コーチを招き、技術指導を補った。OBのプロ退団者のコーチが1973（昭和48）年から認められた。今では、プロ出身者が大学の監督になる時代だが、当時の御大はプロ経験者も御大なりに選抜してコーチを依頼した。

新しい道を切り開くことは先駆を為していた。今ではプロ野球経験者が六大学野球の監督を務める時代だ。御大がいま現役だったら、プロ出身の監督相手に「打倒早慶」とともに「プロ出身に負けるわけにはいかない。なんとかせい！」と神宮のベンチで熱く采配を振るっているだろう。

明治ＯＢでは、松井久（平壌中）、児玉利一《りいち》（大分商―中日ドラゴンズ）、岩田敏（旧姓二瓶・大邱商、東海大学野球部二代目監督）、永井馨（下関商）、岡田悦哉（関西高―中日ドラゴンズスカウト他）らが指導にあたっていた。ＯＢ以外では、アレン永田（ハワイアサヒ）、河合君次（岐阜中―早稲田）、好村三郎（灘中―立教）らがいた。明治ＯＢ以外、しかも他の六大学のＯＢも招くことはいかにも御大らしかった。御大が信奉していた早稲田の飛田穂州（水戸中）が、六大学野球創設前に法政、立教、中央大等へコーチに赴いていたことに繋がっていると想像した。

指導内容が同じ分野にならないように配慮していたと、今になって思う。同じ分野で複数のコーチが指導すれば、選手が迷い、不満が出ることをわかっていたのだろう。島岡式マネージメントだった。

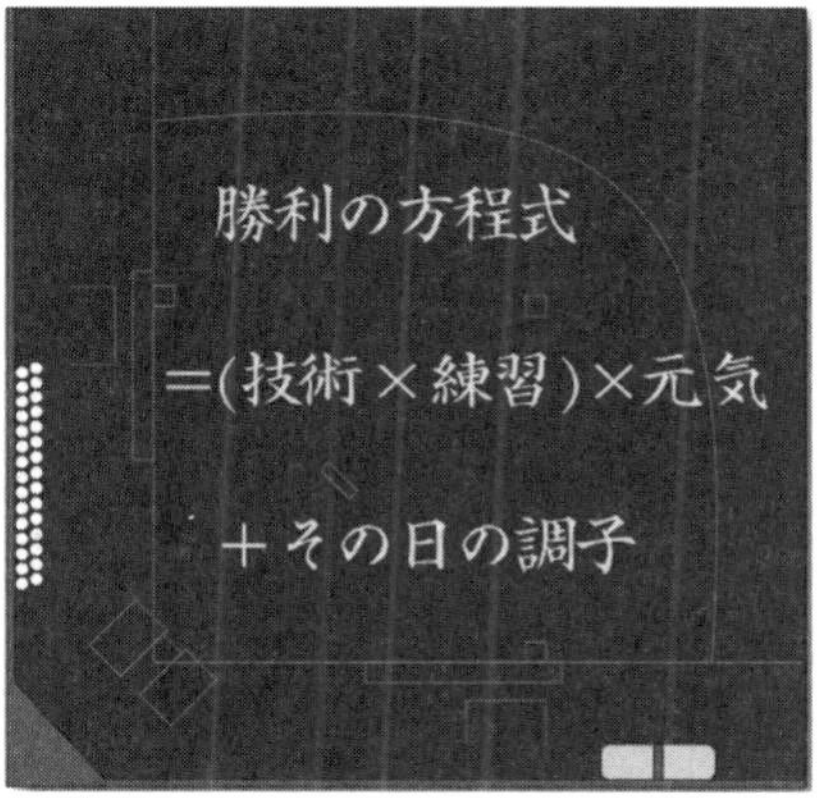

御大が板書した「勝利の方程式」の模写

島岡式トスバッティング

バッティング練習で唯一の御大の指導があった。「1時間のトスバッティング」だ。技術というより、フリーバッティングと守備練習の前の訓練だった。3人1組になり20分交代で都合1時間。打者は相手2人に交互に打ち分け、守る方は腰を落として必ず正面に入って両手で捕球しなければならない。この交互に打ち分けるのを、高校生にやらせてもなかなかうまくできない。インコースを右側の相手に返すのは右打ち(注1)の練習にもなる。御大がここまで考えていたとは思わないが、1時間もすると、左右に動かされるので汗が滴《したた》り落ちた。

極みは業者に白のタオル地でホームベースと同じ形で「タオルベース」を発注し、打者はそれをホームベースにしてトスバッティングをした。トスバッティングでも、実戦に近い環境で練習をするという御大のこだわりだった。タオルベースには、紫紺の縁取りをする徹底ぶりで、他のチームではお目にかかれない粋なトスバッティングだった。本番の神宮球場でも試合前のトスバッティングでこのタオルベースを使ったこともあった。

1時間のトス「バッティング」というが、40分は守備練習だった。「左右に打ち分け」「腰を落として」「両手で正面に」を真剣に意識して徹底すれば、通常の何倍もの時間をかけるわけだから成果は必ず出る。競技経験のない御大の発想は、技術の習得より、時間をかけた身体で覚える練習の極みだった。このトスバッティングは、高校生の練習メニューに取り入れ、3年間みっちりやったら必ず成果が出る。練習時間に制限がある昨今は難しいが、冬のトレーニングで徹底したらいい。真剣に忠実に行えば、奥が深いバッティングと守備の練習となろう。野球の練習はいつの時代も基本の反復練習に行き着く。後述する御大の「身体で覚える練習」につながる。

もうひとつ、御大のバント指導があった。送りバントの失敗が続くと、グラウンドで自らノックバットを持ち、

「どうしてこんな簡単なことができんのだ。いいか見てろ」

と言って、バットに目をこれでもかと近づけて、

「バントの極意は、目の前にきた球をこのバットで避《よ》けるんだ。わかったか」

と目を手のひらで叩きながらお手本を示した。バントの指導で目が血走るほどの真剣な表情で教える指導者は御大の他にはいないだろう。バントのミスは、バットが身体から離れてボールを迎えに行き、ボールから目が離れることで失敗するケースが多かった。投手はバントのサインを出される機会が多い。この「島岡流極意」を身体に染みつけたお陰で、投手だった筆者はバントのミスは一度もなかった。ショートバウンドをスクイズしたこともあった。バントも命がけでやれということだ。送りバントの失敗は試合の流れが変わるばかりでなく、結果的に試合を失うこともある。島岡野球では、スクイズも含めて、バントを成功させることは「最重要事項」のひとつだった。

3名の外部コーチ

3年のシーズンが終わり新チームになり、筆者の他にもう一本ピッチャーの軸をつくる必要があった。御大は同期の名取和彦（甲府商）の強化に乗り出した。名取は上背が180センチを超し、身体も柔らかく、球筋もよくピッチャーとしての素質は抜群であった。しかし、コントロール、投球駆け引きの面でいま一歩のところがあり、思うような成績を残せていなかった。

御大は臨時コーチのアレン永田に名取の育成を任せた。アレンはハワイ生まれの日系アメリカ人で、ハワイアサヒというチームでプレーし、後に大阪タイガース（現阪神タイガース）に入団し監督も務めた日系二世のアメリカ人カイザー田中（帰化して田中義雄）捕手とバッテリーを組んでいた。アメリカ仕込みの野球人だった。ハワイではファースト・ナナショナル・バンクのハワイ支店長をしていた。ハワイが繋いだ御大とアレンの縁だった。アレンはハワイ人特有のゆったりとした性格で、ユーモアに富み、ストレート中心の名取にスローカーブ（今で言うチェンジアップか）を教えた。どちらかというとサボり気味の名取を、

「ユー、モローハ（ハワイ語で怠《なま》けもののことをいう）」

と笑いながら名取をからかい、逆にやる気を起こさせた。名取はピッチングの幅を覚え、スローカーブを覚えたことでストレートがさらに生きた。1975（昭和50）年春のリーグ戦完全優勝の立役者となった。名取は社会人野球を経てプロに進んだが、この基になったのがアレン永田

の指導だった。

また、ハワイ繋がりで、御大の指令でピッチャーの下半身強化のために相撲部屋に四股《しこ》を踏みに出掛けた「出稽古」もあった。今ではモンゴルをはじめ外国人は当たり前に土俵に上がり横綱まで輩出している。当時の高砂部屋所属のハワイ出身の高見山大五郎（ジェシー・ジェームス・ワイラニ・クハウルア）が外国人幕内力士の第1号だ。そのパイオニアの高見山を高砂親方（元横綱前田山）に紹介したのが、当時、明治大学農学部助教授で明治大学相撲部長の滝沢寿雄（明治中—明治）だった。東京オリンピックの年だ。御大は滝沢に敬意を払っていて、滝沢がハワイから高見山をスカウトした話しをよくしていた。その滝沢の紹介で明治のピッチャー陣の高砂部屋出稽古が実現した。1週間ほどだったと記憶しているが、東京下町の本所にある高砂部屋に通い、トレーニングウェアで四股を踏んだ。四股はテレビで見るのとは大違いで、1分もすると負荷が下半身にズーンと響き汗が噴き出した。両手を頭の後ろで組み、中腰で土俵の周りを蟹《かに》のように横に這う稽古は

アレン永田臨時コーチと御大、旧島岡球場にて

下半身に効き過ぎた。特に脚の長い名取には有効な稽古だった。稽古後のちゃんこ鍋の味が忘れられない。想像に反してあっさりとした透き通った味で、出汁《だし》が命というちゃんこの精神がわかる気がした。どんぶりが3つ置かれ、ひとつはちゃんこ用、あとの2つはビールと日本酒用だった。相撲の世界は食べるのも仕事だということを実感させられた。御大のお陰で、相撲部屋の稽古もちゃんこにもありつけ、なかなか経験できない稽古だった。

一方、筆者は高校時代からオーバースローで、入部して周囲を見渡すと、甲子園組や名取も含めオーバースローの剛球揃いだった。キャッチボールをしただけで、同僚の球筋には速さ、重さ、回転でとても歯が立たないことはすぐに自覚した。信州の片田舎から東京へ出てきて、高校時代の戦績もない筆者が、この環境でレギュラーとなるのは至難の業だった。東京に出てきたからには、神宮のマウンドに立たなければ、せっかく大学に入れてくれた親に申し訳が立たない。憧れの神宮のマウンドに立ちたい。その一心で1年の秋に、自らの意思で思い切ってアンダースローに変えてみた。勇気がいった。失敗したら終わりだった。アンダースローは下半身の強化が不可欠と直感し、その年の冬は走り込みに明け暮れた。ロングもダッシュも、これでもかとランニングに没頭した。すると、年が明けて、ブルペンで投げていると、アウトコースにスーッと抜ける浮いた球が出て、「これだ」と内心確信めいたものが生まれた。2年の春の慶応戦にリリーフで初めて神宮のマウンドに登り、思った以上に球が走った。しかし、慶応の4番打者、後に大洋ホエールズで活躍した山下大輔（清水東高）に左翼ポールの遥か上をいく超特大のホームランを浴び、六大学野球の洗礼を受けた。上には上がいることを思い知らされた。

　そこに、臨時コーチの児玉利一がいた。児玉は、大分商業から明治では一塁手と投手を兼ね、六大学野球初の4連覇に貢献した。卒業後は社会人野球を経て、中日ドラゴンズ、大洋ホエールズで活躍した。中日では投手も兼ねていた。アンダースロー素人の筆者に、マウンドのプレートの使い方とシンカーを教えた。アンダースローは横幅をうまく使うのが命であり、それと踏み出す左足の位置をクロスステップさせることを覚えた。球種はストレート、カーブの筆者に3つ目の球種を教えた。児玉に、

「先輩の秋山（岡山東高）もアンダースローでシュートがよかったが、君の投げ方はシンカーがいい」

と言われ、右打者のインコース低めに沈むシンカーを覚えた。得意のカーブに加え、プレートの使い方とシンカーで投球に幅ができた。児玉のお陰であった。

児玉臨時コーチ（右端）、1975年春優勝祝賀会にて

　もうひとり、同期の伊藤裕啓（日大一高）がいた。日大一高で甲子園を経験し、東京都では有名な長距離スラッガーで神宮第二球場ではホームランを連発した

児玉臨時コーチにクロスステップを指導された筆者、打者は駒沢大・中畑清（安積商）、明治神宮大会決勝戦、1975年11月

が、明治に入ってからは音なしが続いていた。彼をコーチしたのが松井久だった。明治では外野手で、ベーブルースがいた時代の1931（昭和6）年、日本に招聘《しょうへい》した大リーグ選抜と戦った全日本学生メンバーに入っていた。読売新聞が朝日新聞の主催する中等学校野球大会（現高校野球）を意識し、人気の六大学野球選抜チームと米大リーグ選抜チームとを対戦させた、当時としては画期的な企画だった。後に日本シリーズ終了後に米大リーグを招聘した企画に発展させた。六大学野球チームを中心に対戦し、全国で17試合を行い、メンバーには、宮武三郎（慶応）、三原脩《おさむ》（早稲田）、水原茂（慶応）、松木謙治郎（明治）はじめ、幼少時代に野球を始めたころ記憶のある錚々《そうそう》たる名選手が名を連ねていた。

東大野球部の監督を務め、野球の書籍を数多く著している神田順治（旧八高―東京帝大）が、朝日新聞紙上の「知られざる記録　六大学野球の三割打者」と題して松井を紹介した面白い記事を見つけた。要約すると「朝鮮ベーブの異名をもって、平壌中学から明治に入学し、昭和七、八年は岩本（義行・広陵中―明治）と二人しか強打者がなく、無理して強打した為に悪球打ちの名人と称せられた。岩本が猪突猛進型とすれば、松井は全くタイプの違った円満居士型で三番と四番で並んでいた」とあり、個性的な選手の面影が浮かぶ。

松井は、伊藤に連日にわたり徹底的にロングティーを打たせ、ロングヒッターとして再生させた。4年秋の2試合連続ホームランに続いて、満塁ホームランを放ち、ロングティーの打ち込みの集大成だった。

前列右は松井臨時コーチのロングティーで成果を上げた伊藤、後列左はアレン永田からコーチを受けた名取。後列左は捕手の荒井、後列中央から筆者、梅田、島岡球場にて、1975年

また、松井は戦時中、東条英機首相の秘書官役をしていて、御大のマカオの海軍特務機関行きにひと役買った。御大は松井を「きゅーさん」と呼び、

「松井のきゅーさんには、戦時中助けられたよ。おれの命の恩人だ」

とよく話していた。

このほかにも臨時コーチの指導で、技術が向上した選手は数多くいた。御大は自分が技術指導をできないのをよく理解していて、外部のコーチをうまく起用し、それを補っていた。選手もそれはよくわかっていて、技術指導をしない御大の陰口を言う選手は皆無だっ

た。御大は腹の中には、

「技術指導だけが指導者ではない。技術だけでは野球は勝てない」

との一物を持っていたに違いなかった。

身体で覚える練習

方程式の2項めの「練習」、明治ではこれが大変だった。御大は負けが込むと、

「明治の練習時間は日の出から日没までだ」

と言うのが決まり文句だった。実際は日の出からグラウンドに出る訳ではないが、午前9時前後から日没を越すことは当たり前だった。練習時間は六大学のなかでは群を抜いて長かったはずだ。身体で覚える練習は、どうしても練習時間が長くなる。

御大は選手と起居をともにしていたので、1年生より早くグラウンドに出ることが多かった。白の練習着と帽子で、紙袋をノックバットに掛け、そのノックバットを担ぎながら、ライトの入り口から外野のフェンス伝いに、時には雑草を抜きながらゆっくり歩き、自分が造ったグラウンドを踏みしめながら、一塁側の監督室に入るのが、毎日の光景だった。

筆者が4年の時は、御大は64歳のはずだ。還暦を疾《と》うに越えた年齢で、子供、孫の年代の若者と起居をともにするだけでなく、最後までグラウンドにいて選手を見つめていたことは、今思

えば驚愕するというより、宗教者を感じる。御大から64歳を感じたことはなかった。64歳自ら、「身体で覚える」を実践していた。

その後、御大は身体の衰えが原因か、グラウンドの中の移動は自転車を使ったと聞いた。おぼつかなげな運転なので、選手1名がお付きでいたらしい。筆者の結婚式の披露宴で主賓《しゅひん》の挨拶を頼んでいたが、会場になかなか現れない。開式直前に現れて、何と顔が隠れるほどのマスクをしていた。「今日の挨拶は誰かに変わってくれんか」と言われて驚いていると、運転手役のマネージャーから、「昨日の練習中、自転車で顔から落ち、顔が傷だらけだ」と聞かされ、また驚かされた。何とか挨拶をしてもらった。すぐ席を立ち、名古屋に向かうというので、また驚いた。3年後輩の中日ドラゴンズで活躍した高橋三千丈《みちたけ》（静岡商）の結婚式があり名古屋へ向かった。「有り難い」ことだった。

ついでにこの披露宴ではもうひとつハプニングがあった。来賓で同期の応援団長だった廣野宏士（明治高）が、応援団長の大先輩になる御大が来るというので特別メニューを企画してくれた。恒例の披露宴の締めの校歌を応援団の団旗、大太鼓付きでリードして、さながら神宮本番の様相となった。大太鼓は館内中に響き渡る音なので、予《あらかじ》めホテルには、隣の披露宴では挨拶のない時間帯で了解を取り付けておいた。しかし、隣の宴席が予定より遅れ、主賓の挨拶の時に大太鼓がぶつかり、隣からクレームがつき披露宴後に平身低頭でお詫びに行った。神宮ではかいたことのない汗だった。

話は逸《そ》れたが、投手の練習は、投球、ランニング、柔軟体操が中心で、それにアレンジしたメニューが加わる。練習の量をこなすうちに、すべての練習メニューの工夫、強弱を覚えていくので、時間が長いのは、悪いことばかりではない。大学生のうちはまだまだ身体が若いので、量も質も両方追求するいい期間だ。「工夫」と「時間」が人間を育ててくれる。

また、呼吸を安定させることは、ピッチャーのコントロールに結びき、マウンド上での息づかいは、微妙にコントロールに影響すると信じていた。心肺機能を強化するにはランニングが一番だ。最もシンプルな練習のランニングは、工夫すれば時間は苦にならなくなる。ランニングの工夫はピッチャーを育てる。自分に合ったランニング方法を自ら編み出すことだ。筆者はアンダースローなので、腰の切れを特に意識し、同じダッシュでも、腰を切るジグザグのダッシュを必ず取り入れた。御大の「走れ、走れ、走れ」を工夫に転化するのも練習のうちだった。冬、ロングを走る時は、調布のグラウンドから「深大寺蕎麦コース」というランニングコースがあり、深大寺の蕎麦で一服し折り返したランニングが懐かしい。

霜解けに挑戦

実際にこんなこともあった。御大に「監督になって一番弱いチームだ」と言われた1975（昭和50）年の冬は、「畑作業」から始まった。調布のグラウンドは霜が降りると、土の下に氷の

霜解けに挑戦した旧明治大学野球部グラウンド（調布市佐須町）

柱が張り使えなかった。御大は「霜解けに挑戦」といって、「弱いチーム」対策を始めた。練習が終わると、レーキとトンボ(注2)でグラウンド整備をして終わるのが普通だ。この年は練習が終わると、内野のグラウンドの土を鍬《くわ》で掘り起こし、土に空気を通しておく作業をして練習終了だった。翌日の早朝に、前日耕した土をレーキでならし、乾きやすくして陽に当てて乾かした後、再びトンボでならして練習を始めた。これにより、1時間も2時間も、グラウンドでの練習時間が増えた。その年の3月末にハワイ遠征が決まっていたので、常夏のハワイでアメリカの大学に負けられないという気持ちも御大にはあった。常夏のハワイでなく、霜の張る調布で「畑作業」に匹敵する思い出に残る島岡式冬の訓練だった。

御大の選手への訓示は「挑戦」「打倒」がつくことが多かった。この「霜解けに挑戦」をはじめ「不得手に挑戦」「1000球への挑戦」「打倒早慶」「打倒江川」など、挑戦、打倒が好きだった。御大の挑戦は結果が出るのに時間がかかるものが多く、時間をかけて挑戦することで人が育つと考えていたのだろう。御大はこの2つを口に出したら徹底していた。徹底する裏には言葉だけでなく、作戦と行動と結果がワンセットだった。言い放しはなかった。信頼されるリーダーの大事な要素だ。選手には言わなかったが、島岡式のPDCだったといえる。ミーティング室で御大が「プラン、ドゥ、チェック」などとやったら、選手は吹き出してしまっただろう。

1000球ピッチング

御大は、ピッチャーは投げ込んで投げ方を覚えると信じていた。これには、ピッチャーの中では違和感を持ち、投げ込みに素直になれない者もいた。

有名な「1000球ピッチング」があった。調布のグラウンドで行われたあるオープン戦で、名取、筆者をはじめ投手陣が打ち込まれて惨《みじ》めな敗戦を喫した。御大は投手陣を集め、「投手陣は何を練習しとるんだ。こんなんではリーグ戦を乗り切れない。投げ込みが足らん」と怒り出し、投手陣に「1000球ピッチング」を命じた。投げ込みが足りないと言われても、普段から200球から300球は平気で投げている。すぐにセンター後方のブルペンで「1000球チャレンジ」が始まった。

大敗の原因はピッチャーにあり、たいへんなのはキャッチャーだった。1球、1球捕っては立ち上がってピッチャーに返球し、しかも1000球をカウントしなくてはならない。御大はキャッチャーに座ったままピッチャーに返球することは禁止し、立って返球することを命じていた。

「1球、1球、セカンドに送球すると思って返球しろ。ピッチャーの向こうにセカンドベースがある」

ブルペンでセカンドへの送球練習ができると考えていた。調布のブルペンはじめ、4年間でざっと20万球近くは投げたと思うが、一度もキャッチャーが座って返球したことはなかった。キャッチャーも20万球の送球練習をしたことになる。座っての返球より、立って返す球の方がグラブにピシッと収まり、キャッチャーとのリズムができた。

筆者の球を受けていたキャッチャーの宮本聡（高鍋高）は、ホームベース脇の土に、10球ごとに「正」の字の「一」から書いてカウントしたが、いつ終わるかわからない初の投球練習だった。御大は「主役」の名取の後ろに、ロサンゼルスドジャースのLAが映えるブルーのヘルメットを被《かぶ》り、椅子に陣取り、右手にカウンターを持ち、真剣な眼差しで1球、1球カウントを始めた。

これはもう御大と根比べするしかない。

300球、400球、500球と進み、ふと後ろの御大を見ると頭が垂れている。居眠りだ。

「投げるほど頭を垂れる御大《おやじ》かな」であった。しばらくしたら、御大が起きた。

「今、何球だ」

名取の球を受けていた荒井信久（成東《なるとう》高・後に明大監督）が間髪を入れず、

「850球です」

と答えると、

「ようし、あと150。頑張れ」

と言って、しばらくしたらまた寝たような気がする。1000球「らしき」投球数が終わり、荒井が「御大、終わりました」と告げると、「ようし、上がれ」で1000球セレモニーは終わった。

実際、1000球は投げていないが、600球以上は優に投げている。振り返れば、これは御大流の次の試合に期待をかける投手陣に対する儀式だった。長い儀式だったが、不思議なもので、名取はそれから投球が安定しナイスピッチングが続いた。

筆者も、4年の秋に7完投したが、苦もなく投げ切れた。「1000球ピッチング」のお陰だった。これも島岡明治でなければ体験できない儀式だった。筆者の時代は、御大の1000球ピッチングの指令はこれが最初で最後だった。

当時は先発したら完投するのが当たり前だった。卒業してからデータを見ると、筆者は通算で28試合に先発し完投は16あった。当時は、練習、練習で余裕がなかったから、何となく完投に合わせて球数を投げていた。3年の秋が過ぎてからは、肩の消耗を減らすために、練習で300球以上を投げても投げ方の内容を変えてみた。完投するには正規投球で120球（1イニング当たり13球前後）と設定し、それに試合前のブルペンでの投球が50球、イニング交代の練習球が63球（1イニングあたり7球）、味方の攻撃で2アウトになってからダッグアウト横で投げるウォーミングアップで80球、トータルすると313球になる。これに、牽制球、正規投球の120球を超える分を足して350球前後が完投する目安になる。すべてが全力投球ではないが、肩を使っていることには変わらない。試合の中で何球かは打者との勝負に出て力む場面が必ずある。その時に肩、肘に負担がかかり故障の原因になると思っていた。それを防ぐために、ブルペンで300球を放るなかでわざと力む場面をつくった。また、球数を多くすることは、肩、肘の故障を意識するので、ケアを怠らないいい癖もついた。

完投を想定して、300球前後をバランスよく投げる練習が板につくと、ブルペンが楽しくなる。300球をイヤイヤ投げるのと、楽しく投げるのでは天と地の差だ。何事も工夫とアイデアだ。オフシーズンは肩をつくるために、最初の200球ぐらいは、いわゆる「ハーフ」、ハーフスピードで投げ込む。その中でハーフでもおやっと思う生きたボールが出る。これがたまらなく嬉《うれ》しい。フォームもつくれる。御大のいう「ピッチャーは投げ込んで覚えろ」が効いてくる。感謝、感謝であった。ピッチャーの投げ込みの功罪は、野球がどんなに進化しても、正解は出ないと思う。ピッチャー自身が完投や連投を描きながら「自主的に」管理する投げ込みに徹するしかない。

アンパンミット

キャッチャーで忘れられないことがあった。キャッチャーミットだ。当時も今も、キャッチャ

優勝した瞬間、今久留主捕手の左手にはアンパンミット
1973年秋の早稲田戦、打者は吉沢俊幸（日大三高）

ーミットはいわゆる「土手」が割れているものが普通だ。当時は、音がよく出るイソノ運動具店の「イソデラ（イソノデラックス）」がピッチャーにも人気だった。１９７３（昭和48）年ころは、明治のキャッチャーは、いわゆる「アンパンミット」を御大から宛てがわれた。なぜ御大がアンパンミットを使うことを命じたか定かでないが、とにかく業者にローリングス社[注3]のアンパンミットを発注し、キャッチャーに支給した。ブルペンだけかと思ったら、本番でも使用した。ローリングス社のホームページを見ると、現在は製造していないようだ。パンケーキタイプというトレーニング用のアンパン型があるが、試合には使わない。

御大はキャッチャーに、

「大リーグの名キャッチャー、ロイ・キャンパネラ（ドジャース）が使っていたミットだ。これで練習するとキャッチングがよくなる」

と説明したが、土手が割れていないので、捕りにくい上に、音が出ないのでピッチャーにも不評だった。捕球スポットが小さいので、必ず両手で捕球しなければならず、キャッチャーの捕球努力は通常のミットとの比ではなかった。御大の狙いはここだった。この秋のシーズン、正キャッチャーの今久留主《いまくるす》邦明（博多工）はこのアンパンミットを使いこなし優勝に導いた。いま思えば、すごいことだった。優勝決定の瞬間、今久留主がアンパンミットを左手にピッチャーの井上明（松山商）に歩み寄る写真が残っている。影のＭＶＰだった。「アンパン」を神宮で使っていたのは明治だけだった。

御大が信州で初めて野球を教わった時、アンパンミットを手にしていた。これがアンパンミット採用の元だったら笑ってしまう。御大が信州で使っていたアンパンミットは、野球体育博物館（現野球殿堂博物館）に展示してあったというが、確認できていない。

今久留主と同期のキャッチャー藤谷道秋（明治高）は、明治高から7年間にわたり明治のブルペンでピッチャーの球を捕り続けた。筆者もよく受けてもらった。抜群のキャッチングだった。目立たないが自分の役割を黙々とこなす多くの選手が明治大学野球部を支えてきた。

ルイジアナ遠征

筆者が社会人21年目の１９９６（平成８）年、その年から明治の監督をしていた同期の荒井信久より、

「選手をアメリカに連れて行き、アメリカの大学と対戦させてやりたい。何かつてはないか」と相談があった。筆者は、ルイジアナ州南部の小都市ラファイエット(注4)にあるサウスウェスタン・ルイジアナ大学（現在はルイジアナ大学ラファイエット校）と折衝を始めた。付き合いのあったルイジアナ在住の日系人、ムーン・ヨネコを通じてファックスで依頼状を送り、サウスウェスタン・ルイジアナ大学のオーケーを取り付けた。筆者も同行することになった。選手の渡米スケジュールを組み、エアの予約、ホテル仕様のモーテルの予約、ホテルの追加料理等、予算の限りがある中で準備を始めたら為すことは山ほどあった。Ｅメールのない時代なので、対戦相手チームとの折衝がしんどく、サウスウェスタン大学のヘッドコーチのトニー・ロビショーを通じファックスで対戦相手と試合時間、試合後の食事内容などを決めた。荒井と明治の臨時コーチをしていた同期の小林千春（明治高）と筆者の３名で、ルイジアナに１週間滞在し、下見を行った。

この遠征の実現にはムーン・ヨネコの存在が大きかった。ジープの助手席に座っている筆者に、てくれた。驚いたことがひとつあった。ジープの助手席に座っている筆者に、

「マルヤマ、目の前のダッシュボードを開けてごらん」

というので、開けてみると、出てきたのはなんとハンカチに包んだピストルだった。ヨネコの、

「この国では自分のことは自分で守らなければならないから仕方ないのよ」

という言葉に国のあり方の違いを認識させられた。この銃の所持規制をはじめ、国民皆保険皆制度、源泉徴収制、徴兵制などのアメリカと日本の根本的な社会の仕組みの違いを意識するのは

1999年２月～３月、
アメリカルイジアナ
遠征スケジュール

1999 Schedule Of Meiji University In South America　　明治治大学野球部ｱﾒﾘｶ南部遠征日

Term：1999/2/26～3/13(Lafayette 13days、New Orleans 1days、Air 1days)　　期間：1999年2月26日～3月13

Persons： Players 30 persons, Staff 10 Persons, Total 40 Persons　　参加人数：選手30名、ｽﾀｯﾌ10名、合計40

Schedule　日程　　1999.2.7　15:

Date		Time	Schedule	Breakf.	Lunch	Dinne
2/26	Fri	15:00 15:30 17:15 14:40 15:30 19:30 20:00	No.2 Terminal of Narita Airport：Continental Airline 成田空港第２ﾀｰﾐﾅﾙ ｺﾝﾁﾈﾝﾀﾙ航空ｶｳﾝﾀｰ前集合 Tel 0476(32)7411　03(3508)6411 Preparation for Departure　出国説明、出国手続 Departure Narita by CO－006(B777)　成田発 Arrival Houston　ﾋｭｰｽﾄﾝ着 Go to Lafayette by Tour Bus　ﾂｱｰﾊﾞｽでﾗﾌｨｴｯﾄへ Arrival Lafayette　ﾗﾌｨｴｯﾄ着 Dinner at Hotel　ﾎﾃﾙにて夕食 「Holiday Inn North」ﾎﾘﾃﾞｰｲﾝﾉｰｽ 2716 N.E.Evangeline Thruway Lafayette.LA Tel. (318)233-0003　Fax. (318)233-0360	Japan Air	Japan	Air Hote
2/27	Sat	10:00～11:00 11:30～12:30 13:00～17:00	Meeting(Hotel)　ﾐｰﾃｨﾝｸﾞ Lunch(USL Café.)　昼食 Practice(USL Field)　練習 Welcome Party　歓迎ﾊﾟｰﾃｨｰ　*USL(Game at Monroe)	Hotel	Café	Café
2/28	Sun	10:00～12:00 12:00～13:00 13:00～16:30 16:30～17:30 19:00～	Practice(USL Field)　練習 Lunch(USL Café.)　昼食 Practice(USL Field)　打撃練習 Practice(USL Weight Room)　守備練習 Dinner(USL Café.)　夕食　*USL(Game at Monroe)	Hotel	Café	Café
3/01	Mon	10:00～12:00 12:00～13:00 14:00～ 17:40～18:20 18:30～18:40 19:00～	Practice(USL Field)　練習 Lunch(USL Café.)　昼食 Depart for Beaumont(2h by USL Ban)　ﾊﾞﾝでﾎﾞｰﾓﾝﾄへ Batting Practice　打撃練習 Fielding Practice　守備練習 **Game① Meiji vs Lamar Univ.** ﾗﾏｰ大学と試合 Return to Lafayette after Dinner　夕食後ﾗﾌｨｴｯﾄへ	Hotel	Café	LU
3/02	Tue	10:00～12:00 12:00～13:00 15:00～ 17:40～18:20 18:30～18:40 19:00～	Practice(USL Field)　練習 Lunch(USL Café.)　昼食 Depart for Lake Charles(1h by USL Ban)　ﾊﾞﾝでﾚｲｸﾁｬｰﾙｽﾞへ Batting Practice　打撃練習 Fielding Practice　守備練習 **Game② Meiji vs McNeese State Univ.** ﾏｸﾆｰｽ大学と試合 Return to Lafayette after Dinner　夕食後ﾗﾌｨｴｯﾄへ	Hotel	Café	MSU
3/03	Wen	09:30～11:30 11:30～12:30 14:00～ 17:10～17:50 18:00～18:10 18:30～	Practice(USL Field)　練習 Lunch(USL Café.)　昼食 Depart for Thibodaux(1.5h by USL Ban)　ﾊﾞﾝでﾁﾎﾞﾄﾞｰへ Batting Practice　打撃練習 Fielding Practice　守備練習 **Game③ Meiji vs Nicholls State Univ.** ﾆｺﾗｽ大学と試合 Return to Lafayette after Dinner　夕食後ﾗﾌｨｴｯﾄへ *USL(Game Tulane from 7pm)	Hotel	Café	NSU
3/04	Thu	10:30～11:30 11:30～12:30 13:30～ 17:40～18:20 18:30～18:40 19:00～	Practice(USL Weight Room)　練習 Lunch(USL Café.)　昼食 Depart for New Orleans(2h by USL Ban)　ﾊﾞﾝでﾆｭｰｵﾘﾝｽﾞへ Batting Practice　打撃練習 Fielding Practice　守備練習 **Game④ Meiji vs Univ. of New Orleans**　ﾆｭｰｵﾘﾝｽﾞ大学と試合 After Dinner Go to Hotel　試合・夕食後ﾆｭｰｵﾘﾝｽﾞのﾎﾃﾙへ	Hotel	Café	UNO

			「La Salle Hotel」 1113 Canal St Tel. (504)523			
3/05	Fri		Sight Seeing In N Return to Lafaye			
3/06	Sat	12:00～13:00 13:00～15:00 18:00～(？)	Lunch(USL Café Practice(USL Tr **Game⑤ Meiji vs**			
3/07	Sun	09:00 12:40～13:20 13:30～13:40 14:00～	Deprt for New Or Batting Practice Fielding Practice **Game⑥ Meiji vs** Return to Lafaye			
3/08	Mon	12:00～13:00 17:10～17:50 18:00～18:10 6:30～	Lunch(USL Café Batting Practice Fielding Practice **Game⑦ Meiji vs** Dinner after Gam			
3/09	Tus	10:00～13:00 13:00～14:00 16:30～17:30 19:00～	Practice(USL Fi Lunch(USL Café Practice(USL We Witness USL vs *Introduce M After Game、Dinr *USL(Game LSU from 7pm)			
3/10	Wen	10:00～12:00 12:00～13:00 15:00～ 17:40～18:20 18:30～18:40 19:00～	Practice(USL Field)　練習 Lunch(USL Café.)　昼食 Depart for Baton Rouge(1h by USL ban)　ﾊﾞﾝでﾊﾞﾄﾝﾙｰｼﾞｭへ Batting Practice　打撃練習 Fielding Practice　守備練習 **Game⑧ Meiji vs LSU**　LSUと試合 Return to Lafayette after Dinner　夕食後ﾗﾌｨｴｯﾄへ	Hotel	Café	LSU
3/11	Thu		Sightseeing of Tabasco Sauce factory　ﾀﾊﾞｽｺ工場見学 Sightseeing of Lafayette City ＆ Shopping　ﾗﾌｨｴｯﾄ観光 Farewell Party　ｻﾖﾅﾗﾊﾟｰﾃｨｰ，帰国準備	Hotel	Free	Rest
3/12	Fri	03:00 09:45	Departure for Houston Airport by Tour Bus from Hotel ﾂｱｰﾊﾞｽでﾋｭｰｽﾄﾝ空港へ Departure Houston by CO-007(B777)　ﾋｭｰｽﾄﾝ発 *USL(Depart for Miami)	Air	Air	Air
3/13	Sat	15:15	Arrival Narita Airport　成田着			

社会人になってからだった。昨今のアメリカで頻発する銃乱射殺傷事件が痛ましい。日本に生まれてよかったと思う時だ。と、書き記している最中に安倍元首相への残忍な銃撃事件が起きた。

アメリカでは、夜7時スタートのナイトゲームが多く、終了は9時を過ぎた。それからすべての大学のブックストア（生協・学食）で、ビュッフェスタイルの食事を「食べ放題」、しかも無料で提供して貰った。選手は野球以外では、これが一番嬉しかったのではなかったか。日本の大学の学食とは、広さもボリュームも桁違いだった。筆者でも、ハンバーガー1個で満腹になった。ちなみに明治大学駿河台キャンパスの学食は、新装なったリバティタワー17階フロアにある。校歌の「撞くや時代の暁《あけ》の鐘」の「暁」をとって382席の「スカイラウンジ暁《あかつき》」となっている。

アメリカは広大な上に大学が散在していて、8大学とのテストマッチは移動が大変だった。最も遠いボーモント（テキサス州）にあるラマー大学はラファイエットから車で2時間以上かかった。フリーウェイで時速150キロものスピードで走るから相当な距離だ。東京から郡山くらいまであった。大型バスをレンタルすると経費が嵩《かさ》むので、ワンボックスカーを5台レンタルして、サウスウェスタン大学の1年生（アメリカでは1年生は赤い帽子を被っているのでレッドキャップと呼ばれていた）にドライバーになってもらった。ドライバーが眠たそうな目をして運転をしているのを見て、助手席に明治の選手を座らせ、通じなくてもいいから英語で話しかけ続けるよう指示し、交代でレッドキャップの居眠りを防いだ。アメリカの車社会を実感させられた。

下見も含めて、アメリカまで自費で3往復した。あの時代にＬＣＣがあればと、いま思う。本番では仕事の合間を縫って休みを取り、1カ月間にルイジアナまで2往復し、明治の選手と遠征をともにした。サウスウェスタン大学は、阪神タイガースで活躍したジーン・バッキー（注4）の出身校で、空港に大男が出迎えてくれていて、それがバッキーだとわかり感激した。リーチの長さを生かした投球で、世界の王貞治（早稲田実業—読売巨人軍）に対しても、逃げずにインコースを攻めて、得意のナックルボールで翻弄《ほんろう》したのを思い出した。巨人に真っ向から向かって行く姿は、闘争心むき出しでONを相手にした星野仙一（倉敷商）と似ていた。握手をすると、ボールを2つ握れるような手の大きさにまた驚いた。交換した名刺には、五角形のホームベースが描かれていて、阪神タイガースで稼いだ金で、地元の土地を買い、ホームベースの形の牧場を経営していた。ウェルカムディナーでは、特大のハンバーガーをご馳走になった。食事をしながらバッキーは、

ジーン・バッキー（中央）、アメリカ・ルイジアナ州ラファイエットにて、1999年3月

「コーベビーフ、ナンバーワン」

と、同じことを3回も口にし、日本の牛肉が忘れられない様子だった。バッキーの阪神時代の背番号は、御大だったらピッチャーには絶対に付けさせない、日本人が

アメリカ・ルイジアナ遠征の明治大学野球部チーム　サウス・ウエスタン大グラウンドにて、1999年3月

避ける「4」だった。

2週間ほどのアメリカ滞在だったが、地元の大学と8試合を行い、全勝して地元の新聞でも「STRONG！　MEIJI」と話題になった。遠征メンバーの中には、プロで活躍したピッチャーの小笠原孝（市立船橋高）、木塚敦志（浦和学院高）らがいた。驚いたことは、かれらが投げ込まないことと、投球後にアイシングをしていることだった。野球の現場にはまったく関わっていなかったので驚いた。時代の移り変わりを実感した。投げ込まないのはある程度わかっていたが、投げた後に肩を冷やすことは驚きだった。筆者は肩を冷やさないように、母親が作ってくれた毛糸の肩当てを高校時代からお守りのようにしていた。まったく正反対だ。隔世の感があるとはこのことだった。

帰国の途につく早朝、ハプニングが起きた。予約していたニューオーリンズへのバスがホテルに来ない。ムーン・ヨネコが朝3時に入れた予約がエージェントに伝わっておらず、出国手続きぎりぎりの到着になった。ひと安心と思ったら、今度は選手のひとりが、パスポートがないと言い出し、再びハプニング。汗だくでイミグレーションに飛び、片言の英語で事情を説明し、なんとか搭乗できた。人生でこんなに冷や汗をかいたことはなかった。どうして乗れたのか、今でも思い出せない。アメリカ遠征を終え無事成田に着いた。選手に事故がなく安堵し、荒井への協力も無事終わり、どっと疲れが出た。

荒井はその年の秋には明治大学野球部史上で唯一の10戦全勝優勝を成し遂げ、２００１年に、再びルイジアナに遠征し成果を上げた。御大にハワイ遠征、日米大学野球をはじめ本場の野球に触れる機会を得て、卒業後は社会人野球に進みバルセロナ五輪のコーチを務めた。そして、教え子にも本場を経験させた。その源は御大にあった。学生時代に本場の野球に触れることは、想い出づくりだけでなく、野球観も人生観も大きくしてくれる。渡米する機会をつくって、より多くの学生が本場に触れて欲しい。

しかし、どうしてもアメリカの野球に馴染めないことがあった。練習時間だ。明治の練習からすると雲泥の差だ。ランニング、キャッチボール、トスバッティングをランダムに済ませ、いきなりバッティング練習に入る。ここまででほぼ1時間の差ができる。明治の「初期動作」の練習は、彼らの身体に染みついていると思うしかなかった。この日米の差はどうしても埋まらなかった。彼らに島岡明治の練習を課したら、「シマオカ、オー、クレイジー！」と逃げ出すのは間違いない。

アメリカと日本の野球環境

筆者はアメリカの野球を、ハワイ遠征、日米大学野球、ルイジアナ遠征、クラブチーム時代のグアムキャンプ、プライベートで行った大リーグ観戦を通じて、何度か経験した。アメリカの球場は、内野も天然芝で人工芝とドームは稀だ。内野も天然芝のスタジアムでする野球は、これが野球かと、何とも幸せな気分になる。

大リーグのホームスタジアム30球場の内訳は、天然芝が26、人工芝は4、完全ドームは1、開閉式が7で、アメリカでは、人工芝も完全ドームも「希少価値」だ。最初のドーム球場は、アストロズの本拠地の天然芝（天然芝が育たず後に人工芝）のアストロドームだったが、アメリカ人の本来の野球場への回帰か、後に天然芝の屋外球場へ衣替えした。一方で、技術革新によって天然芝に近いものが製造できるようになり、人工芝化の動きも見られる。最近では２０２０（令２）年から、テキサス・レンジャーズの本拠地が人工芝化に踏み切った。

日本のプロ野球12球団の本拠地は、人工芝が9球場、ドームが6球場とフィールド環境はアメリカとは逆転する。広島球場（ＭＡＺＤＡ Ｚｏｏｍ—Ｚｏｏｍスタジアム広島）、仙台宮城球場（楽天生命パーク宮城）へ行くと、プレーをしなくても、天然芝の緑が目に優しく優雅な気分にさせてくれる。甲子園球場の内野が天然芝になったら、どんなにいいだろう。甲子園球場も甲子園大会も、一段とグレードアップする。半世紀前の甲子園球場の外野の芝は、連日の使用で甲子園大会の終盤には定位置がはげてしまったが、現在では芝生が残っている。芝の種も養生も格段に進歩している証だ。日本のプロ野球が沸点に達した頃の後楽園球場は、内野も芝生だった。三塁を守っていた長嶋茂雄の眼前の緑の天然芝が懐かしい。内野も緑の芝のアメリカ仕様は、日本のプロ野球

〔上〕MAZDA Zoom—Zoomスタジアム広島
〔中〕楽天生命パーク宮城（仙台市）
〔下〕外野は芝生席、1975 年春の慶明戦、神宮球場

では仙台と広島だけだ。もともとベースボールを野球と訳したので、土の上、芝生の上が自然だが、芝の養生・手入れの手間と費用、使用頻度などの理由で、現状になっているのだろう。観客の動員数が多い関東地区の4球場がすべて人工芝とは寂しい。広島と仙台が本場仕様で、首都圏、近畿圏で天然化ができないはずはないと思うが。

2019年11月に「WBSC世界野球プレミア12」が行われた。決勝で日本に敗れた韓国の選手が、東京ドームの野球環境には舌を巻いたと語っているのをテレビで聞いた。人工芝、ドームの野球はアジアでは、スタンダードになってしまったと感じた。

筆者は2019年まで、8年間札幌にいた。北海道のファイターズファンには申し訳ないが、勤務先がスポンサーになったコンサドーレ札幌のゲームに1度行っただけで、野球では札幌ドームに足が向かなかった。コンサドーレは同じドームで天然芝に入れ替えたピッチでプレーしている。筆者は栗山英樹（創価高―東京学芸大）監督のファンだが、天空も風も感じない絨毯《じゅうたん》の上でプレーする野球はどうしても足が鈍った。「室内競技」と感じてしまう。野球を仕事として真剣に取り組んでいる選手に怒られそうだが、何回かチケットをいただいたが、申し訳ないが、周りの方に譲った。あまのじゃくと取られても仕方がない。

しかし、北緯40度を越え1年の半分が雪に埋まり、ひと冬の降雪量が6メートルを超える地で、人口が200万に及ぶ都市は、世界で札幌しか見当たらない。北海道には寒冷の地で生きる知恵と努力が詰まっている。東北、北海道ではプロ野球は根付かないといわれ続けた。しかし、ファイターズは北の大地にしっかりと根を張った。北海道のファイターズファンと球団のプロモーションに拍手を送りたい。半世紀前の札幌の街にはYGマークの帽子が溢れ、8月の巨人3連戦（円山球場）は、チケットが取れないほどの連日超満員だった。今はその面影はない。そして、ファイターズの本拠地は札幌ドームから新千歳空港寄りの北広島市に移転が決まり着工した。新球場の「エスコンフィールドＨＯＫＫＡＩＤＯ」は、天然芝、開閉式で、２０２３（令和５）年に開場し、北海道日本ハムファイターズの第２幕が切って落とされる。宿泊施設、商業施設が併設されていて、日本野球のアメリカ式ボールパーク改革が、プロ野球は根付かないと言われ続けた北の大地から始まる。ファイターズ球団スタッフがアメリカのスタジアムを徹底的に調べ上げたという話も聞いた。降雪に耐えグラウンドに映える青々とした緑の天然芝が待ち遠しい。セネタースに端を発し、東急、東映、日拓ホームのフライヤーズ時代、そして日本ハムファイターズから北海道日本ハムファイターズと歴史は続く。本拠地も後楽園、駒沢、後楽園、東京ドーム、札幌ドームと移ったが、後楽園、東京ドーム時代は読売ジャイアンツと併用で、巨人戦は連日超満員、ファイターズ戦は閑古鳥状態で、今の札幌ドームの盛況とは隔世の感がある。北の大地の大構想でプロ野球が生まれ変わる。それが北海道全体への改革に広がれば、北海道の再開拓の夢につながり、札幌一極集中の解消策にもなる。それに大リーグも経験した監督の新庄（剛志・西日本短大付高）効果が輪を掛けるか楽しみだ。北海道を愛するひとりとして期待に胸が膨らむ。

かつての戦場だった明治神宮野球場もきれいな人工芝が敷き詰められ、内野の守備位置まで土色の人工芝になっている。観戦していても、なぜか落ち着かない。ドームではないので、風も太陽も感じるのが救いだ。筆者の世代の神宮球場は外野が天然芝、外野の観客席も芝生だった。アマ・プロ併用球場なので、ピッチャープレートの内側が穴のように10センチも掘れて、投げにくかったことが懐かしく思い出される。本番の神宮球場のマウンドがどの球場と比べても投げにくく、どうやって投げようか登板する度に頭を悩ました。プロのピッチャーはプレートの穴をどう克服したのか、今さらだが聞いてみたい。神宮球場に着いたら、まず春と秋では異なる風向きをセンターポールの旗で確認し、相手のオーダーを見てから、ピッチングを組み立てた。外野にゴロが転がれば、芝生でイレギュラーしないか気になり、風の強い日のフライの捕球は観ている方も気になった。人工芝、ドームはこれらを心配する必要がないので、様々な場面で野球観が変わってしまう。

神宮球場は1945(昭和20)年8月の敗戦後に占領軍のアメリカ軍に接収され、アメリカの管理下にあった。連合軍が照明施設を設置し、なんと内野にも天然芝を敷いたという。アメリカの野球はナイター(アメリカではナイトゲーム)、天然芝が日常で、敗戦国から接収した神宮球場まであっという間にアメリカナイズしたわけだ。神宮球場に内野の天然芝が存在した歴史があったとは知らなかった。7年後に接収が解除され返還されたが、持ち主の明治神宮は内野の天然芝と照明塔を撤去したという。撤去した理由は容易に想像できるが、何とも勿体ない話だ。

神宮球場と秩父宮ラグビー場の建て替えが話題に上がっていたが、東京都は2022(令和

4）年3月に再開発計画案を審議会で承認した。それによると、まず神宮第2球場の跡地に新ラグビー場（28年）を造り、現在の秩父宮ラグビー場の跡地にはホテルを併設した新たな野球場（31年）を造る計画だ。8年後に新たな神宮球場が完成する予定だ。学生野球の聖地・神宮球場が完全ドームにならないことを祈るばかりだ。ドームで校歌の交換は六大学野球に合わない。大太鼓の音色もリーダーの発声も変わってしまう。「六大学野球は天空の下で」を、維持して欲しい。できれば内野も天然芝で。仙台も広島も、そして寒冷の地、北海道でも可能なことができないはずはない。日本野球の基である東京六大学野球とセ・リーグで優勝を重ねているヤクルトスワローズ戦が、アメリカ仕様の球場で行われれば、日本の野球文化のレベルが一段と高まる。六大学野球の戦術も変わってくる。スワローズファンも含めて、観ている人の心を柔らかく繊細にさせてくれる。費用の問題がネックだったら、入場料に若干の「天然芝維持料」を上乗せすればいい。六大学野球、スワローズファンは反対しないだろう。野球の競技人口を奪っているといわれるサッカー、さらに人気が高まるとされるラグビーの天然芝は競技とともにグラウンドに映える。どうでしょう。応援団、そして六大学野球のファンの皆さま。

同時スタート

話を戻す。先発ピッチャーの崩れが続くと、ある試合から、御大は、

第６回明治神宮野球大会前夜祭で校歌を斉唱する明治チーム
明治神宮ホール 1975 年 10 月

「マウンドとブルペンは同時スタートだ」と言い出した。先発ピッチャーが２人いた。試合前の挨拶が終わると、先発ピッチャーはマウンドへ、同時スタートの「先発」ピッチャーはブルペンに向かう。これはピッチャーにうまく伝えないと、先発ピッチャーは監督に信頼されていないなと思い、ブルペンへ向かうピッチャーは、１回から投げていても、いつ出番が来るかわからない。何らかの軋轢《あつれき》が生まれるのが当たり前だ。なぜか「島岡式同時スタート」は何も起こらなかった。

４年の秋に優勝した後の第６回神宮大会準決勝でこれが成功した。御大には、東京六大学が優勝していないこの大会で優勝しなければという強い思いが密《ひそ》かにあった。２年前のこの大会で、明治は準決勝で同志社大に敗れていた。さらに大学選手権の準決勝で敗れた東都の駒沢大に優勝をさらわれるとグランドスラム(注5)を達成されてしまう。それを阻止するため、御大は六大学の威信をかけて戦う意気だった。選手には自分の意志を伝えず、むしろ淡々として内なる闘志を抱いていた。御大を慕《した》っていた駒沢大の監督、太田誠（浜松西高）にも対抗心を燃やしていた。

準決勝は来季のピッチャーを育成するために、前の試合で好投した3年生の森田勉（明治高）の先発を筆者は進言し、御大に受け入れてもらった。同時スタートとなったが、御大にはこの試合は接戦になるという勘があったのだろうか、日体大相手に3回2死からの救援となり、御大の

明治神宮大会で優勝後、胴上げされる御大、1975年11月4日

予想（？）どおりゼロ行進の試合展開になり、相手キャッチャーのパスボールの1点で決まる辛勝だった。その後の、決勝では中畑清（安積商）、二宮至（広島商）らがいた駒沢大を制し、グランドスラムを阻止した。御大の長年の勘といったら失礼になるが、恐れ入った。そして投げ込みのお陰だった。リーグ戦では優勝後の御大胴上げは定番だったが、この時はなぜか胴上げを忘れていて、ロッカールームに向かう途中で新聞記者に「日本一なのに御大を胴上げはしないの？」と促されての胴上げとなった。
神宮大会は正式には「明治神宮野球大会」といって、明治神宮鎮座50周年を記念して、明治神宮と日本学生野球協会が主催し、１９７０年（昭和45）から始まった。今年は54回目になるが、２０２０（令和２）年はコロナ禍で中止

になった。明治神宮主催ということもあって、前夜祭が明治神宮内のホールで厳《おごそ》かに行われた。高校も含めた出場校が紹介され、壇上に選手全員が上がり、母校の校歌斉唱を順番に行った。明治はリーグ戦では毎試合、明治稲荷に参拝して校歌を唱和していたので、明治稲荷が、明治神宮に格上げされただけで、お手の物だった。室内のホールで、大勢の人の前での校歌は初めてだったが、明治の「白雲なびく」が圧巻の校歌斉唱だった。積み重ねがいい習慣となる例を学んだ。御大に感謝であった。

牽制球も投げ込み

変わった投げ込みも経験した。3年の春に、早稲田戦で読売ジャイアンツでも活躍した松本哲(報徳学園高、のち匡史と改名)に1試合で4盗塁を与え、試合は13対1で大敗した。明治は2試合で松本に5盗塁を許し、松本はシーズン通算15盗塁(当時のシーズン最多盗塁記録)で、翌年に先輩の高田繁(浪商高)の通算記録を塗り替えるきっかけをつくってしまった。当然、御大の怒りが沸騰し、調布のグラウンドに帰るなり、ユニフォームに着替え、牽制球の「投げ込み」を3時間もやった。牽制球の練習をこれほどやったことはなかった。そして翌日にリリーフで登板し、今度は吉沢俊幸(日大三高)を四球で出塁させてしまったが、牽制球で仕留めた。牽制球の「投げ込み」が効いたのか、マウンド上で不思議な気分になった。

この早稲田戦は、シーズン終盤の優勝の行方がかかっているカードだった。当時、ＮＨＫの六大学野球中継は、早慶戦はレギュラーで中継され、早慶戦前に優勝が決まったシーズンでもテレビとラジオのセット中継だった。１９７５（昭和50）年春は早慶戦前に優勝を決め、筆者は早慶１回戦でＮＨＫの中継でネット裏のゲスト解説をしたことがあった。神宮のマウンドでは上がったことはなかったが、まさかネット裏で上がるとは思いも寄らなかった。早慶戦以外でも優勝のかかった好カードは放映があり、ラジオ中継も１シーズンで数回は好カードを中心に番組が組まれていた。この試合がラジオ中継の日にあたり、ＮＨＫのスポーツ担当ディレクターの松崎弘子が試合前に、ロッカールームに来て、先発の筆者に、

「丸山君、今日は他の番組を蹴って早明戦を入れたんだから頑張らなくちゃダメよ」

と言われ、プレッシャーを感じたのか早稲田に打ち込まれ大敗した。試合後、また松崎が来て、

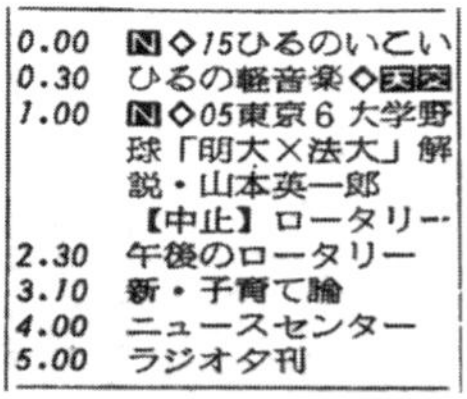
0.00 Ⓝ◇15ひるのいこい
0.30 ひるの軽音楽◇天気
1.00 Ⓝ◇05東京６大学野球「明大×法大」解説・山本英一郎
【中止】ロータリー
2.30 午後のロータリー
3.10 新・子育て論
4.00 ニュースセンター
5.00 ラジオ夕刊

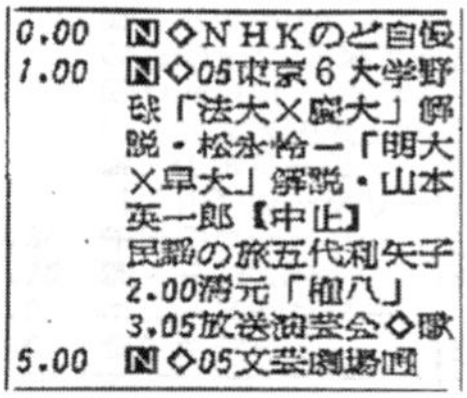
0.00 Ⓝ◇ＮＨＫのど自慢
1.00 Ⓝ◇05東京６大学野球「法大×慶大」解説・松永怜一「明大×早大」解説・山本英一郎【中止】
民謡の旅五代利矢子
2.00浪花「権八」
3.05放送演芸会◇歌
5.00 Ⓝ◇05文芸劇場

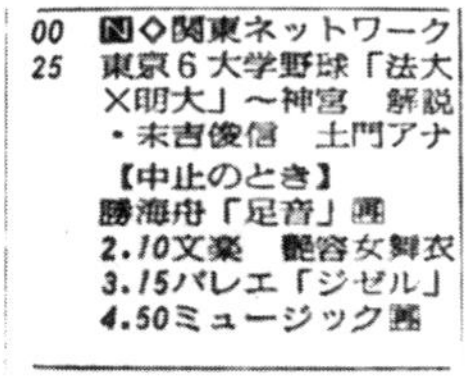
00 Ⓝ◇関東ネットワーク
25 東京６大学野球「法大×明大」〜神宮 解説・末吉俊信 土門アナ
【中止のとき】
勝海舟「足音」
2.10文楽 艶容女舞衣
3.15バレエ「ジゼル」
4.50ミュージック

1974年から法政戦を中心にNHKでテレビ・ラジオ中継が増えた、解説の山本英一郎、末吉俊信、アナウンサーの土門正夫がレギュラーの時代

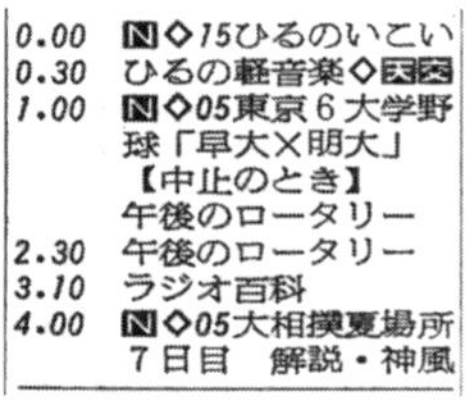
0.00 Ⓝ◇15ひるのいこい
0.30 ひるの軽音楽◇天気
1.00 Ⓝ◇05東京６大学野球「早大×明大」
【中止のとき】
午後のロータリー
2.30 午後のロータリー
3.10 ラジオ百科
4.00 Ⓝ◇05大相撲夏場所 7日目 解説・神風

急遽、NHKラジオ中継が入った早稲田戦で大敗（1974年春）

「がっかりしたわよ」

と嘆かれ、御大も松崎に平身低頭だった。

ＮＨＫの他に、ｔｖｋ（テレビ神奈川）は全試合をフル中継しており、当時の「江川効果」が中継放送にも現れた。今では、早慶戦の中継も観客数の減少とともに減り、テレビのスポーツ中継も多様化したスポーツ界を反映している。

当時の新聞の番組表に「土門アナ」とあり、懐かしさが募《つの》った。当時の六大学野球、甲子園のテレビ・ラジオの実況は、土門正夫アナウンサーの温厚な語り口が定番だった。ＰＬ学園の逆転劇では「甲子園には魔物が住んでいます」、夏の甲子園大会の終盤では甲子園上空の雲の流れを見て「季節が確実に移っています」と表現し、実況席から野球ファンを魅了した。

技術と練習に元気を掛ける

御大の野球は、「精神野球」と言われ続けた。しかし、この勝利の方程式には「精神力」がない。御大は精神力をわかりやすく「元気」と置き換えたのだろう。精神力とは何か。精神力は多様な解釈があり、いざ表現するとなると難しい。

御大の勝利の方程式は、技術と練習に「元気」は足し算になっていない。技術と練習を掛けたものにさらに元気を掛けている。優勝がかかった早稲田戦の時だったか、黒板の数式の元気に２

乗マークをつけ、元気をことさら強調した。こんな単純な方程式でも御大らしい計算があった。試合の勝敗にはこの３つが必ず絡む。御大が黒板に方程式を書いて言った。

「いくら技術があっても、どんなに練習をしても、元気がゼロだったら、どうなる。言ってみろ。このくらいの算数はできるだろ」。

小学生でもわかる数式だが、神宮の試合現場では数式通りに行かないことがよく起きた。だから「掛ける元気」、精神力が必要だということだった。

野球の元気とは、何を指して元気と言うのか。軟式の中学野球以来、「声を出せ」と言われベンチで声を張り上げた。これは元気を出す初歩だ。しかし、やらされている感が強い。９イニングの試合のなかではムラもあり、選手によっても差が出る。そして、劣勢の時はどうしても萎《な》えてしまう。元気とは声を出す前の技術、練習で培った身体に宿る強靱さを言うのではないか。

これを２０１９年に日本で開催されたラグビーのワールドカップが教えてくれた。桜の日本チームの活躍は、ラグビー経験者はもちろん、ルールも知らない人たちの心も震えさせた。前々回のワールドカップで、２０１９年に優勝した南アフリカに予想を覆《くつがえ》し勝利した時から、次の強化に向けて、新たな練習を課した。直《じか》に練習を見たわけではないが、新聞やテレビの報道から素人が見ても、常道を超えた質と量と反復があったに違いないと感じた。

生でゲームを体感できなかったが、すべてのゲームをテレビで見ていて、いま発揮できる限りの技術、練習量の裏付けが画面から手に取るようにわかり、感動さえも与えてくれた。フォワードのスクラム、ラックでの相手のボールの奪取、徹底した2人掛かりのタックル、そのたびに心が揺さぶられた。これが元気かと素直に思った。

元気とは、技術と練習によって裏付けられた、自然に戦いのなかで滲《にじ》み出てくるものではないか。格闘技と言われ、限られた時間で勝負するラグビーと、攻守交代があり、時間に制限のない野球を比べれば、動きの少ない野球と動きの多いラグビーは元気の出方は異なる。しかし、練習に裏打ちされた元気は同じだと思う。

さらに、精神力を鍛《きた》えることは、心の持ち方が左右する。その人の姿勢、飲食、就寝、習慣、やり切る力、ほかにもいろんな要素があり、それを育《はぐく》む場所が、グラウンドであり、明和寮であり、それが元気に結びつくと御大は考えていた。

野球日誌とラグビー早明戦

御大はリーグ戦で試合が1週間空いた時は、神宮球場で他校の試合を観戦させ、分厚い大学ノートを「野球日誌」として選手に用意させた。選手は2試合分の観戦記を書いて御大に提出した。万年筆を使ったので、書き損じのないように書いた。御大は選手全員の観戦記を読み終えると、末尾に赤鉛筆で「島」の字に丸のサインをするか、印鑑を押して選手に返していた。御大の一筆が記してあったこともあった。中には、選手の積極的な提案も記されていて、その提案を取り入れたこともあった。

六大学野球は毎シーズン、早慶戦で締めるが、大学ラグビーの「早慶戦」は、毎年12月の第1日曜日に行われる対抗戦グループの早明戦だ。その早明戦を明治大学野球部は、国立競技場で観戦するのが、御大の方針だった。舞台は秩父宮ラグビー場に移ったが、今も続いている。

ラグビーを観戦するだけかと思っていたら、御大は観戦記まで提出させた。まさか野球部に入って、ラグビーの観戦記を書かされるとは思わなかった。

監督室で御大に、

「どうして、早明戦を観戦するのかわかるか」

と聞かれ、答えられないと、

「日本の学生スポーツで、国立競技場を満員にできるのは、ラグビーの早明戦しかない。野球の早慶戦も及ばない。それを目に焼き付けておけ。全米カレッジフットボールの頂点のボール・ゲームに匹敵する」

と言われ、当時は何となく納得した。

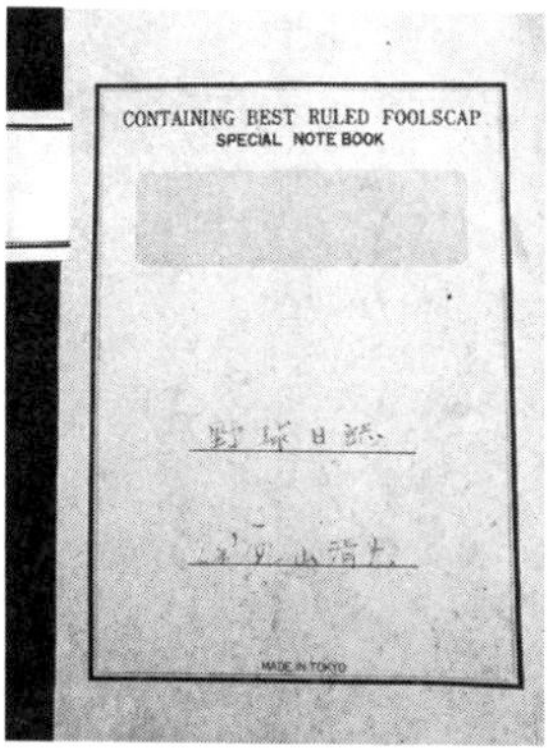

筆者の野球日誌

2019年の早明戦は、25年振りの全勝対決で感動させられた。何と4半世紀ぶりとは時の流れを感じた。筆者の世代は、早明全勝対決は当たり前で、早明が最強の時代だった。同期でキャプテンの笹田学(盛岡工)、スタンドオフの松尾雄二（目黒高）らの錚々たるメンバーで、対抗戦グループ、大学選手権を制覇し、日本選手権で社会人チーム1位の三菱自動車工業京都を破り、日本一に輝いた。２０１９年のワールドカップも早明戦も、ラグビーというスポーツは、胸がギュッとなりながら観ている。野球とは違った何とも言えない高揚感があり、御大は野球にはない闘志と闘志のぶつかり合いを選手に見せたかったのだろう。早明戦に導いてくれた御大に感謝するしかない。

学生日本一は明治の後に早慶が各1回あり、その後は途絶えた。２０１７（平成29）年からは学生チームの参加はなくなった。選手層、テクニックで社会人チームに歯が立たないのが理由かもしれないが、一ラグビーファンとして、大学チームが社会人チームに立ち向かうゲームをもう一度観たい。大学トップ２だけでもトーナメントに参加させて欲しい。

御大と忠さん

明治のラグビーと言えば、よく御大と対比された監督が北島忠治《ちゅうじ》（有恒学舎中―明治）だ。御大は応援団出身、北島は相撲部出身で、ともに畑の違う部からの監督就任で、両名とも明治の名物監督として知られる。北島は相撲部出身だが、途中でラグビー部に移り、主将になり早明戦にも出場していることが、御大と異なった。北島も「北島御大」と呼ばれていたという。似ていることは、２人とも若い頃は喧嘩っ早いことだったと、明治のラグビー部ＯＢから聞いた。そして、御大は信州、北島は越後の隣県同士の出身だったことも縁を感じる。御大は「猪突猛進」、北島は「前へ」が代名詞で、共に早慶を倒すことに執念を燃やしていたことも似ている。北島は御大の監督就任の23年前から監督に就任している。大学卒業と同時就任だったというから別格の監督歴だ。死去するまでの67年間の監督経歴は、37年の御大が敬服していたわけだ。

御大は10歳年上の北島を「忠《ちゅう》さん」と呼び、我々選手には、

「忠さんが監督をやっているうちは、俺も辞められん」

と言って、対抗心を燃やしていた。御大は葉巻、北島はグラウンドでもどこでも煙草を絶やさないヘビースモーカーで有名だった。

葉巻を燻らす御大、明和寮にて
（島岡寮資料室所蔵）

早明戦では、「前へ」の重戦車のフォワードの明治と、オープン展開のバックスの早稲田とゲームカラーの違いが鮮明で、見ている者を魅了した。２０１９年の早明戦のフォワードは、重戦車の「前へ」を再現してくれた。時代の移り変わりか、完成された緻密《ちみつ》さを感じさせる「前へ」を見せてくれた。そして、最初の原稿を書いている最中に、23年ぶりの大学選手権での早明決戦、しかも舞台は新装なった国立競技場。何という巡り合わせか。早稲田の対抗戦グループ決勝戦後の軌道

煙草を絶やさなかった北島忠治
（撮影：日刊スポーツ）

修正は見事だった。5万7000人の大観衆を御大はどう思ったか。御大が早明戦を観戦させ、観戦記まで提出させた理由がわかる気がした。

　御大が発した言葉はいま紹介していているが、北島も「ひたすら前へ」をはじめ、「一生懸命やれば勝ち負けはいい」「ルールがあるからラグビーなんだ」「ボールを持っている人間がリーダーだ」「心はいつもノーサイドたれ」など多くの言葉を残している。2人に共通するのは、競技に勝つことより人間としての教えを優先した指導を長年続けたことだ。

　蛇足だが、1998（平成10）年以降に新装なった明治大学校舎「リバティタワー」と「アカデミーコモン」のトイレは、眼の前に「もう一歩、前へ　明治大学」のステッカーがあり、スクラムなしでも自然と前へ導いてくれる。学生当時の校舎の面影はないが、都心の大学が郊外へ出て行くなかで、明治大学も郊外への候補地が複数あったそうだ。しかし、駿河台の地に聳《そび》えるリバティタワーが、今や明治大学の象徴《シンボル》となった。少子化が進む時代でも、「前へ」「猪突猛進」の精神で、私学の雄として生き続けて欲しい。

　野球日誌は、4年で退寮の時に選手に返すことになっていた。筆者は選手時代の宝にしようと

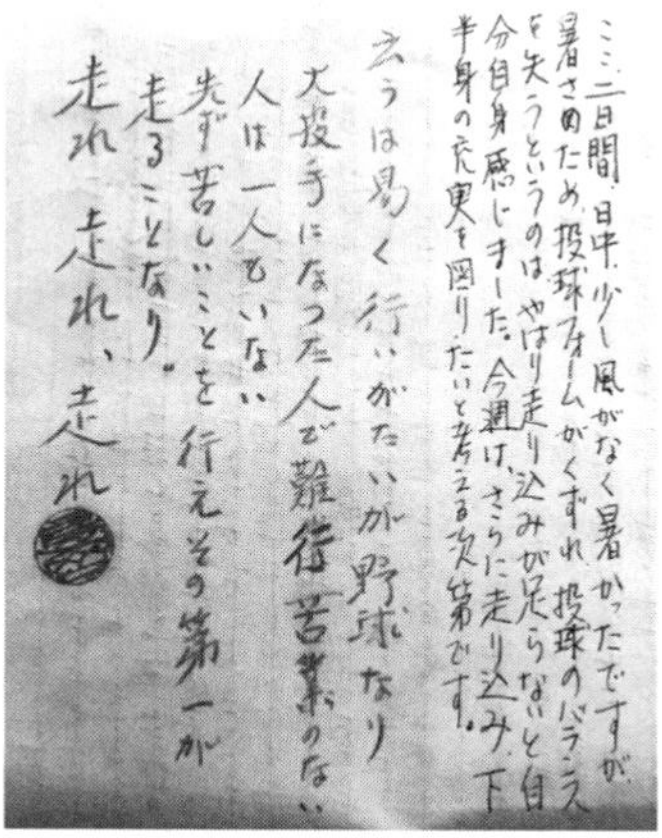
ここ二日間、日中少し風がなく暑かったですが、暑さのため投球フォームがくずれ投球のバランスを失うというのはやはり走り込みが足らないと自分自身感じました。今週はさらに走り込み、下半身の充実を図りたいと考える次第です。

云うは易く行いがたいが野球なり
大投手になった人で難行苦業のない人は一人もいない
先ず苦しいことを行えその第一が走ることなり。
走れ、走れ、走れ

野球日誌への御大の後書き
（島岡寮資料室所蔵）

思ったが、4年の時、御大が朝日新聞の廣岡知男社長に会いに行く時、持っていったそうで、どこにあるのか分からず仕舞いだった。府中の島岡寮の資料室にあるという話を聞いたので、行ってみるとあった。44年ぶりの「再会」だった。2年の7月に夏の練習について書いた筆者の日誌に、御大が赤鉛筆で書いた一筆を発見した。

「云うは易く、行いがたいが野球なり。大投手になった人で難行苦行のない人は一人もいない。先ず、苦しいことを行え。その第一が走ることなり。走れ、走れ、走れ」

まさに、御大と選手の「キャッチボール」だった。

緊張と上がりは違う

技量も練習量も豊富なはずの選手でも、投手はマウンド上で、打者は打席の中で、上がってしまう選手がいた。これでは元気が出るわけがない。技術の追求、練習量がまだまだ足りないと言っていい。

筆者は先発を言い渡された時は、神宮球場のロッカールームを出るまでは緊張していたが、グラウンドに出た瞬間に緊張は解けた。マウンドに上がったらすがすがしい気持ちにならなくてはいけない。練習の豊富さが、そうさせると勝手に思っていた。御大は、選手には言わなかったが、緊張している選手、上がっている選手を見極めるのがうまかった。

オリンピックで活躍した有名なアスリートが、どんなレベルの試合でも本番の前は緊張した方が結果はいい、と言っていたことを思い出す。上がりと緊張は違う。上がりは解けないが、緊張は解ける。

御大は、上がってフォアボールを連発するピッチャーは1回でも直《す》ぐ代えてしまうことがよくあった。リーグ戦か新人戦だったか、ピッチャーが、先頭打者に頭の上を越すような球を投げた

明治大学旧駿河台校舎で優勝報告会
〔上〕1973年秋 〔下〕1975年秋
（島岡寮資料室所蔵）

ら、ベンチを飛び出て、1球で「ピッチャー交代」(注5)と告げてしまったことがあった。さすがに球審に止められたが、練習であれほど投げさせているのに、御大はがまんできなかったのかもしれない。これも他の大学にはないことだった。

御大が先発ピッチャーを1回でも代えるのは、フォアボールが原因だった。ピッチャーはフォアボールを恐れて、ストライクを取りにいく。甘い球が揃えば痛打を浴びる。投球のサイクルが悪い方に流れていく。御大がフォアボールを嫌うことがわかっているので、初回から際どいコースでストライクを取る練習をしておけばいつでも防げた。御大対策とも言えた。これも投げ込まないと叶わなかった。相手と戦う前に、まず御大と戦わなければならないのが明治の野球だった。

緊張をほぐすために、やってはいけない思い出がある。4年の秋は初戦の東大に連敗して背水の陣が続いた。試合前に3本のショートホープを用意して、神宮のダッグアウト裏の通路の壁にあった桟《さん》に並べた。御大には見えない位置だった。通路にはマネージャーが用意した尿瓶《しびん》が置いてあり、トイレの近い御大用だった。先発したら完投が当たり前の時代だったが、このシーズンは9回の中で3回気分を落ち着かせるために一服タイムをつくった。1度目は1回をゼロに抑えた後だった。島岡明治では、まず1回を無事に抑えることがピッチャーの第一関門だった。2度目は中盤の5回を投げ終えた後だった。最後は9回の守備につく前で、完封目前の試合で、気分を落ち着けるために9回の攻撃前に3服目を吸っていると、何と御大が用を足しに来て驚いた。吸った煙を吐き出せず、口に手を当てて吐き出した。御大は煙草のことはわかっていたが、「おーい、頑張れ」のひと言で終わった。気を落ち着けるどころではなかった。忘れもしないダッグアウト裏の3本のショートホープの思い出だ。春の法政戦で江川から決勝打を放った小林千春(明治高)が吸っていたショートホープで験《げん》を担いだ。御大は試合中に葉巻に手を出すことは絶対になかった。

身体によくないことはわかっていても、日本の野球では煙草を吸う選手はまだ多い。アメリカの野球では葉煙草はまずお目にかかれなかった。彼らは噛《か》みタバコ(チュウシガー)を口に含んで、噛んだ後の茶色の唾液をダッグアウトで「ペッ、ペッ、ペッ」と吐き散らす。そして、なぜかひまわりの種が置いてあり、噛んだ後の殻をまた「ペッ、ペッ、ペッ」とまき散らす。アメリカ野球のダッグアウトは、茶色の唾液と殻と紙コップでなんとも言えない光景となる。同じ野球で不思議な文化の違いだった。御大がこのダッグアウトの光景を見たら、嘆きながら「野球の前にやることがある。見ておれ」と自ら掃除を始めそうだ。しかし、アメリカではダッグアウトを汚す理由が、チュウシガーもひまわりの種もきちんと片付けたら、清掃をする人の仕事を奪うからというから恐れ入る。ダッグアウトがゴミ箱扱いとなる。ますます御大の怒りを買いそうだ。

四球と失策は勝利の方程式を壊す

御大は元気のない選手、ピッチャーのフォアボール、野手のエラー、そして見逃しの三振を嫌

った。フォアボールもエラーも元気がないので出るのだと考えていた。元気がゼロだとすべてがゼロと言う一方で、

「フォアボールとエラーは勝利の方程式を壊す」

ともよく言った。フォアボール、エラーはワンヒットを与えるより悪い、チームに与えるダメージが大きく、元気をなくす源と考えていたのだろう。ピッチャーはフォアボール、野手はエラーを少なくすることを選手に意識させるのがねらいだった。見逃しの三振でチェンジになると、

「この回（イニング）はツーアウトで終わった」

と、自虐ともいえる思える御大の嘆きを聞いたことがあった。相手に無償でアウトを献上したということだ。そして、力を込めて言った。

「この3つは、戦わずして相手に与える。これが多くて優勝なんぞ、できるわけがない」

プロの試合でもWBCでも、少年野球でも同じことが言える。特に最後に競《せ》った時は試合の流れを変えてしまう。御大は、この3つが多いほど味方の元気が減り、チームに痛手を与えることをわかっているから、口を酸《す》っぱくして選手に言った。だから「技術」と「練習」を極めろと言っているのと同じだ。4年間で3度優勝することができたが、シーズンごとの優勝校と6位校の与四死球数と失策数を調べてみた（次の表）。

御大の方程式には、100パーセントは合致はしないが、1試合平均の与四死球と失策数をみると、その傾向は明らかに出る。表からみると、優勝校は与四死球と失策を1試合で4未満に抑

与四死球と失策（明治・優勝校・6位校） 1972～75年

＊「平均」は1試合平均 「平均計」は与四死球と失策の1試合合計

参考「野球年鑑」（東京六大学野球連盟）

明治

シーズン		順位	試合数	与四死球	平均	失策	平均	平均計
1972年（昭和47）	春	3位	12	41	3.42	12	1.00	4.42
	秋	2位	13	45	3.46	10	0.77	4.23
1973年（昭和48）	春	2位	13	32	2.46	8	0.62	3.08
	秋	優勝	11	23	2.09	5	0.45	2.54
1974年（昭和49）	春	2位	11	33	3.00	14	1.27	4.27
	秋	5位	11	29	2.64	8	0.73	3.37
1975年（昭和50）	春	優勝	13	29	2.23	20	1.54	3.77
	秋	優勝	11	22	2.00	7	0.64	2.64

優勝校

シーズン		順位	試合数	与四死球	平均	失策	平均	平均計
1972年（昭和47）	春	慶応	11	29	2.64	9	0.82	3.46
	秋	慶応	13	35	2.69	8	0.62	3.31
1973年（昭和48）	春	早稲田	11	29	2.64	9	0.82	3.46
	秋	明治	11	23	2.09	5	0.45	2.54
1974年（昭和49）	春	早稲田	14	29	2.07	11	0.79	2.86
	秋	法政	12	28	2.33	12	1.00	3.33
1975年（昭和50）	春	明治	13	29	2.23	20	1.54	3.77
	秋	明治	11	22	2.00	7	0.64	2.64

6位校

シーズン		順位	試合数	与四死球	平均	失策	平均	平均計
1972年（昭和47）	春	東大	10	52	5.20	28	2.80	8.00
	秋	東大	10	50	5.00	20	2.00	7.00
1973年（昭和48）	春	東大	12	66	5.50	7	0.58	6.08
	秋	東大	12	46	3.83	11	0.92	4.75
1974年（昭和49）	春	東大	13	53	4.08	20	1.54	5.62
	秋	東大	11	31	2.82	17	1.55	4.37
1975年（昭和50）	春	東大	11	33	3.00	26	2.36	5.36
	秋	立教	13	40	3.08	11	0.85	3.93

えていて、3未満に抑えると優勝する確率が一層高くなると考えられる。8シーズンで6位が7回の東大は、フォアボールとエラーをざっくり5割減らせば、常時上位に食い込めることになる。練習の工夫次第で可能だ。御大流に檄文にすれば、「四球と失策を半減せよ。上位へ食い込む第一歩。東大野球部」といったところか。

御大にとってリーグ戦は字のごとく「戦い」であった。試合は2時間半前後で終わる。その時間は明治のベンチの中は戦争だった。御大は1カード、1カードが対抗戦のつもりで命をかけて戦っていた。1勝1敗になると、3試合目の3回戦を「決勝戦」という言い方をした。御大のベンチでの様相は、調布のグラウンドとは違い、鬼気迫るものがあった。フォアボールもエラーも見逃し三振も、戦わずして相手に利を与える「戦利品」と考えていたのだろう。今思えば、神宮のベンチで明治の選手は相手との戦いながら、御大との戦いを同時にしていた。

リーグ戦は戦場？

神宮で試合がある日は、御大は選手用玄関にあった横型の黒板にチョークで、自ら必ず出場メンバーを書いた（昭和50年春季リーグ戦初戦の対慶応1回戦出場メンバー表を再現）。

メンバーの左に「武具」とある。これは、選手のユニフォームをはじめ、野球道具一式を入れた野球部専用のバッグだ。選手はその武具を、指定された時間までに正面玄関に出した。当時の

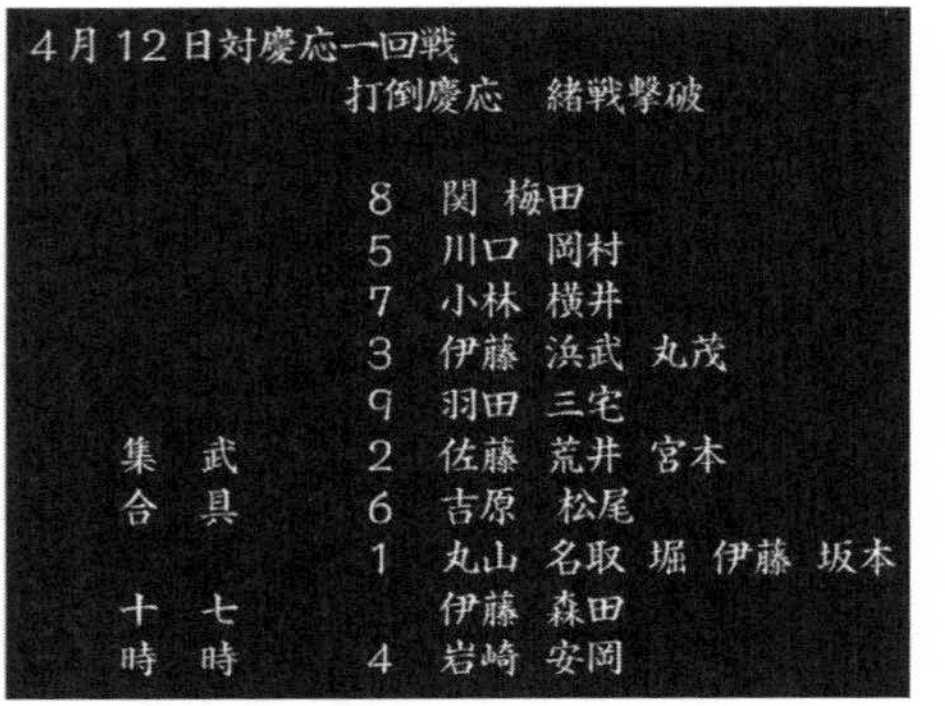

4月12日対慶応一回戦
打倒慶応　緒戦撃破

8　関　梅田
5　川口　岡村
7　小林　横井
3　伊藤　浜武　丸茂
9　羽田　三宅
集　武　2　佐藤　荒井　宮本
合　具　6　吉原　松尾
1　丸山　名取　堀　伊藤　坂本
十　七　伊藤　森田
時　時　4　岩崎　安岡

出場メンバー板書の模写。左下に「武具」とある

スコアボード裏側から見た明治神宮球場

マネージャーの小笠原義治（東筑高）が、紫紺に塗装された車体の側面に「明治大学野球部」と書かれた専用のライトバンに、御大と武具を積んで運転し神宮に向かった。指揮官が自ら乗ったライトバンは選手の武具（武器）を積んだ輸送車ともいえた。これも指揮官の御大が選手の武具を神宮球場（戦場）へ運び、自ら士気を鼓舞していたのかもしれない。だんだん奥が深くなってくる。すべては元気のためだ。

御大を乗せて神宮入りするマネージャーの大塚、小笠原と2年生の武内敬（伊那北高）は、東京23区内の裏道までよく知っていた。御大をイライラさせないように、道路の渋滞をいつも気にしながら運転するので、御大の運転手役をしているマネージャーには都内の裏道に精通してしまう特技が身についた。

一方、選手の神宮球場への行き方は、まず京王線で新宿へ行き、国鉄（現JR）総武線で信濃町まで行く方法、新宿から都営バスで神宮まで行く方法、地下鉄で外苑前まで行く方法の3通りがあった。信濃町経由が最も早く行けたが、ある試合から、都バスコースは勝ち癖がつくということになった。京王線新宿駅西口改札を出て京王百貨店中地下にあったコーヒーショップ「イタリアーノ」の一番奥の席で作戦を練り、験《げん》担ぎのタコライスをメンバーで分け合って食べ、新宿駅西口から都バス「東72系統」（1977年に路線廃止）で4年秋の最後の試合まで通した。御大の験担ぎが自然に選手に乗り移っていた。

その日の調子とコンディションづくり

最後の「その日の調子」はいかにも御大らしかった。御大の優しさの現れとも言えた。いくら精進してもその日の調子で左右されるということで、選手は一瞬ホッとする。

調味料の加減で料理の味が変わってしまうのと同じで、その日の調子加減で身体の動きが変わってしまう。だから足し算になっているのだろう。調子の悪い時は引き算もあるが、御大は引き算を決して言わなかった。特にピッチャーは、日によって調子が左右する。朝、起きた時は調子がいいと思っても、神宮に着くと変わってしまうことはよくあった。

他のスポーツの選手でも同じだ。人間が機械ではない証か。スポーツを観ている方も、アスリートのその日の調子を想像しながら観るのは奥が深くなってくる。仕事でもその日の調子はいくらでも変わる。

筆者は先発を言われた日は必ず、神宮球場へ着くと、ウインドブレーカーを着て、ひとりで神宮外苑を30分ほどランニングし、たっぷりと汗を流してからユニフォームを着た。汗を出すと、身体が軽くなり、すっきりして試合に臨めた。さらに、コンディションに最も影響するのが睡眠だった。特に試合の前の日は緊張をするので眠りが浅くなったり、短くなったりして、どうしても身体がいつもとは違う感じになる。それを解消するのが「汗出し」だった。そして、完投して神宮から調布に戻った後、その日の投球をふり返りながら、グラウンドをゆっくりランニングして汗を出した。10周と決めていた。クールダウンのつもりで、息が上がらないランニングだったが心地よい汗が噴き出た。逆に疲れが取れ、習慣化した。これはピッチャーにお勧めだ。

野球はチームプレーのスポーツだ。チームで揃って練習、行動する一方で、コンディションづくりは、チームというより個人で緻密に管理するしかない。これも御大の言う「その日の調子」への努力のひとつとした。コンディションづくりも練習のひとつだ。個人の微妙な調子は本人にしかわからない。その調整を指摘されなくても、選手全員が見えないところで調整できる習慣がチームを強くする。

その日の調子を見極めるのは、選手より監督の方が必要な場面が多い。ゲームを左右してしまうこともある。御大は競技の経験はないが、選手のその日の調子を判断するのは一流だった。

投手に投手を代打

4年の春の東大戦に先発した試合だった。筆者は調子が悪いながらも、3回までゼロに抑えていて、中盤から持ち直そうと考えていた矢先、攻撃中にネクストバッターズサークルから打席に入ろうとしたら、ベンチから御大がのっしのっしと近づいてきて、「代わるぞ」とひと言。球審に「代打、名取」を告げた。あっけに取られたが、調子が悪いので仕方がなかった。ゼロに抑えていて、ピッチャーに代打でピッチャーを送るのはあまりないが、その名取がその後適時打を放ち、戦況が好転した。御大のその日の調子を見る眼だった。

投手の勲章のひとつが勝ち星だ。先発投手は5回を投げ切れば勝ち投手の権利を得られる。御大にはこの「5回」の意識は皆無で、勝っていても5回を待たずにピッチャー交代は当たり前だった。チームが勝つのが目的であり、ピッチャーの勝ち星はまったく御大の物差しにはなかった。明治の先発投手が、他校と比べて勝ち星を得る率が低くなる所以だった。御大の頭の中には勝つためのチーム一丸しかなかった。御大は外部の人に選手を紹介する時は、ピッチャーが何勝をしているかは一切口に出すことはなく、むしろ口にするのは選手の人間性だった。

御大は戦況が苦しくなると選手交代が激しくなる傾向があった。うまく回ればいいが、試合の流れは悪い方に傾くことが多い。これは御大でなくてもだれが監督でも同じだ。交代が激しくなると大変なのはブルペンだった。代えた投手を1回も投げさせないで代えてしまうこともしばしばだった。ブルペンはバタバタだ。しかし、これが続くと交代を予想して、早く肩を作る明治流の習慣がついた。監督の御大に合わせるしかなかった。リリーフの切り札だった2年先輩の井上明は、10球投げるか投げないうちにマウンドに向かうことがよくあり、「すぐ肩をつくる」術《すべ》を持っていた。参考になった。

肩をつくることの速さでは、もう一人すごいピッチャーがいた。社会人野球のクラブチームで一緒だった志村亮（桐蔭学園高―慶応）だった。当時40歳を超す志村は、救援ではブルペンではほとんど投げないで登板することもあり、マウンドで打者に投げながら肩をつくっている風があった。コンディションづくりが身体に内蔵されている感じだった。甲子園を経験し、慶応で31勝もしたがプロ入りはせず、クラブ野球でピッチャーを楽しんだ一人だった。

御大は野手の調子を見抜くのも早かった。ある試合で内野手の一塁への送球を見て、肩を壊しているのを直感したのだろう。直後に控えの選手に代えた。ベンチで見ていて、その采配はすごいと唸《うな》った。代わった控えの選手のファインプレーで投手が助けられた。肩を壊していることは御大には隠せなかった。御大には練習でその日の調子を見極める術があった。

御大のアンパイヤと六大学の審判

御大はよく紺白戦（明治は紅白戦でなく紺白戦といっていた）のアンパイヤのマスクを自ら被った。ＬＡのヘルメットを逆に被り、マスク、プロテクター、脛《すね》カバーを1年生が着け、重装備だった。自らの眼の前で、ピッチャーの球筋を何十年も見ていれば、ピッチャーの「その日の調子」を見極めるのは易しい。バッターの得意な球、苦手な球もわかる。御大がアンパイヤをしていると、ストライク、ボールの見極めをよく誤った。特に明らかなボールを御大がストライクにした場合は、キャッチャーの進言で、ボールに訂正することがよくあった。その逆はなかった。バッターは納得する。ストライクかボールかはピッチャーが一番よくわかっているので、場の雰囲気は悪くならない。これも御大と選手との目に見えないキャッチボールだった。

紺白戦での御大の球審。旧島岡球場、1975 年
（島岡寮資料室所蔵）

アンパイヤについてもうひと言。ピッチャーの投げる球のストライク、ボールの判定は、

実は球審、キャッチャーよりピッチャーの見極めが一番正確だ。特にコースは、ピッチャーはより正確に判定できる。球審の目はベースの斜め上にあり、ピッチャーの目は18メートル先にあるホームベースの正面にあるからだ。コースの判定は球審の癖が出やすい。六大学野球の場合、対戦している2校以外から当番で審判員が割り当てられる。球審はボール判定の癖があるので、何度も同じ球審に当たっていると、球審の癖を読み取れた。外角の判定が甘い、インコースのシンカーの判定が辛《から》いなど球審の癖はそれぞれで、これを目一杯インプットして、ピッチングを組み立てるようになった。

筆者はアンダースローだったので、横の揺さぶりを身上とした。内外角のボールの判定は特に重要だった。球審の癖を利用すると、ホームベースの幅を球審の癖に合わせて自分で決められるようになり、最大で左右でボール1個分ずつくらい幅が広くなったり狭くなったりした。

ピッチャーからすると、同じ球筋をストライクだったり、ボールにする球審は、マウンド上で困惑させられる。球審の判定にピッチャーがその度に首を傾《かし》げる所作をよく見るが、これは禁物だ。意地になって同じボールを続けて投げるピッチャーもいるが、同じボールがストライクになる可能性は経験上、極めて低い。球審のコールで一喜一憂しない精神状態でいられる心構えと訓練が必要だ。ポーカーフェイスも訓練のうちだ。そのために、調布のブルペンでは、1球ごとにホームベースの角に掛けたり、外したり投げ分ける練習をした。御大が球審をした紅白戦では、調子のいい時は調布のマウンドで球審の御大との「駆け引き」を楽しんだ。

ホームベースにはボールが横にちょうど6個並ぶ。ベースとバッターボックスのラインの間（約15㎝）にもボールがちょうど2個入る。合計で10個分の幅を利用できる。さらにバッターボックスのラインの幅がちょうどボール1個分となり、ボール12個分の仮想ストライクゾーンとなる。これを想定して練習すると、ベースとバッターボックスのラインの間を通る球を投げやすくなった。このコースへ投げきることがコントロールの神髄と思って投げていた。バッターからみると、ストライクかボールかの見極めが難しいのがこのコースだ。それに球審の癖が加わる。御大の「投げて覚える」訓練の成果だった。

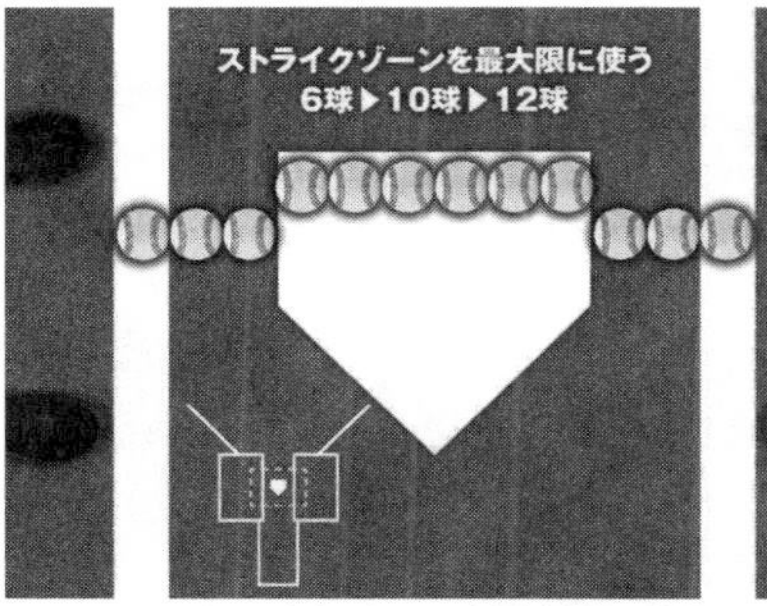
ストライクゾーンを最大限に使う
6球▶10球▶12球
ストライクゾーンを最大限に使う
（セミナー資料・筆者作成）

日本のピッチャーのコントロールは緻密だとよく言われる。これは、アメリカの投手のコントロールは「ストライクを取る」ことで、日本の投手は「コースを投げ分ける」ことを訓練しているので違いが出る。ストライクゾーンを、面と捉えるか、線と捉えるかの違いだ。コントロールを語る上でこの差は大きい。

六大学の審判は優秀だった。国際大会で他国の審判と比べると、日本の審判の優秀さが際立つ。甲子園大会の球審をする審判も多かった。神宮でお馴染みの審判のネームを甲子園のスコアボードで見つけると、試合を別の見方で観ることができ楽し

郷司裕の野球殿堂レリーフ
（公益財団法人野球殿堂博物館所蔵）

めた。今でも当時の六大学野球の審判の名前はすぐ出てくる。

投手と球審は立場こそ違うが、ゲームを進める上では一体だと思う。ピッチャーとキャッチャーのいいリズムは試合の流れに影響を与えるばかりでなく、後ろで守る7人の野手との見えないリズムをつくる。そして、キャッチャーの後ろにいる球審とのリズムも大事だ。球審のリズムに合わせるのもピッチャーの器量だ。

当時、明治の審判は、郷司裕（明治高）、布施勝久（日大三高）、山崎紀典（上田松尾高・現上田高）の野球部OBの3名がいた。郷司は筆者が高校1年の時の夏の甲子園決勝（三沢高対松山商）の延長18回引き分け試合の球審を務めていたのは有名だ。いつ終わるかわかなない試合を、テレビにかじりつき息を呑みながら観ていたのを思い出す。甲子園の決勝戦で11試合連続球審を務め、野球殿堂入りを果たしている。その郷司と松山商のエース井上明（松山商）と明治で一緒になるのは不思議な縁だった。郷司の一呼吸遅れて「ストッ！」というストライクコールが懐かしい。布施はストライクコールの歯切れがよく、投げていてリズムができ気持ちを乗せてくれた。山崎は筆者の母校が初めて甲子園へ出場した時のメンバーで、先の木村頌一の教え子だ。3名はリーグ戦では当然明治戦の球審はできなかったが、オープン戦ではよく球審をしてもらった。ほんとうにうまかった。

蛇足だが、野球では審判員を、球審（チーフアンパイヤ）、塁審（ベースアンパイヤ）といい、時に外審（線審とも）がつくこともある。球審を主審と言っていたが、主審とは試合の責任審判員を指す用語で、球審が主審ではない場合があることを、野球を離れてから知った。

アンパイヤとレフリーの違いがわかるかと聞かれ、答えられなかった。アンパイヤは所定の位置で判定し、レフリーは選手の動きに合わせて移動しながら判定することで分けていると教えられた。プロレスも狭い空間だがリングを動き回り、時にはリング外に転落するのでレフリーだと言われ、納得した。用語も奥が深い。

身体のケアと山登り

御大が勝利の方程式の最後に「その日の調子」を足したのは、卒業してからよく考えた。選手の経験がない御大は、当然コンディションづくりをしたことはない。「その日の調子」という言い方をして、自分で調整して本番の試合に臨めということだと思った。

リーグ戦中は、大塚さんという専属のマッサージ師を明和寮に常駐させ選手の身体のケアに当てていた。また、主力の選手が捻挫《ねんざ》をすると、マネージャーに「馬肉を買って来い」と指示し、捻挫をした選手を監督室に呼んで、自ら馬肉を伸ばし、患部に当てたこともあった。極めつけは、1975（昭和50）年秋の慶応戦で、キャッチャーの佐藤俊則（小倉商）が頭にデッドボールを受け動けなくなり、慶応病院へ運ばれた。幸い入院には及ばず明和寮へ戻ると、マネージャーに用意させた馬肉を、御大自ら佐藤の患部に当て、

「佐藤、逃げずによく向かっていった」

と、デッドボールを必死に避《よ》けた佐藤を褒めた。ピッチャーの四球を嫌う御大は、バッターが身を賭《と》して受ける死球にはご満悦だった。それまで御大の怖さしか知らない佐藤は、初めて御大の優しさに接した。それ以来、佐藤の頭から馬肉のことは離れなかった。御大の故郷、信州・伊那谷は馬肉の産地だった。ここまでした野球の監督はまずいないだろう。

明治はよく御大の故郷の飯田の「風越山の山登り」に行った。筆者の時代は、毎年夏か、冬のクリスマスの前に1週間ほど行った。麓《ふもと》の丸山公民館に選手は雑魚寝《ざこね》をし、朝食後9時ぴったりに公民館を全員で出発し、山頂を目指した。名取、堀勝典（県岐阜商）、筆者の投手組は日ごろ練習でロングを走っていたので、毎日競い合って先頭争いをしていた。約1時間半で頂上に着いたが、山登りどころではなく、「ランニング登山」だった。飯田市観光協会に問い合わせると、「ふうえつざん」ではなく、正式には「かざこしやま」といって、地元では白山信仰という山岳信仰の地だった。権現山《ごんげんやま》という人もいた。山頂下に神社（白山社奥宮）があったが、これも御大の験担ぎのひとつだったのかと原稿を書いていてなるほどと思った。

信州の南といっても12月は寒い。しかも、標高1500メートルを超える山だ。頂上に着く時は、汗が氷柱《つらら》になっていた。驚いたことに、頂上に着くと御大が石にどっかりと座っているではないか。御大は、朝6時前にひとりで公民館をスタートし、途中で9時にストップウォッチを押していた。我々選手は、タイムを告げられたので2度驚かされた。御大が頂上にいたのは、1回きりだったが、選手がサボらないようにするための御大流のパフォーマンスと思ったりもした。

夏の風越山（長野・飯田市）

御大が5回目の優勝を遂げた1969（昭和44）年春のシーズン後にも飯田で「山登り」をしている。信州の地元紙、信濃毎日新聞のコラムに「野球と山登り」と題した御大の寄稿文があった。要約する。

「野球を強くするために、山登りトレーニングがこんなにも効果があるとは……。（中略）8年ぶりの優勝を決めた神宮球場のスタンドの熱狂の中を、ナインの手によって舞い上がった私は、じっと目を閉じて、はるか故郷の風越山に思いをはせていた。『ゴンゲンさん、ありがとう』。（中略）昨年と同じく、片道7キロはあるだろ

月曜随想

野球と山登り

島岡吉郎

御大の寄稿文「野球と山登り」
1969年7月14日付信濃毎日新聞

う権現の頂上まで1日に2往復を計画している。（中略）慶応との3連投をやってのけた古屋英雄（甲府商）、同じ慶応戦で2試合連続ホーマーをとばした鈴木一比呂（伊那北高）のパワーも権現山の〝ご利益〟だったろうか。中日ドラゴンズの投手陣の〝切り札〟星野仙一（倉敷商）、三協精機（現日本電産サンキョー）のエース池島和彦（島上高）も飯田で苦しみ、ナインを引っぱって山道に挑んだ。飯田合宿は秋山登、土井淳（ともに岡山東高）のバッテリーで優勝したころから、もっぱら投げ、打ち、走るの〝型どおり〟の練習で、その後は優勝が一度でさっぱり。悩む私に（山登りの）ヒントを与えたのは、中央アルプス駒ヶ岳で山登りトレーニングを黙々と続けた親友で昭和初期の明治の名捕手、二木茂益（長野商）だった。（中略）」（1969年7月14日付信濃毎日新聞）

それにしても、ここまでやるかだ。恐れ入った。なぜ、飯田まで行って山登りをするか、御大が説明した。

「東京は平らなアスファルトばかりで、足首が弱くなる。ここに来ると、石ころの多い山道で、自然に足首が鍛えられる。特に下りが足首にいい。冬、これをやっておくと、リーグ戦で捻挫が防げる。捻挫をしても治りが早い。いいこと尽《づ》くめだ」

確かに選手が捻挫をしたというのはあまり聞かなかった。「トレーナー御大」に、唸るばかりであった。

島岡式勝利の方程式を筆者なりにアレンジしてみた。

（技術の追求×練習量と工夫）×野球への心構え＋コンディショニング

やはり、御大流が座りがいい。

（注1）右打ち
野球の作戦のひとつで、塁上のランナーを三塁へ進めるために右打者が三塁から遠いライト方向へゴロを打つこと。ヒットエンドランの時にも使う。ライトヒッティング、おっつけ打法とも言う。インコースの球にポイントを近づけて意識的に右方向にゴロを打つので、犠打のような要素がある。

（注2）レーキとトンボ
野球のグラウンド整備には必須の道具。レーキは鉄製、アルミ製の熊手で、土を細かく砕くのに使う。トンボは木製が多く、T字型（トンボ型）をした土を平らにするための道具。レーキ、トンボの順に使う。

（注3）ローリングス社

Rawlings社。アメリカのミズーリ州セントルイスにあるグラブ製作から始まりベースボールの歴史と歩んできた最古の野球用具メーカー。１８８７（明治20）年設立。その他の野球用具老舗メーカとしては、ＭＬＢ（メジャー・リーグ・ベースボール）の公認球メーカーとして知られるスポルディング（SPALDING・ケンタッキー）社、ルイビルスラッガーを買収したウィルソン（Wilson・シカゴ）社などがある。

（注4）ラファイエットとジーン・バッキー

アメリカ合衆国ルイジアナ州南部にある人口12万人の小都市。18世紀にフランス系カナダ人によって開拓された歴史があり、ケイジャン料理、ガンボが有名。フランス語も公用語。周辺都市にはニューオーリンズ、バトンルージュがある。大学はルイジアナ州立大学（バトンルージュ）と並ぶルイジアナ大学ラファイエット校（サウスウエスタン・ルイジアナ大学〈ＵＳＬ〉が前身）がある。

ジーン・バッキーは同大学を卒業後、マイナーリーグ３Ａのハワイ・アイランダーズでプレーし、解雇後に日本に渡り阪神タイガース入りした。１００勝を稼ぎ、外国人投手では初の沢村賞も受賞。東京オリンピックの１９６４（昭和39）年は29勝を挙げ、阪神優勝の原動力となり、日本シリーズの対戦相手には南海ホークスのジョー・スタンカがいた。王貞治に投じた危険球で、王を育てたコーチの荒川博（早稲田実業―早稲田）と乱闘になり、利き手の親指を骨折したことが原因で選手生命を奪われた。

（注5）グランドスラム

地域連盟の春と秋のリーグ戦、全日本大学野球選手権大会、明治神宮野球大会の４つを制覇することをグランドスラムと呼んでいる。過去に近畿大が２回（１９８９年、１９９７年）、関西大（１９７２年）、亜細亜大（２００２年）、東洋大（２００８年）がグランドスラムに輝いている。1年の時、関西大が制覇した時の阪急ブレーブスで活躍した山口高志（神港高）の快投を神宮のネット裏でスコアラー役として観ていた。ボールが手から離れた瞬間にミットに収まる感じだった。世の中にこんなに速いピッチャーがいるのか。今でも脳裏に焼き付いている。準グランドスラム（大学野球選手権か神宮大会を優勝して、一方が準優勝）は、早稲田、駒沢大が2回、亜細亜大、中京大が各1回となっている。「実力の東都」がよく出ている。

（注6）1球でピッチャー交代

公認野球規則では「投手は第1打者またはその代打者がアウトになるかあるいは一塁に達するまで、投球する義務がある」（5・10ｆ）と規定されている。御大がこのルールを知らないわけがなかったが、気持ちが先走って思わず交代を告げてしまった。

其の五　「同じレベルだったら下級生を使う」

▽島岡式選手制度は厳しさと優しさが同居

島岡式選手制度とは

御大はリーグ戦の前になると、3階のミーティング室で選手を前に、「選手制度（注1）」の話をシーズン前に時折した。

「技量、精神力とも同じだったら、上級生でなく下級生を使う。これが明大野球部の選手制度だ」

御大の持論だった。

選手制度の基本は技量の優れた選手を起用するのが当たり前だ。御大は選手を決める前に、その持論をわざわざ選手に諭《さと》した。御大らしいのは、技術に精神力を加え、同じ技量と精神力だったら下級生を優先することを、選手の前で言い切ってしまうことだった。下級生を優先することに反論を唱える監督、指導者も多いと思う。現に上級生を使うと明言する指導者もいる。経験の長い、そして苦労を長くしてきた者を優先するという理屈は十分に成り立つ。

御大の方針には、ふたつ理由があった。ひとつは、下級生を使うと明言することによって、上級生の奮起を促すというもので、上級生の発憤を見届けることは、御大が監督を務める目的である人づくりに通ずる。ハワイ遠征の時に、上級生2名を選考から外したことは、まさにこれだった。御大の心の奥には、苦労して努力した上級生を使いたい気持ちがあるのは当然だった。しかし、それを決して選手の前では言わなかった。徹底していた。また、次の戦力の下地になる下級生を使うことは、理にかなっている。

もうひとつは、事前に選手の前で下級生を優先することを明言することによって、下級生を起用した場合に、選手間、チームのなかに生まれる無用な軋轢《あつれき》を避けるためであった。選手の選考で野球部のなかで軋轢が生まれたことは記憶にない。元気（精神力）のない選手は使わない、上級生でも技術を高めるために練習を常に怠《おこた》るなということだった。

実際、「技量が同じだったら」といっても、どこで基準をつくるか、判断は容易でない。御大の言う「技量が同じだったら」は、「過去の野球経歴は捨てろ。努力して今一番元気な選手を上級生、下級生関係なく使う。だから上級生は鍛錬を怠るな」ということだったと今思う。

毎シーズン、１００名を超える選手の中から、25名のユニフォーム枠を決めることは、簡単なようで大変な決断がいる。全国から神宮球場に憧れて東京へ出てきたからには、レギュラーになる前に、25名の枠に入り「ＭＥＩＪＩ」のユニフォームに袖を通すことが第一関門だ。筆者は主将として、御大が迷っていた時に打順や選手起用の進言を時々したが、25名の枠については、御大が選手の技量と精神力を推し量り、すべて自分の判断で公平に決めていた。これに口出ししたら、越権行為は勿論、選手制度は崩れてしまう。

少年野球、高校野球の世界では、選手が「どうして自分はレギュラーではないんだ」、親が「どうしてうちの子は試合に出してもらえないの」のような不平をいったりすると聞く。親からこの類《たぐ》いの話が出ること自体、本末転倒であり、このような話が出た瞬間にスポーツではなくなる。筆者は父母会がない時代の野球で育ったので、親が子供の野球に口を出すことには違和感を覚える。少子化の時勢を反映しているのかと思ったりもする。御大の選手制度は、大学野球だけではなく、すべてのスポーツに通ずるものがある。企業の人事異動でも、発令の度に不満が出る異動は、組織内で何らかの軋轢が生まれ、組織内の雰囲気が悪くなることがある。

選手の進言に柔軟

日本ハムファイターズで内野手として活躍した法政のキャプテンで同期の岩井靖久（後に隆之・津久見高）がいた。彼とは卒業後も親交があり、東大の同期のスラッガー平尾俊彦（新潟高）らと時々、当時をふり返りながら野球談義をする機会がある。御大にオーダーの進言をしたという話をすると、岩井に、

「俺もキャプテンだったが、監督に言ったことは一度もない。明治にそれがあったことが信じられない。相手は島岡さんだろ」

と驚かれた。

他校のキャプテンから言われると、改めて考えさせられた。見かけではわからない御大の柔軟さからくるものかと思った。実際に昭和50年春の江川対策では、御大はシーズン前にクリーンアップの打順で迷っていた。4番は長距離ヒッターの伊藤裕啓（日大一高）で固まっていたが、3番を筆者と同年の足の速い経験のある関弘巳（中京商）か、1年下の長距離ヒッターの羽田国雄（吉田高）にするか迷っていた。御大が決めていれば、筆者が進言して監督の方針を変えることは御法度だ。決めかねているのをみて、

「江川を攪乱《かくらん》するには、盗塁もできる関を1番に据えて、羽田は長距離もあるので5番、3番には小林（千春・明治高）がいいと思います。彼はしぶといバッティングをしますから」

と進言した。御大はすぐには返答しなかったが、小林を3番に推薦したことは意外そうだった。翌日、オーダーをみるとそのとおりになっていて驚いた。3人にはその経緯は話さなかったが、3人とも持ち味を発揮し打倒江川の原動力となった。結果よりも、御大の柔軟さに感服するばかりだった。明治生まれ、応援団長上がり、精神野球とはかけ離れた御大を見た思いだった。御大はこのオーダーでシーズンを通した。

こんなこともあった。当時、キャッチャーは千葉県の成東高時代に、プロでも活躍した鵜沢達雄（大洋ホエールズ）、鈴木孝政（中日ドラゴンズ）の球を受けていた同期の荒井信久と、1年下の佐藤俊則（小倉商）がいた。筆者が御大に先発を言われた時に、

「キャッチャーは佐藤でお願いします」

春秋連覇のメンバー、1975年10月。左からオーダー順に関（中京商）、川口（日体荏原）、小林（明治）、伊藤（日大一）、羽田（吉田）、安岡（高知商）、佐藤（小倉商）、荒井（成東）、筆者（上田）、岩崎（大濠）、明治神宮球場正面玄関にて

と言うと、御大は同期の荒井でいくつもりだったので、

「おまえは変わっとるな」

と、怪訝《けげん》そうな顔をしたが、何も言わなかった。

「後半のチャンスの時は打撃のいい荒井を使って下さい」

とお願いした。

力のある同期を使うのが妥当なのに、1年下のキャッチャーを指名したので、御大は驚いたようだったが、理由は聞かなかった。ピッチャーとキャッチャーは相性がある。荒井とは相性は悪くはない。筆者はアンダースローなので、どうしても相手の盗塁の時は不利だった。佐藤の方が捕球してから送球の動作が若干速いので、相手の盗塁を防ぎ、前半戦で優位に立つことが狙いだった。僅差の試合が多くなることが予想されたので、盗塁を許す、防ぐかは、チームにとっても自分にとっても重要だった。オーバースローの名取和

今は亡きクリーアップトリオ　左から３番小林、４番伊藤、５番羽田、旧島岡球場にて、1975年（写真：ベースボール・マガジン社）

〔明大〕		打	安	点	三	四	失
（中）	関	4	1	0	1	0	0
（三）	川口	3	0	0	0	1	0
（左）	小林	3	0	0	0	0	0
（一）	伊藤裕	3	1	1	0	1	0
（右）	羽田	4	1	0	1	0	0
右	梅田	0	0	0	0	0	0
（二）	安岡	4	0	0	0	0	0
（捕）	佐藤	1	0	0	1	1	0
捕	荒井	1	0	0	0	0	0
（投）	丸山清	3	1	1	1	0	0
（遊）	岩崎	3	1	1	0	0	0
計……		30	5	3	4	3	0

1975年秋の不動のオーダー
慶明２回戦（野球年鑑）

彦（甲府商）が先発の時は荒井で、うまく歯車が回った。リーグ戦後の大学選手権、明治神宮大会は荒井とバッテリーを組んだ。

御大に理由も聞かずに進言を受け入れてもらった。その時は御大にギリギリでお願いしたので気づかなかった。岩井に言われて、御大の寛容さと柔軟さを改めて思い知った。社会でもトップが下の意見を聞き入れる柔軟さが組織を救うことはよくある。

人事異動でも生きる

社会に出て管理職時代、人事異動の季節には御大の言葉を思い出した。企業組織の人事異動とスポーツ界の選手起用は、同様にはできないが共通点はある。日本の会社組織ではまだ年功を優先する慣習は残っており、一方で外資系の企業に見られる年功を考慮しない企業も増えている。年功を重視する企業で、昭和40年代以降続いた好景気を背景とする人材配置は、「だれが上に立っても結果は同じ」状況が多分にあった。収益がなかなか伸びない昨今は、特に年功優先型の企業で、表向きは適材適所、全体最適の配置というが、実際は人材配置を間違えて、会社が間違った方向に行ってしまうことがよくある。その後の修正が利けばいいが、そうはいかない場合が多い。人事をする方は過去の成功体験が強いので、企業の置かれている現状に鈍感であり、思い切った人事ができない。まして、御身大事さを優先したヒラメ社員を起用するケースに至っては、企業の風土を壊してしまう。収益の増減より、企業風土を後退させてしまう方が怖い。

また、御大は辛口の人を遠ざけなかった。外部コーチのアレン永田や後に記す朝日新聞記者の好村三郎（灘中―立教）らがそうだった。御大に辛口の進言をした人はまだいたはずだ。言いづらいことを言ってくれる人を大事にし、参考にしたのだろう。組織を運営する上でも、反対意見に耳を傾けることは大事なことだとわかっていながら、実際はできないことが多い。適材適所に人材を配置する人事異動でも生きる。また危機管理上も必要だ。辛口を遠ざけ、イエスマンばかりと付き合い起用していると、現実から遠ざかり柔軟さを失った包容力のない組織になりがちだ。いわゆる「上を見て、下を見ず」の社員の蔓延だ。それを防ぐには、日ごろから固定観念を持たない幅の広い議論をすることを組織内で心掛けることだ。運動部も企業も同じだ。筆者が4年の時は、寮内の4年生が定期的に応接室に集まり、意見交換をした。結論を出すことも大事だが、お互いの気持ちをわかり合うためにまず顔と顔を合わせた。

御大が選手の前で、起用方法を言い切ったのは、選手とのキャッチボールを大事にしたい気持ちの現れだった。御大流のコミュニケーションの取り方だった。いくら御大でも、「同じレベルだったら下級生を使う」と言って、いきなり下級生を使えば反発も出よう。選手起用も人事異動も機械ではできない。どんな組織でも、人と人の間に気持ちが入る。その気持ちを大事にすることを学んだ。

（注1）選手制度
学校その他の団体が、スポーツ競技において、対外試合に勝利を収めたり、記録を伸ばしたりすることを目的に、一部の優秀な技能の持ち主を集めて、特別に厳しいトレーニングを課する制度。企業などにも広く普及しているが、そのあり方をめぐって、とかく賛否の議論が生ずる。（参考・コトバンク）

其の六　「明大野球部の存在意義は早慶を倒すことにある」

▽常に六大学野球全体を考えていた
▽打倒早慶はライフワーク

打倒早慶の執念と初優勝

野球部に入ったころ、御大はミーティング室で選手を前に言った。

「おまえらが入った明大野球部は何のためにあるか、わかるか」

誰も答えない。

「ようし、教えてやる。明大野球部の存在意義は早慶を倒すことにある。わかったな」

18歳のころ、最初は何のことかわからなかったが、進級するに連れて意を強くした。御大が監督に就任した1952（昭27）年は、草創期の早慶対抗戦が始まってから半世紀、六大学野球が6校で始まってから四半世紀が過ぎていた。それまでの優勝回数は、早稲田が14回、慶応が13回で明治が9回、法政が6回で続いていた。しかも、明治は御大が監督に就任する直前まで、戦争を挟んで13シーズン、10年間も優勝から遠ざかっていた。打倒早慶を掲げる条件が揃っていた。入部以来、御大から「打倒早慶」を何度聞かされたことか。同じ6校の間で繰り広げられるリーグ戦で、常に明治が果敢に「打倒早慶」に挑むことで、六大学野球を盛り上げることを考えていたのかも知れない。星野仙一（倉敷商）が、ONに対して闘志をむき出しにして向かうことを一

六大学野球総評
飛田《とびた》穂洲《すいしゅう》 (下)
異色の明大島岡監督
目覚しかった立の奮戦
評判倒れの慶応、早稲田

初優勝の御大に対する飛田穂州の評論（1953年10月29日付朝日新聞）

貫して貫き、巨人が盟主のセ・リーグを盛り上げたのは、御大の打倒早慶の精神、そのものだった。

御大の最初の優勝は監督就任2年目の1953（昭和28）年の秋だった。そのシーズン終了後の朝日新聞のリーグ戦総評で早稲田OBの記者、飛田穂州（水戸中）が、「異色の明大島岡監督」として初優勝を遂げた御大を評している。

「（中略）早慶と並んで数多い優勝の歴史を持つ明治としては屈服十年こそ慨嘆に耐えまえから、降ってわいたような今度の優勝に格別歓喜を覚えぬかも知れない。明治大学の幹部が一部先輩選手の反対を押し切って島岡監督を起用した底意は恐らく明治チームを技量的に強化しようとしたのではないのであろう。むしろ優勝の如きは第二義的のものであって、第一の目的は野球部の精神的建直しを策したにあると思われる。さもなくてズブのしろうとというべき島岡君に白羽の矢を立てるわけがない。（中略）島岡でなければ野球部を救う道がない、健全な野球部とするためには目先きのことを犠牲にして根底から強いものを造りあげる、それを眼目としての人選にあずかったのが島岡君

初優勝で感涙に咽ぶ御大、1953 年秋、神宮球場
（写真：「明治大学野球部 90 年の歩み」）

ではあるまいか。（中略）島岡君は選手の経験は持たぬが、野球に対して限りない情熱を持ち続け、（中略）今度の勝利も島岡情熱の勝利といってよい。（中略）ある見方からすれば、この野球への情熱から彼本来の人生観に変化をきたしているのではないかとも思われる。（中略）異色の監督はいろいろの話題にのぼるであろう。（中略）」（昭和28年10月29日付朝日新聞）

監督として御大の27年先輩の飛田の島岡評は、その後の30年余りの「監督島岡」の生き様を見事に予言している。そして、明治に11年ぶりの優勝をもたらした御大は、監督就任５シーズン目で初めて早慶から勝ち点を奪い、連覇を成し遂げた。以来、「打倒早慶」を旗印に毎年入部する選手を相手に叱咤し続けることになる。

現在、日本の大学の野球連盟（公益財団法人全日本大学野球連盟）には26リーグが加盟している。その歴史は、１９２５（大正14）年に結成した東京六大学が最も古く、その６年後に東都大学野球連盟の前身が誕生している。１９９３（平成５）にできた関甲新学生野球連盟が最も新しい。連盟のホームページによると、全国の大学の野球部総数は３７２にも及ぶ。２０２２年５月現在の登録部員数は総勢２万８７６９名で、１校あたりの登録部員数は77名になり、１学年あたり19名だ。

31大学の九州地区大学野球連盟の加盟数が最も多く、最小の6校で構成されているのは、東京六大学をはじめ、仙台六大学、関西学生野球、関西六大学、広島六大学、九州六大学、福岡六大学で入れ替え戦がない。この6つの連盟以外は、春秋のリーグ戦終了後に、1部リーグと2部リーグ以下の入れ替え戦があるはずだ。

東京六大学野球は、入れ替え戦がない上に、最終週が早慶戦で毎シーズン固定されている。早慶戦が最終週に固定されたのは、1935(昭和10)年春からで、六大学野球が始まって10年間(17シーズン)は別の週に行われていた。固定された理由は、はっきりしない。早慶戦については後に触れる。

よく東京六大学と比較される東都大学野球は、22校の構成で4部まであり、毎シーズン後に3カードの入れ替え戦が繰り返されている。この入れ替え戦は「戦国東都」と評されるとおり、東都に強いチームができる土台になっている。2022(令和4)年から連盟の愛称を「PREMIUM UNIVERSTIES22(略称プレユニ22)」とした。

御大の「打倒早慶」は、6校で構成される六大学野球の中で生きるキャッチフレーズで、入れ替え戦があったら選手に説いた「打倒早慶」は成立しなかった。仮に、六大学野球に入れ替え戦があったら、御大はこれほど長く監督をしていなかったであろう。その前に、大学の監督にもなっていないような気がする。「六大学」の「明治」の「島岡吉郎」でよかった。

全日本大学野球連盟加盟大学数と登録選手数（2022年5月）

＊「チーム平均」は1チーム当たりの登録人数

参考・全日本大学野球連盟 HP

連盟	加盟校数	1年	2年	3年	4年	合計	チーム平均	優勝回数 選手権	優勝回数 神宮大会
北海道学生	11	68	98	108	104	378	34		
札幌学生	18	331	305	255	203	1,094	61		
北東北大学	16	191	258	210	151	810	51		
仙台六大学	6	168	178	163	134	643	107	3	
南東北大学	6	164	144	110	98	516	86		
千葉県大学	18	424	461	391	284	1,560	87		1
関甲新学生	19	385	358	323	258	1,324	70	1	
東京新大学	23	409	390	348	315	1,462	64		
東京六大学	6	191	222	233	205	851	142	27	15
東都大学	22	522	527	466	432	1,947	89	25	16
首都大学	16	590	603	575	493	2,261	141	4	6
神奈川大学	12	251	282	205	226	964	80		1
愛知大学	26	529	485	459	333	1,806	69	1	2
東海地区大学	20	429	466	453	309	1,657	83	1	
北陸大学	12	231	219	212	129	791	66		
関西学生	6	199	241	232	221	893	149	6	5
関西六大学	6	175	170	150	108	603	101		
阪神大学	18	580	525	408	281	1,794	100	1	
近畿学生	18	363	331	345	200	1,239	69		
京滋大学	12	211	186	165	132	694	58		
広島六大学	6	98	89	101	77	365	61		
中国地区大学	20	332	371	323	282	1,308	65		3
四国地区大学	12	164	171	170	105	610	51		
九州六大学	6	210	175	197	151	733	122		
福岡六大学	6	241	236	167	134	778	130		2
九州地区大学	31	520	460	379	329	1,688	54	1	
総合計	372	7,976	7,951	7,148	5,694	28,769	77	70	51

先の全国の野球部の平均部員人数が77名は想像したより多かった。東京六大学でみると、2022年春は851名の登録があり、1校あたり142名で、全国平均の倍近い。筆者の代は当時の連盟の部員名簿から拾うと、明治は99名で、早稲田84名、慶応63名、法政67名、立教36名、東大は48名の登録があり、1校あたり66名だった。現在は当時と比較して2倍を超える登録があり、野球人口が減っている昨今、六大学野球は活況といっていいのだろうか。この半世紀の世相の変化が影響しているのだろうか。どなたか解説を願いたい。

優勝が最大使命と下支え

入れ替え戦のないリーグ戦は、チーム成績は毎シーズン、1位から6位を行ったり来たりしている。選手層が薄く高校時代の野球歴の浅いことが主な原因で、東大が最下位になるシーズンが多いので、他の5大学で1位から5位が入れ替わるシーズンが多い。

2位でも5位でも同じという意識が生まれ、優勝が常にチームの最大使命となる。その証左に優勝とは言うが、2位を準優勝とはあまり呼ばない。1925(大正14)年に最後の東京帝大(東大)が加盟して、東京六大学野球となってから100年、この優勝争いが毎年2回(途中、戦争で3年の中止、2度の年間1リーグ制がある)にわたり6校で繰り返されている。リーグ戦は延べ187回に及ぶ。1940(昭和15)年春は、慶明立が3校同率で唯一の「優勝預かり」

のシーズンとなっている。一方で、対抗戦の系譜の100年の歴史を忘れてはならない。

これまでの優勝回数は、早稲田と法政が46回で並び、明治の42回、慶応の39回、立教の13回と続く（2022年秋季リーグまで）。東大は帝大時代に2位が1度（1946年の1回戦総当たり制）ある。御大は通算32年（総監督が5年）、64シーズンにわたり指揮を執り、14回（総監督で1回）の優勝を果たしている。優勝率は23％に及ぶ。15回も優勝に絡んでいる監督は他校も含めて別格だ。明治では御大に次ぐ24シーズンで9回の前監督善波達也（桐蔭学園高）の優勝率38％が光る。別表の通り各校の優勝率は、早稲田、法政、明治、慶応と続き、この4校は4シーズンから5シーズンごとに優勝していることになる。

御大は座談の名手だった。2階の監督室に選手を呼び、よく餃子でビールを飲んだ。久が原（東京・大田区）の自宅には年数回しか帰らなかった。選手と起居をともにし、練習が終わると監督室で選手に餃子を振る舞い、ビールを飲むのが楽しみだった。餃子は京王線つつじヶ丘駅前商店街にあった中華料理店「松華」に、多いときには300個を超える餃子をマネージャーから注文させた。特に早慶から勝ち点を取った夜は、本当に嬉しそうにビールを飲んだ。何とも言えない笑顔が懐かしい。

勝った時は、御大はまず下級生のバッティングピッチャーを監督室に招き入れた。

「君らの下支えで今日は勝てた。ありがとう。まあ食べろ」

と言って慰労した。呼んでもらった下級生が嬉しいのは当然だ。一方で、上級生にその作法を

郵便はがき

料金受取人払

諏訪支店承認

2

差出有効期間
令和5年4月
30日迄有効

3 9 2-8 7 9 0

〈受取人〉

長野県諏訪市四賀229－1

鳥影社編集室

愛読者係　行

ご住所　〒□□□-□□□□	
(フリガナ) お名前	
お電話番号　(　　　)　　-	
ご職業・勤務先・学校名	
eメールアドレス	
お買い上げになった書店名	

鳥影社愛読者カード

このカードは出版の参考にさせていただきますので、皆様のご意見・ご感想をお聞かせください。

書名	

① 本書を何でお知りになりましたか？

i．書店で
ii．広告で（　　　　　　　　　　　）
iii．書評で（　　　　　　　　　　　）
iv．人にすすめられて
v．DMで
vi．その他（　　　　　　　　　　　）

② 本書・著者へご意見・感想などお聞かせ下さい。

③ 最近読んで、よかったと思う本を教えてください。

④ 現在、どんな作家に興味をおもちですか？

⑤ 現在、ご購読されている新聞・雑誌名

⑥ 今後、どのような本をお読みになりたいですか？

◇購入申込書◇

書名　　　　　　　　　　　　¥　　　　　　　（　　）部

書名　　　　　　　　　　　　¥　　　　　　　（　　）部

書名　　　　　　　　　　　　¥　　　　　　　（　　）部

東京六大学野球リーグ戦通算勝敗表（2022 年秋季リーグまで）

参考・東京六大学野球連盟 HP

		早稲田	明治	慶応	法政	立教	東大	合計	勝率
早稲田	勝利		234	239	228	274	350	1325	0.625
	敗戦		204	196	210	150	34	794	
	引分		22	11	30	13	20	96	
明治	勝利	204		223	227	280	349	1283	0.598
	敗戦	234		214	209	163	42	862	
	引分	22		30	30	24	10	116	
慶応	勝利	196	214		219	275	349	1253	0.589
	敗戦	239	223		210	163	41	876	
	引分	11	30		28	29	4	102	
法政	勝利	210	209	210		249	342	1220	0.575
	敗戦	228	227	219		174	53	901	
	引分	30	30	28		26	15	129	
立教	勝利	150	163	163	174		318	968	0.454
	敗戦	274	280	275	249		86	1164	
	引分	13	24	29	26		13	105	
東大	勝利	34	42	41	53	86		256	0.130
	敗戦	350	349	349	342	318		1708	
	引分	20	10	4	15	13		62	
本塁打数		786	657	847	810	592	199	3891	

優勝回数と優勝率（2022 年秋季リーグまで）

＊全日本大学野球選手権大会、明治神宮大会は東京六大学代表校の優勝率

	早稲田	明治	慶応	法政	立教	東大	合計	優勝率
リーグ戦	46	42	39	46	13	0	186	
リーグ戦優勝率	0.25	0.23	0.21	0.25	0.07	0.00	1.00	
全日本大学選手権	5	6	4	8	4	0	27	0.386
明治神宮大会	1	7	4	3	0	0	15	0.294

見せることによって、

「世の中は下支えで成り立っている。この上に成功があることを忘れるな」

という無言の教えが伝わってきた。同時に、

「社会人になっても生かせ。わかったな」

と、聞こえた。

御大は未成年のバッティングピッチャーにビールを勧めるのは憚《はばか》り、ある時餃子とお茶の後に、監督室にあった饅頭《まんじゅう》を「甘いものは疲れがとれる」と言って勧めた。その饅頭が傷んでいて、勧められた選手は御大が見ていない時に手に吐き出して隠したことがあった。監督が勧めた饅頭で食中毒でも出たら疲れがとれるどころではない。それからは監督室にあった饅頭の類いは、マネージャーが予め「毒味」をした。監督室での笑えないエピソードだった。

早慶の話に戻すと、ビールを飲みながら御大は言った。

「俺の目の黒いうちに、最後（最終週）にやる早慶戦を止めさせる。それには優勝回数で早慶を上回らなければならないが、早慶戦の前に勝ち点5の完全優勝を続ければ、早慶戦はただのお祭りになる」

前シーズンの優勝校と2位の大学を最終週に対戦させるという意味だが、そんなことはすぐにできないことをわかっての話だ。これも、選手に早慶を意識させる御大らしい放談だった。4年の春に完全優勝をした時は、打倒江川が実ったことに加えて、早慶戦の前に優勝を決めたことが

嬉しかったのかなと、後年に当時の御大との座談が蘇った。

早慶から始まった六大学野球

筆者が母校の高校同窓会の会報に寄稿を依頼され、早慶戦について記したものを紹介する（一部改稿）。

1903（明治36）年11月21日午後1時30分。東京六大学野球の元になったと言われる早慶対抗戦初戦のプレーボールが、球審の黒田昌恵（一高主将）によって宣告された。ところは、慶応の三田綱町グラウンド。創部が慶応に9年遅れた早稲田の2代目主将で、都市対抗野球の橋戸賞でその名が刻まれている橋戸信（青山学院中）が慶応に宛てた挑戦状が発端となったというから、武術の「果たし状」の世界だ。「慶早戦」とは慶応の見栄かと思っていたが、早稲田の9年先輩で合点がいった。この頃は早慶の間で試合をするという意識はなかったと思われる。島岡御大の誕生の8年前のことである。『早慶戦全記録 伝統2大学の熱すぎる戦い』（堤哲編著・啓文社書房）によると、三田綱町グラウンドには3000人もの学生が押しかけ立錐《りっすい》の余地もないほどの歴史的第1戦だったが、新聞で報道したのは、福澤諭吉が創刊した「時事新報」と黒岩涙香の「万朝報」だけで、朝日新聞や東京毎日新聞（現毎日新聞）は扱わなかったという。／この試

早慶戦第１回戦の早慶メンバー、宮原（前列右から３人目）、桜井（後列右から３人目）、1903年（公益財団法人野球殿堂博物館所蔵）

合に、筆者の母校の旧制上田中（上田松尾高から現在の上田高）のOBが2人もいたことを知らされたのは、明治大学野球部に入部後に御大に挨拶に行った明和寮の監督室だった。／「草創期の早慶第1回戦にお前の母校の先輩が2人も慶応の先発メンバーに名を連ねている。2人とも野球殿堂入りをしているぞ。覚えておけ」／高校時代は何も知らなかった。今から100年以上も前のことであった。／宮原清と桜井弥一郎の両名である。宮原は慶応の主将で、桜井は早慶戦最初の勝利投手である。堂々たる活躍である。この2人は慶応を卒業してからも社会に貢献している。2人とも当時の社会人野球に進むが、宮原は社会人野球協会（現在の日本野球連盟）の初代会長となり、日本社会人野球の基礎を作り、アマチュア野球の発展に貢献した。桜井は慶応の三田倶楽部の会長となり、人材育成に努めた。勃興期の早慶戦初戦に、信州人が2人、しかも高校の大先輩が先発で出場しているのは驚きだった。卒業してから、東京ドーム内の野球殿堂博物館にある2人のレリーフと対面した。

このように早慶を起源とした六大学野球は、プロ野球の人気が高まるまで、日本の野球の中心的な存在であった。プロ野球にも多くの選手を輩出している。その舞台の明治神宮野球場は、1926（大正15）年に建造され、現在は東京ヤクルトスワローズの本拠地になっているが、当初はプロ野球の使用は認められなかった。人気の早慶戦をはじめ観衆を収容できなくなったことがその後の大改修につながり、六大学野球の専用球場の趣が強かった。このことが後楽園球場の建造に発展した。

筆者所有の天皇杯とNHK杯のレプリカ

御大は、37年間の監督（一部期間は総監督）経験に加えて、応援団の4年間を加えると、41年も神宮球場で現場に関わったことになる。41年間とは、22歳で入社した大卒社員は63歳で定年になっている。「終身雇用」と肩を並べる御大の監督歴だ。

東京六大学野球連盟は、大学野球では最初に設立された連盟だ。しかも、天皇杯の下賜を受けている。全日本クラスの大会に天皇杯が下賜されるのが一般的で、地域の連盟に下賜されているケースはない。野球界を代表して下賜の対象となっている。それだけ日本の野球の発展に貢献してきた証だ。お陰さまで筆者は3回も天皇杯を味わった。祝勝会では天皇杯にビールをなみなみ注ぎ、御大から回し飲みを始めるのが儀式だった。

野球殿堂入り

野球殿堂博物館の宮原、桜井のレリーフの向かいへ足を運ぶと、御大と対面できる。御大は没後2年目の1991（平成3）年に野球殿堂入りを果たしている。野球殿堂は、プロ野球経験者に限られる競技者表彰と、アマチュア野球、プロ・アマ・一般で野球に貢献した人が対象となる特別表彰があり、これまで212名（2022年現在）が顕彰されている。プロを含めて競技経験のない御大は、現在ではアマチュア関係者には適用されない競技者表彰となっている。殿堂入りの規定は改定されていて、御大が選考された時代はアマチュア関係者も競技者表彰の対象となっていた。御大の他には早稲田で監督を務めた石井藤吉郎（水戸商）が御大の4年後に競技者表彰で殿堂入りしている。競技をしていない者への競技者表彰は、野球殿堂の歴史の中で、後にも先にも御大だけとなった。御大の37年間の監督経歴が「競技者」として認められた。選考の席で苦言を呈する野球人はいなかったという。

本格的な野球経験のない御大が、信州から上京し、応援団から高校と大学の監督を経て野球人として最高の栄誉を受けた。信州出身で野球殿堂の栄誉を受けているのは、宮原、桜井と御大のほかに、読売巨人軍で活躍し初めて三冠王に輝いた中島治康（松本商業―早稲田）と、飯田市出身で読売新聞を経て日本職業野球連盟（後の日本野球連盟）の初代理事長になった市岡忠男（京都一商―早稲田）がいる。市岡は飯田市、御大は隣の高森町出身でここでも縁を感じる。市岡は当時の読売新聞社長正力松太郎に職業野球チームの結成を進言したことで有名だ。読売巨人軍の元になる大日本東京野球倶楽部の誕生だった。市岡総監督、三宅大輔（慶応普通部―慶応）監督でプロ野球が始まった。ここでも早慶でスタートしている

御大の野球殿堂レリーフ
（公益財団法人野球殿堂博物館所蔵）

野球殿堂入りをしているメンバーの中で、御大が最も口にしたのは飛田《とびた》忠順《ただより》（穂洲《すいしゅう》は筆名・水戸中―早稲田）だった。御大独特の発音で「とびださん」と濁って言っていたと記憶している。早稲田の初代監督で、監督では御大の大先輩にあたり、野球界の常套句、「一球入魂」は飛田が初めて表した。初期のころは「イッキュウジッコン」だった。飛田の経歴を調べると、現代ではまずお目にかかれない経歴だった。早稲田に入学して、選手、コーチを経て野球部の内紛で退学し、明治へ転学し、その後再び早稲田に復学している。御大が「飛田さんは一時《いっとき》、明治にもいたことがある」と言っていたことは本当だった。飛田の選手時代は早慶戦が中断していた時代で、飛田は早慶戦には出場し

ていない。飛田は報知新聞の記者を皮切りに、読売新聞の記者、早稲田の監督を経て朝日新聞の記者となり、神宮、甲子園の野球評論で健筆を揮《ふる》った。後に記す飛田に心酔し、飛田を「球師」と仰いだ朝日新聞の後輩好村三郎（灘中―立教）らが飛田の筆を継いだ。1932（昭和7）年に文部省から発せられた訓令「野球統制令」（野球ノ統制並施行ニ関スル件）(注1)の作成に関わった。その後、文部省には批判的な立場を取り、戦中に野球禁止の方針が国から出され、野球存続の危機が訪れた時は、出陣学徒を壮行する早慶戦の挙行に奔走し、早稲田大学野球部はもちろん、最後まで学生野球を守り抜いた。飛田が「学生野球の父」と呼ばれた所以《ゆえん》だ。飛田の学生野球に対する思いと行動がなかったら、今の神宮の舞台はなかったと思うと、感謝してもし過ぎることはない。御大は一世代違う飛田の生き方に共鳴したのだと思う。また精神野球の先輩として敬服していた。精神野球の飛田は、早慶野球の先達である文武両道の一高野球部に心酔していた。しかし、御大はなぜか選手には、「文武両道」とは教導しなかった。

飛田が朝日新聞時代に関わった「野球統制令」から21年前の1911（明治44）年に、朝日新聞（東京）は22回の連載記事で「野球と其《その》害毒」(注2)を世に出した。「野球害毒論」と呼ばれた。御大が生まれた年だ。注記を参考にされたい。記事では当時の早慶対抗戦をはじめ学生野球の異常な過熱が社会へ様々な悪影響を及ぼしたことへの批判を展開した。行き過ぎた応援、ヤジ、脅迫状、選手の華美な振る舞い、学力の低下など、記事にまでしたのだから当時の野球への批判の素地はあったのだろう。キャンペーン記事の反響は大きく、一方では野球擁護論も強く、逆に野球人気は高まり、衰えることはなかった。朝日の「害毒論」は不発に終わったといえる。「野球害毒論」には諸説あり、その歴史の背景をさらに深めたい。

そして、「野球と其害毒」から4年後の1915（大正4）年に、その朝日新聞（大阪）が、今や「国民的行事」とまで言われる全国中等学校優勝野球大会（現在の全国高等学校野球選手権大会）を大阪で始めた。詳しくその歴史を探りたくなる。筆者も高校球児の端くれだったが、学校、選手に対する様々な規制、規律はプレーをはじめ、応援に至るまで行き届いていた。華美なプレー、優勝パレード等についての規制は、特に厳しいものがあったように記憶している。プロでは当たり前にはいているズボンのようなユニフォームで球児が甲子園でプレーすることはあり得ない。

「高校生らしく」「さわやかに」を前提にしていることは、創設した朝日新聞が大会開始の4年前に自ら著した「野球と其害毒」から「規律ある整然とした野球」へ導かなくてはならない大義名分があったのだろう。その流れは、100年を超す高校野球の運営に脈々と流れている。朝日新聞が中等学校野球大会の創設を睨んで、野球害毒キャンペーンを張ったと考えることはひねくれすぎか。「害毒論」がなかったら、野球はもっとアングラなスポーツになっていたという見方をする野球人もいる。その意味では、中等学校野球の果たした役割は絶大といえる。御大はまだ、信州でやんちゃ坊主のころで、将来この中等学校野球にも大学野球にも関わることになるとは知るよしもなかった。

大学野球は「野球と其害毒」、「野球統制令」の批判、規制を乗り越えて、現在があると言える。そして後を追って始まった中等学校野球は、大学野球の過熱ぶりを見ながら創設され、ともに戦火をくぐり現在の隆盛を築くに至っている。今後、高校球児は教育の一環の一方で、アスリートとしての自立という大きな課題を乗り越えながら歴史を継《つな》いでいくだろう。高校野球については別の観点から後に記す。

明慶戦でなく慶明戦

デイリー新潮に掲載された清水一利氏による「にっぽん野球事始」に、早慶戦という表現の歴史は、新聞紙上で「慶応義塾対早稲田大学野球試合」「早稲田大学　慶応義塾　対抗野球試合」から始まり、「早慶野球仕合」、を経て、「早慶戦」の初めての表記は1910（明治43）年11月24日付の東京朝日新聞だったという記述がある。

早慶の間では「早慶戦」、「慶早戦」と呼称が別々だ。慶応は野球以外の競技も「慶早戦」で統一して徹底しているという。明治は早明、慶明、法明、立明、東明とし、「明」を上にして呼ぶことはなかった。大学全体でも、ほとんど「明」を上にして呼ぶことはなかったと思う。他の大学は自校を上にする呼び方が多い。これまで意識したことはなかった。意識すると大学のカラーが出ているようで結構面白い。御大も打倒早慶を旗印にしていたが、明早戦、明慶戦とは一度も言ったことも黒板に書いたこともなかった。

「明」を下にすると、母音のｉで終わり言い易く座りがいいと勝手に解釈していた。メイソウ、メイケイと言ってみると、慣れてないのか違和感がある。六大学の対戦カードの組み合わせは何種類あるか。数式で示すと次のようになる。

対戦カード数を数学の「組み合わせ（コンビネーション）」と「順列（パーミュテーション）」で考えてみる。

①　組み合わせ（早慶と慶早は同じ・一回戦と2回戦は同じ）

6校から2校を選んで並べた総数＝６Ｃ２

＝６×５÷２＝15（通り）

15カードとなり、１シーズンで最少試合数は15カード×２試合＝30試合となる。

４試合×７週＋２試合（早慶戦）＝30試合となり、８週間で全カードを消化する。

すべてのカードが３回戦までいくと15カード×３試合＝45試合となる。

②　順列（早慶と慶早は別・１回戦は早慶で２回戦は慶早）

６校から２校を選んで別の組み合わせで並べた総数＝６Ｐ２

＝６×５＝30（通り）

１回戦は早慶、２回戦は慶早で２カード（通り）とすると、30カードとなる。

御大には言ったことはなかったが、「明治も『明』を上にして戦いませんか」と聞いたら、「明治はいつも下でいいんだ。『実るほど頭を垂れる稲穂かな』だ。そんなこと考える暇があれば練習しろ」

と一喝されそうだ。

（注1）野球統制令（野球ノ統制並施行ニ関スル件）

１９３２（昭和７）年3月に文部省が当時の学生野球を規制するために発した訓令。背景には前年に満州事変が始まり、関東軍は戦線を拡大し、その翌年「満州国」建国が宣言された。政府は危機感を強め、各分野で締め付けを厳しくし、文部大臣の鳩山一郎が訓令実施を決めた。一方で、野球の過熱を新聞社や電鉄会社が宣伝に利用し、金品をもらうなど選手が「マネキン化」した事態を憂え、商業化することを軌道修正する役目を負った。学生野球の弊害に対する施策と学生の思想善導を目的とした二面性を持っていた。統制の内容は、中等学校野球は全国大会と選抜大会は年1回開催制、試合日は休日と土曜日の午後、同一府県の3校以上でする試合の公認制、留年した選手は出場禁止、入場料を取る試合の承認制、プロとの試合禁止等で、野球界に対する弾圧と受け止められた。終戦翌年の１９４６（昭和21）年の日本学生野球協会、全国中等学校野球連盟（現在の日本高等学校野球連盟）の設立を経て、翌年廃止された。中等野球が文部省（現文部科学省）からの独立を果たしたといえる（参考・「『野球統制令』と学生野球の自治〈『スポーツ史研究』第20号〉」ほか)。

（注2）野球と其害毒

1911（明治44）年に、朝日新聞（東京）が当時の過熱する大学野球を識者の談話を中心に批判した記事。8月29日から22回にわたり連載された「野球ネガティブキャンペーン」。背景には早慶戦を中心にした大学野球の異常な過熱ぶりが起こした社会現象があった。新渡戸稲造（第一高等学校校長）、乃木希典（学習院長）などの錚々たる著名人が熱狂する学生野球へ批判を浴びせた。批判は、「野球は賤技なり剛勇の気なし」「大切な時間を浪費し、疲労で勉学を怠る」「強い振動を与えるために脳に伝わり脳に影響を及ぼす」「選手が華美な服装をする悪習がある」などの内容が込められ、中には「右肩ばかり発達し、指が曲がり徴兵に影響する」というものまで記されていた。記事に対する反響は大きく、記事への反対の論陣を別の新聞社が張り、反対を主張する演説会が開催されるなど「野球害毒論」は社会問題となった（参考・『奇蹟の世界史』ＫＡＤＯＫＡＷＡほか)。

其の七 「打倒江川！　江川の高めの球を捨てろ」

▽御大が檄で発した唯一の個人選手
▽「高校生に敗れた」から始まった江川対策
▽用意周到な対策はマーケティングの域

高校生に敗れた

日ごろ、「打倒早慶」が口癖の御大が、初めて他校、しかも個人の選手を意識して檄を飛ばしたことがあった。

1974（昭和49）年の秋、明治は初戦から低迷し、秋季リーグ戦終盤の法政1回戦で、初めて江川卓（作新学院高）と対戦した。その年の春に法政に入学した1年生の江川の膝の下から浮き上がってくる剛球、天井から落ちてくるカーブに完璧に抑えられた。

1回戦は江川・丸山の投げ合いになり、1対0で完封まであと2人と法政を追い詰めたが、最終回に逆転され勝利を逃した。惜しい試合だった。2回戦は江川が6回から救援で出てきて、7つの三振を奪われ完敗した。

1年からは基本的に出場させない方針の御大には屈辱であったに違いない。慶大入試でひと悶着あった1年生の江川に、ここまで抑えられようとは、思っていなかっただろう。江川の剛球に屈し、神宮のベンチであっけにとられたのは、選手以上に御大だった。

敗戦後、報道陣を前に御大特有の表現で言った。

「明治は高校生に敗れた」

翌日のスポーツ紙には同様の見出しが躍り、「法政の江川に敗れたのではない。明治は作新学院の江川にやられたんだ」とも溢《こぼ》したという。その時から御大には、打倒早慶でもなく、打倒法政でもない「打倒江川」が宿ったと、今でも確信している。御大は長い監督生活の中で、最下位が2度あるが、御大にとっては最下位に匹敵するほどショックだったに違いない。同時に、この江川を打ち崩さない限り法政の天下は続いてしまうと、だれでも考えた。それほど江川の出現は他校にとって脅威だった。御大は、1年生に他の5校がこぞって簡単にひねられるのは、六大学

ヤング法大完全優勝

明大破り7季ぶり

江川中林46勝 新人投手で全勝利

スタンドからテープが飛ぶなか、抱き合って優勝を喜ぶ法大ナイン

明治、江川に完敗、「ヤング法大」「新人投手で全勝利」の見出しが躍る
（1974年10月21日付朝日新聞）

野球の恥だ、このままではまずいと思ったのだろう。

打倒江川へハワイ遠征

その秋のシーズンは5位に終わり、来春に向かって新チームを結成して年が明けると、御大が突然言った。

「こんな弱いチームは、監督になってから初めてだ。3月にハワイ遠征を行う」

妙味のある御大の言い方だった。そんなに弱いチームなのかと思う反面、ハワイに行けるぞというやましい気持ちも生まれた。しかし、猪突猛進が持ち味とされる御大の用意周到な腹がわかるのは5月の法政戦の前だった。

2月末までにハワイ遠征のメンバーを決めなければならない。ひとりでも多くの選手にアメリカの野球を経験させてやろうとするのが普通だ。しかし、御大は選手19名、マネージャー1名、合計20名で行くという。リーグ戦では選手は25名、監督以外のスタッフは3名のベンチ入りが可能なのに、20名とは高校野球のベンチ入りと同じだった。筆者は可能な限り上級生をメンバーに入れようと御大に進言したが、ユニフォーム組の4年生の梅田薫（県岐阜商）と3年生の羽田国雄（吉田高）の2人が外され、下級生が入った。最後までチーフマネージャーの大塚登（小倉高）と進言したが、受け入れてもらえなかった。このことも、遠征枠を20名にしたことも、この

江川対策でハワイ遠征を敢行、1975年３月（ハワイ大グラウンド）

時点では、御大の深い意図を理解できなかった。

御大のハワイ遠征には２つのねらいがあった。目的は江川対策だったが、「上背があり球速のある投手」、「高めを取らないストライクゾーン」の必要条件があった。この２つの必要条件を可能にするのがハワイだった。これは選手には言わなかった。打倒江川の作戦を選手に伝えたのは、シーズン入りした法政戦の前だった。ハワイ遠征から正味２カ月かけて行った江川対策は、半年前の屈辱以来、御大の胸のうちに秘められ、着々と進行していたわけだ。なかなかの戦略家であった。

ハワイ遠征では、アメリカの２大学、ハワイ大学と６試合を行ったが、戦績は２勝４敗と惨めな成績で帰国した。勝敗より試合の内容がボロボロだった。ピッチャーは上背とリーチで勝るアメリカ選手に撃破され、内野手はハワイのレンガ色の堅いアンツーカーについていけず、簡単なゴロを何本もヒットにした。調布の黒土の柔らかいグラウンドとは違う、異質のグラウンドに慣れたころ、遠征は終了した。新チーム結成後、御大が発した「監督になってからこんな弱いチームは初めてだ」が、ハワイの地で実証されてしまった。しかし、アメリカのピッチャーの速球と低めの変化する球には思いの外に対応できた。結果はともかく、20名全員が初めてアメリカ野球とハワイの文化、風習に触れることができ、御大には感謝した。アメリカと言えば、御大とはもうひとつ思い出があり後で触れる。

ハワイから意気消沈して帰国し、春のリーグ戦開幕前に行われた社会人チームとの交流戦で「最も弱い」チームは弱さをさらに露呈した。富士重工との一戦で、何と16対4の大敗を喫した。ハワイ遠征の成果も出ず、開幕前の体たらくに、さすがの御大も堪忍袋の緒が切れた。試合終了後、神宮のロッカールームで、リリーフで打ち込まれた主将の筆者に、「丸山、前へ出ろ」と言うか言わないかのうちに、痛烈な鉄拳を筆者の顔面に見舞い、眼鏡が飛んだ。御大から貰った初めての鉄拳だった。リーグ戦を前に敗戦が続くチームを締めようとする意図はすぐに理解できた。

半世紀も経った今、野球界、スポーツ界では、いまだに鉄拳はじめ指導者の体罰が問題になっている。当時の御大の鉄拳は有名だったが、監督の立場を利用したシゴキ、いじめの鉄拳は一度もなかった。対象はいつも4年生、レギュラーだった。問題になるか、ならないかは、立場を利用したシゴキ、いじめであるかどうかで決まる。御大の鉄拳で文句を言った選手は皆無だった。だからといって鉄拳を認めるわけではない。御大の心の底から野球を通じて人を育てる気持ちが深いから許されたのであろう。でも時代は変わった。選手が自立できるかどうかの問題でもあり、末尾で触れたい。

江川の高めの球を捨てろ

話を戻そう。こうなったら破れかぶれでリーグ戦に臨むしかない。ハワイ遠征に洩れた梅田、羽田の両選手もユニフォームを着てベンチ入りした。御大の温情ではなく、居残り組の2人の練習ぶりを周囲から聞き取っていたという話も聞いた。納得がいった。「明治の選手制度は、レベルが同じだったら下級生を使う」と説いた御大の腹の内が理解できた。

春が開幕し、初戦の慶大戦で接戦の末、サヨナラ勝ちを収めて連勝し、何とかいいスタートを切れた。翌週の立教戦は3回戦までもつれたが僅差でものにし、2週間後の法政戦に臨んだ。この僅差で勝利をものにしたことが、その後の展開に生きた。このようなリーグ戦の流れは、8週間（正味5週間）で決着する六大学野球では、最後の結果を微妙に左右する。この流れをうまく利用するのも短期決戦を制する監督の腕だ。

法政戦まで1週空いたのも幸いした。ここで御大は動いた。突然、筆者とチーフマネージャーの大塚を2階の監督室に呼び、

「江川対策を徹底する」

とひと言発した後、

「江川の高めの球を捨てろ」

がその対策だった。

神宮のネット裏で毎試合、スコアブックと偵察用資料を手に各大学の戦力を調べる役目がある。他の野球部も同様だった。当時は1年生が当たっていた。明治は、スコアブックの他に、ピッチャーの投球の球種、ホームベース上のコースを9マスの枠にした用紙に記号で記した投手の配球分析と、バッターの打球の行方をホームベースから矢印で、ゴロ、フライ、ライナーがわかるように記した打者の打球分析の2種類があった。東大はビデオカメラを導入し、一歩先を行っていたようだ。

これを基に、江川に対する他の4大学の打者の打撃傾向が出た。

「江川の高めの球に手を出し、三振か凡フライを繰り返している」

との、データ分析であった。

ここから、

「江川の高めの球を見逃せば、フォアボールが出る、フォアボールが出れば塁が埋まる、塁が埋まれば得点に繋がる」

という仮説ができた。ここで、御大のハワイ遠征の意図と結びついた。野球経験のない御大がここに至ることはさすがだったが、この後の徹底ぶりには恐れ入った。データ収集から仮説を立て、御大の打倒江川の戦略が決まった。

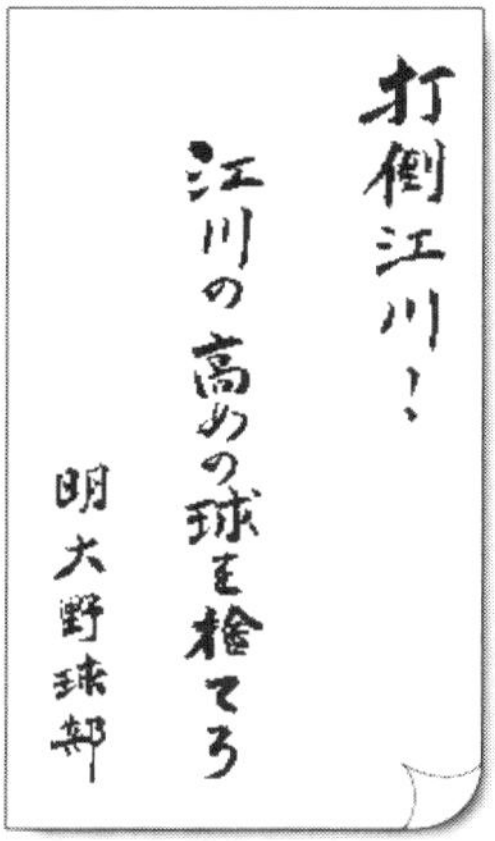

貼り出された「打倒江川！」を再現

戦略が決まれば、戦術と実践だ。その前に動くのは選手であり、選手へ戦略の啓蒙が必要だ。御大は毛筆が達者なマネージャーの大塚に模造紙に書かせた。

「打倒江川！　江川の高めの球を捨てろ　明大野球部」

合宿所の玄関、1階から3階の廊下、食堂、更衣室、風呂場の脱衣室、グラウンドのダッグアウト、選手の目につくところすべてに貼り出させた。20枚ほど貼っただろうか。いやでも選手に「江川の高めの球を捨てろ」が目に入った。「目標設定↓データ収集↓データ分析↓仮説の設定↓戦略の決定↓戦略の啓蒙」、まさにマーケティングの域だった。こうして「戦術↓実践」と移っていった。

「見逃し」も打撃練習

そして、ここからが振るっていた。法政戦まで1週間空いたのが結果的に効を奏した。何と前半1週間のバッティング練習は、「打ち込み」でなく「見逃す」練習だという。これには選手も驚きだった。当時の野球はまだスピードガンは普及していなかった。江川の球速は測れなかったが、140キロを遥かに超えていたことは間違いない。150キロを超えていたという野球評論も多い。選手は球速のある右の投手とピッチングマシンを140キロ台に設定して打ち込むのが当たり前と思うが、対策は全く違うことになった。

180センチを超す江川に見立て長身のピッチャーをマウンドから2メートルほど前からバッターの胸のあたりをめがけて投げさせ、それをひたすら見逃す練習をした。甲子園球児も多い野球部のメンバーも、「見逃す打撃練習」は初めてだった。

高校野球でも御大の江川対策と似た作戦があった。2018(平成30)年の夏の甲子園では、秋田代表の県立高・金足農業は地元出身の3年生9名で甲子園に駒を進めた。高校野球で勝つには選手のスカウト、環境のレベルだけではないことを証明してくれた。だから面白い。秋田勢の決勝進出は第1回全国中等学校野球優勝球大会で決勝進出を果たした秋田中から何と103年を数えた。2020(令和2)年に出版された『金足農業、燃ゆ』(中村計著・文藝春秋)に金足農業が詳しく記されている。記述の中に、金足農業と2回戦で対戦した大垣日大高(岐阜)が吉田輝星《こうせい》対策で採った練習があった。御大の江川対策とダブった。引用させていただく。

「大垣日大は吉田対策として、通常、一八・四四メートルある投手板とホームベースの距離を約一五メートルに縮め、その上で打撃マシンの球速を一五〇キロに設定した。ただ、実際に打ってしまうと打撃フォームが崩れるので、目慣らしだけに留めたという。／『低めならショートバウンドでも振っていいが、高めは死んでも振るな』／それが参加校中、最高齢となる七四歳の監督、阪口慶三の指示だった」

文中の「大垣日大」を「明治」、「吉田」を「江川」、「阪口」を「島岡」に変えると、御大の江川対策そのままだ。

話を戻そう。「ひたすら見逃し」はユニークを通り越して、打倒江川へ燃える御大の執念だった。気性の激しいとされる御大は、その執念を表に出さず、冷静に指揮をとっていた。しかし、この時点でハワイ遠征の効果はまだ出ない。

第100回 全国高校野球選手権記念大会

◇2回戦（第2試合）

金足農　120000012｜6
大垣日大　102000000｜3

金足農　粘って粘って夢アーチ

大垣日大　序盤は攻略

第100回全国高等学校野球選手権大会・金足農対大垣日大戦
（2018年8月15日付朝日新聞）

さすがに後半の1週間は「打つ」練習をしたが、途中で紅白戦があり、「見逃す」練習の成果が出ると思ったら、練習と実践では勝手が違った。どうしても胸のあたりのボールに手が出てしまう。自らアンパイヤをしている御大から、そのたびに、

「頼むから高めの球に手を出さんでくれ」

と祈るような叫びが浴びせられた。

この紅白戦で思い当たることがあった。いざ神宮で選手が江川の高めの球を見逃して三振を取られた時、御大が三振をした選手を怒ったら試合は滅茶苦茶になる。そこで、筆者は法政戦の前に御大に、

「本番で選手が高めの球を見逃して三振しても怒らないで下さい」

と進言した。御大は、わかったとも、何も言わなかった。

また、打倒江川への執念にはこんなこともあった。内野手の吉原隆（日大一高）は、ダブダブのユニフォームを目一杯、外側に出し、その内側にタオルを入れ膨らまし、バッターボックスのホームベース寄りギリギリに立ち、江川から死球を狙った。あの膨らみようはグラブも入れていたかもしれなかった。

そして、「江川データ」の特徴はインコースの配球が少ないことだった。あれほどの球威とカーブがあれば、インコースを無理やり放らなくても打ち取れ、江川の優しさからくるものと思っていた。２０２０（令和２）年5月19日付の日本経済新聞「交遊抄」でその理由《わけ》を見つけた。作新学院時代の江川のキャッチャーで衆議院議員の亀岡偉民《よしたみ》（当時は小倉姓・作新学院高―早稲田）が、「バッテリーを組んだ仲」として、

「（江川は）優しい男で（中略）最後までインコースを投げなかったのは、高校時代にデッドボールを耳に受けたからだ。父親に『自分の力で立て』と言われて自分で歩いていたが、他の人には同じ目に遭わせられないと思ったのではないか」

と記している。

しかし、ここという時の内角に食い込む球のキレはすごかった。筆者はこのシーズンの法政決勝戦で幸運にも江川の真ん中高めのストレートをレフトスタンドに打ち込んだ。色気を出して次

ットをへし折られた。その時受けた衝撃は今でも手に残っている。

決戦は?

そして、5月3日の法政1回戦を迎えた。その日の早朝5時半ごろ、筆者は2階の監督室に呼ばれた。

「お茶でも飲もう」

と御大に言われ、眠い目をこすりながらお茶を入れた。御大は緑茶を好み、コーヒーを飲んでいるのはあまり見たことはなかった。お茶を入れると、

「お前はお茶の入れ方がわかっとるな」

と突然褒められた。お茶の入れ方など教わったことはなく、急須に少しずつお湯を注ぎ、ふたつの茶碗に、交互にお茶を注ぎ、1つ目に少し注いだら、2つ目はその倍の量を注ぎ、それをゆっくり繰り返しただけだ。それを見ていた御大が褒めたのだと思う。筆者の実家は信州の中山道沿いの長窪(現長久保)宿に代々続く商店で、自家用でお茶をたくさん飲むほかに、商売柄客が頻繁に訪れ、お茶の葉はいくらあってもすぐに消費してしまうのが常だった。自家製の野沢菜をはじめ季節の漬物でお茶を飲む光景が毎日で、母親のお茶の入れ方がそのまま身についた。思わ

ず母親に感謝した。

お茶をすすっていると、御大が言った。

「今日は先発で行くぞ」

先発は覚悟していたが、改めて早朝に呼ばれ先発を言い渡されたことから、「今日は負けられない」という御大の執念を会話の奥に感じ取った。

法政1回戦は、予想通り江川との2度目の直接対決となった。試合は2対2で終盤に縺《もつ》れ込み、8回に7番打者の佐藤俊則（小倉商）が江川の高めの球を見逃し、ストライクに取られ三振し、御大を見たら、御大は怒らなかった。試合前の御大への進言を聞いてくれたと、ベンチである種の感慨を覚えた。「高めの球を見逃す」ことは一定の成果が出たものの、それだけでたやすく勝てる相手ではない。江川も明治が高めの球に手を出さないことがわかれば、低めを狙ってきた。

先に書いた偵察の話に戻ろう。ネット裏のデータ収集だけでなく、明治では行わなかった他校への偵察をした。川崎・木月にある法政グラウンドに、1年生を江川の偵察に飛ばした。その報告は「ダッシュを10本ほどした後、30球ほど投げて、柔軟体操と軽いランニングで上がった。……」だった。リーグ戦中の1日だけの偵察ですべてはわからないが、少なくとも明治よりは投げ込んでいないことはわかった。

江川の投球フォームは、いつ見ても惚れ惚れする。何ともいえないバランスを感じる。そして、投球のテンポがよく、完投をするリズムが身体にすり込まれていた。プロ野球の審判員を長年続けた山崎夏生（高田高—北海道大）の著書『全球入魂！プロ野球審判の真実』（北海道新聞社）に審判からみた投球テンポが記されているので要約する。

「ピッチャーが肝心の打者に向かっていく気持ちが薄らいでいるから間合いが悪くなる。江川卓や上原浩治（東海大付属仰星高—大阪体育大）、ダルビッシュ有（東北高）などが先発する試合は、試合時間が短いことで知られていた。テンポよく投げる勇気は好投手の条件の一つだ。最近の投手は追い込んでも打たれるリスクに怯え、ストライクゾーンで勝負しない傾向が顕著だ」

野球を観る側からみても同感だ。

御大は「ピッチャーは投げ込んで覚えろ」が口癖で、普段は３００球、試合の前でも１００球、２００球は平気だった。今の野球では考えられない。先発したら完投が当たり前という時代であったから、違和感はなかった。

30球の投げ込みのピッチャーに負ける訳がないと思うが現実は全く違う。要は「ものが違う」のだ。しかし、高めを振らない明治に対して低めを狙う江川にコツコツと安打をあびせ、江川から初めて2桁の10安打を筆者を除く野手全員で奪い、延長10回表、小林千春（明治高）の適時打が出て、3対2でやっとの思いで法政を下した。四球は明治の2に対し法政は3、三振は明治の4に対し、逆に法政は9だった。江川から奪った四球は2だったが、明治の高めを振らない作戦が低めへ投げさせることに繋がったといえる。こうして御大の「打倒江川」が実った。

勝ちが決まった瞬間の御大の表情が忘れられない。「破顔一笑」を飛び越えて、「なんとかせい！」が「なんとかなった！」と天にも昇ったような崇高な笑顔が忘れられない。あの笑顔をもう一度拝してみたいのは、筆者だけではないだろう。

翌々日の2回戦は、江川が先発し、法政に敗れた。決勝戦は8日空いて、江川との3度目の決戦となり、4対2で競り勝った。江川から奪った四球は2、喫した三振は3だった。明治は丸山、名取の継投だったが、江川は3連投で1回戦、決勝戦は完投だった。

その後は、最終戦の東大を苦戦の末連勝で退け、早慶戦の前に完全優勝を決めた。打倒江川を成し遂げた半年前に江川に完璧に抑えられ、上背のある投手を打ち込むのにハワイまで行って、江川の豪速球対策をした御大の執念は、野球の試合に勝つことより、六大学で戦う意地を教えてくれた。リーダーがひとつのことを成し遂げる思いを、自ら組み立て、下に伝え、実践する術は、精神野球、人間力野球を超えた御大の卓越した力量としなければなるまい。これは社会人になってからも大きな力となった。

「怪物」江川

1974（昭和49）年は、江川をはじめ甲子園で活躍した選手がこぞって法政に入学した。金光興二（広島商）、植松精一（静岡高）、島本啓次郎（箕島高）、楠原基（広島商）、佃正樹（広島商）はじめ甲子園オールスターの様相だった。他にも袴田英利（静岡自動車工）、鎗田英男（熊谷商）らの有望選手が法政へ入部した。神宮球場へ六大学野球ファンが押し寄せ、久しぶりに活況を呈した。江川が入学した年の春は、早稲田がリーグを制し、それから卒業するまで法政は5度の優勝を果たした。当時のどのスポーツ紙も、江川の題字に「怪物」を付けるのが当たり前だった。

明大、「江川打倒」みのる

延長10回、連打で決勝点

東京六大学野球

丸山清投げ勝つ

攻略法が奏功　江川ガックリ

ベースに寄れ
バットは短く
高めを捨てて
外角球を流せ

「攻略法が奏功　江川ガックリ」打倒江川を報じる
（1975年5月4日付朝日新聞）

選手に浸透した島岡監督の執念
〝弱体チーム〟変身

ハイライト

内野席だけでは間に合わず、バックスクリーン付近まで埋め尽くした明大の学生たち。球場の左半分は明大応援席になった。このマンモス応援席から「ワァー」の大歓声があがり、一斉にテープ、紙吹雪が飛んだ。まだ東大戦を残しているが、学生たちは「優勝」が決まったかのような喜びようだ。

シーズン前、こんな場面をだれが予想しただろう。昨年のレギュラーのうち残ったのは丸山投手と岡外野手の二人だけ。六校の中でも卒業生の抜けた穴は明大がもっともひどかった。「オープン戦を三十試合ぐらいやったが、勝ったのが五試合ほど。悪い年でもこんなことは今までなかった」・島岡監督はことしのチームが近来にない弱体チームだったことを認めている。

「勢い」に乗ったことも見逃すことのできない一因である。十二日、早大に勝って、チームが上昇機運に乗ったところで、一日置いてのこの試合。法大の五明監督が「明大は調子づいている。それをもっとも警戒した」といったが、明大は一回、早くも江川に襲いかかり2点をあげている。

しかし、ただ手をこまねいているだけで、こうした「勢い」を誘いだせるものでもないだろう。五日の法大一回戦で名取は一回に法大打線に痛打され2点。三、四回にも各1点を失って敗戦投手になった。その夜、合宿に帰った名取は、逃げて墓穴を掘った弱気なピッチングを島岡監督からしかられ、五百球の投げ込みを命じられた。昼間、神宮で投げ、その上でまた五百球のピッチングがどんなものか。でも名取はこれに耐え、島岡監督に「力まないで投げるコツを覚えた」といわれるようになった。

九回二死で法大は走者なし。打者は一発屋の中西。だが、名取は2―1と追い込むと次の四球目の時マウンド上で自信ありげにニコリと笑っていた。逃げて怒られた法大一回戦から、わずか一週間余というのに、えらい変わりようだ。その四球目は、ど真ん中の速球。中西は見逃しの三振に終わった。この力投と五百球ピッチングがどこかでつながっているのは確かだろう。

法大は江川、楠原、袴田ら有望な若手をかかえ、昨秋の優勝と合わせ江川の卒業するまでのあいだ「七連覇」するかもしれない、といわれてきた。しかし心技のうち「心」で勝っていた明大が大事な勝ちをつかんだ。

法政から勝ち点を上げ、最終の東大戦前の「選手に浸透した御大の執念」の記事（1975年5月15日付朝日新聞）

◇3日　神宮一試1◇開始12時
◇観衆35.000

【明　大】	打	安	点	1〜10回
[illegible]	5	1	0	[illegible]
(三)川口	5	1	0	[illegible]
(左)小林	5	1	1	[illegible]
[illegible]	4	1	0	[illegible]
[illegible]	5	1	0	[illegible]
[illegible]	5	3	1	[illegible]
[illegible]	5	1	0	[illegible]
[illegible]	3	0	0	[illegible]
[illegible]	4	1	1	[illegible]
計	41	10	3	残塁2　失策0

明　大　3＝0200000001
◇明大1勝（延長10回）
法　大　2＝0001010000

【法　大】	打	安	点	1〜10回
[illegible]	[illegible]	[illegible]	[illegible]	[illegible]
計	32	6	2	残塁0　失策2

	回	打	安	振	球	失	責
○丸山(明)	10	37	6	9	3	2	2
●江川	10	43	10	4	2	3	3

江川に初めて10安打を浴びせる

（1975年5月4日付日刊スポーツ）

江川から決勝打を放った小林

（写真提供：小林玲子氏）

1975（昭和50）年の明治の優勝がなければ、法政の7連覇となっていた。御大は1校に何回も続けて優勝を許すことは、毎シーズン同じ6校で戦う六大学野球の沽券《こけん》に関わると考えていた。明治の名誉をかけて法政の連覇を阻止した御大の気持ちは卒業してより強く思い至った。「打倒江川」の旗印のもと、選手を目標に向かわせた一方で、六大学野球の威厳を選手に無言で伝えようとした監督を超えた強い使命感を御大に感じた。六大学野球全体のことを考えていたと改めてふり返る。

筆者が卒業直後の1976（昭和51）年の春のシーズンは、前年の勢いが続き8連勝で勝点4同士となり、早慶戦の前週に法政と優勝を賭けて激突した。このシーズンは、プロで活躍した高橋三千丈（静岡商）、鹿取義隆（高知商）が投げ始めた年だった。江川は第1戦が完投、第2戦は救援で法政があっさり連勝し、明治は2季連続の打倒江川を阻まれた。残念なシーズンだった。御大は敗れてもあまり選手を怒らなかったという。優勝の後は気が緩み下位に沈むケースが多いが、気を抜かず全勝で打倒江川に向かったことを評価してのことと思う。御大の人間教育を大事にする姿勢の現れと想像する。そして、高橋も鹿取も好投はしたものの、連敗で江川の前に屈し、その悔しさが翌々年の大学選手権制覇に繋がり、プロでの活躍に結びついていった。

改めて江川の8シーズンの投球歴（後掲）をまとめてみた。通算勝利数47は、法政の先輩、山中正竹（佐伯鶴城高）の48勝に次ぐ。山中は「自分の時代は3回戦まで縺《もつ》れるカードが多く登板機会が多かった。江川君の方が連勝で終わるケースが多かったので47勝は凄い」と後輩を讃えた。

江川完封 "怪物の季節"

三振4個で不満顔

早大勢も"参考にならん"

サンキュー！

スポーツ新聞に「怪物」の見出しが溢れる
（1975年4月13日付日刊スポーツ）

47勝したことも凄いが、選手層の厚い法政の中で、先発した55試合の9割を超す50試合を完投している。そして、完封は17試合もある。改めて「怪物」と言われた所以が蘇った。「怪物・江川」は持っている力を相手によって7割、8割、9割と投げ分けても十分に打ち取ることのできる稀有なピッチャーだった。投げ込みはしなくても完投、連投ができる源はここにあった。これも「怪物」たる所以だ。

法政時代の江川投手の成績

参考「野球年鑑」(東京六大学野球連盟)

	試合	先発	完投	完封	無四球	勝利	敗戦	打者	回数	安打	本塁打	四死球	三振	失点	自責点	防御率
1974年 春	1	0	0	0	0	0	0	7	2	0	0	1	3	0	0	0.00
昭49 秋	9	7	7	1	1	6	1	262	70 2/3	40	1	15	58	13	9	1.15
1975年 春	13	10	9	3	0	8	3	343	90 1/3	60	2	21	50	18	17	1.69
昭50 秋	9	8	6	0	0	5	3	298	79	56	3	17	70	21	20	2.28
1976年 春	12	6	5	2	3	6	1	286	80 1/3	52	0	7	73	6	5	0.56
昭51 秋	10	9	8	3	2	8	2	309	85 1/3	50	1	14	76	11	7	0.74
1977年 春	8	8	8	5	2	8	0	265	72	49	0	10	62	4	4	0.50
昭52 秋	9	7	7	3	0	6	2	301	81	50	0	26	51	10	10	1.11
通算	71	55	50	17	8	47	12	2071	560 2/3	357	7	111	443	83	72	1.16

其の八「グラウンドの神様に謝れ」

▽グラウンドに神様が宿る？

▽勝つためには縁起担ぎも徹底

グラウンドには神様が宿る？

「グラウンドの神様に謝れ」。これは、年代ごとで笑えないエピソードがあるようだ。筆者の代では1年の時に1度だけ記憶している。その日は食当で食堂にいたので、「グラウンドの神様に謝れ」には残念ながらグラウンドでは立ち会えなかった。

「グラウンドの神様に謝れ」事件は、調布のグラウンドで行われた社会人チームとのオープン戦の後に起こった。相手の攻撃の時、ランナーが二塁でセンター前にゴロのヒットが転がり、センターからホームベースへの送球が遅れたのか、ランナーの生還を許してしまった。御大は簡単にホームベースで殺せると思ったのか激怒して、その試合は惨敗した。

御大は試合終了後、選手を集め、

「外野手の返球がなっていない。外野手の送球練習をやる。その前にグラウンドの神様に謝れ」

といって、全員だったたか、外野手だけだったたか定かでないが、ポジションについた選手は、

「グラウンドの神様、申し訳ありません」と正座で何回もグラウンドに頭をこすりつけた。かつては雨の中、真夜中にスライディングパンツ1枚になり、「グラウンドの神様……」があったこ

とも聞いた。「グラウンドに神様がいる」といって、その神様に謝るという、全国のどこのグラウンドに行ってもまずお目にかかれないことが起こった。でも、野球をやった人だったらだれでも経験したと思うが、グラウンドでは想像もできないことがよく起こる。「神業」かもしれない。

野球界で神様が有名なのは、アマでは御大、プロでは稲尾和久（大分別府緑丘高―西鉄ライオンズ）だろう。長嶋茂雄（佐倉一高―立教）が読売巨人軍へ入団した1958（昭33）年の日本シリーズのことだ。西鉄は巨人に3タテを食らい、後がない第4戦から稲尾の4連投（7戦で完投4）で優勝をもぎ取った。快刀乱麻を超えた稲尾の「神業」を讃えて、「神様、仏様、稲尾様」という伝説のフレーズが生まれた。当時の監督の三原脩（高松高―早稲田―読売巨人軍）が発したのか、新聞の見出しか、ご記憶の方も多いだろう。逆転負けを喫した相手方、巨人の監督は水原茂（当時は円裕・高松商―慶応―読売巨人軍）だった。ともに香川県の高松出身、早慶で鎬《しのぎ》を削り、両名とも巨人入りし、巨人の監督を務めている。監督同士の巡り合わせも伝説となったが、後楽園、平和台、後楽園と続いた7連戦は、「神様稲尾」の快投でプロ野球史ではこの上ない伝説となった。最近では、ヤクルトスワローズに「村神（上）様」（村上宗隆・九州学院高）が現れた。

西鉄とヤクルトの神様は実在して選手もファンも喜ばせたが、御大の神様は選手にとっては辛《つら》い神様だった。

石灰ボールとローソク

話は逸《そ》れたが、その後の返球練習が振るっていた。御大は、外野手を定位置につかせ、外野からのバックホーム返球を繰り返した。何十本かやって終わるかと思ったが、なかなか終わらない。そのうちに暗闇が迫って、ボールが見えにくくなってきた。すると御大は、

「ボールに石灰を塗れ」

と指示し、下級生がボールに石灰を塗った。「石灰ボール」は、長嶋茂雄がいた当時の立教で、「鬼の砂押《すなおし》」と言われた監督の砂押邦信（水戸商―立教）が、東長崎グラウンド（東京・豊島区）で、ボールに石灰を塗った「月夜の千本ノック」が有名だった。明治でそれを経験できるとは思わなかった。

さらにとんでもないことが起こった。御大は外野手の返球が気にいらなかったのか、

「太いローソクを持ってこい」

と命じ、ローソクが用意された。ローソクはグラウンド敷地内にある明治稲荷の御灯明《おとうみょう》で使っていたからすぐマネージャーが用意した。御大はローソクを、ホームベースの中央に立たせ火を付けた。神棚でなく「神ベース」の御灯明であった。御大は外野手に、

「悔しかったら、この灯を（返球で）消してみろ」

といって、外野へのノックが続いた。これを返球で消すにはいつ終わるかわからない。しばら

くして、ライトを守っていたキャプテンの宮脇茂（塚原天竜高）の返球が、一塁寄りに逸れて、ローソクでなくホームベース脇でボール番をしていた1年生の浜武康司（東筑高）の頭に当たって救急車を呼ぶ騒ぎになった。もうそろそろ限界である。ある上級生が下級生に「今度の返球でローソクを息で吹き消せ」とそっと命じ、ローソクの灯が消えた。御大の「ようし、上がれ」で前代未聞の「ローソク消しノック」はようやく終わった。日没を遥かに通り越した長い一日だった。

これが理にかなっていないことは、選手よりも当の御大がよくわかっていた。ワンヒットで二塁ランナーがホームベースに帰ってくることを当たり前にするな、外野の返球ひとつをおろそかにするな、という試合から得た選手への戒めだった。

命がけで造ったグラウンド

御大がなぜこんなことを選手にやらせたのか。１９４９（昭和24）年の新制大学[注1]への移行を契機に、明治大学もマンモス化が進み、当時の和泉グラウンドに新しい校舎を建てることが決まった。和泉グラウンドの移設が決まり、野球部長の武田孟（平安中―明治）の指揮の下、御大が新たなグラウンド候補地を探し始めた。その時の御大の八面六臂《はちめんろっぴ》の活躍はすごいものがあったらしい。どこかに空いた土地があれば、一升瓶を持参して飛び回った。そして行き着いたのが、調布

深大寺蕎麦の老舗「嶋田家」
（調布市深大寺元町）

市佐須町（現在の深大寺南町）だった。農家には、

「ここに明治大学が来ます。何とか土地を譲って下さい」

と回り、坪7000円前後で買い集めていったという。農家はてっきり明治大学が来ると思っていたが、来たのは「明治大学野球部」だった。

「何だ、野球部じゃないか。騙《だま》したのか」

と、文句をつける農家に、御大は再び馳せ参じ、

「野球部だが明治大学には間違いない。野球を通して人材を育てるから大学と同じだ」

と説き、謝って回ったという逸話を聞いた。土地を譲った農家に平身低頭する御大の姿が目に浮かぶ。前述した「深大寺蕎麦ランニングコース」で寄った蕎麦屋は老舗の「嶋田家」が定番だった。御大が土地の買い入れの際に、土地を譲った農家の取りまとめ役をしたのが嶋田家と知るのは、卒業してからだいぶ後のことだった。


こうして誕生したのが調布・つつじヶ丘のグラウンドだった。御大の汗と苦労の結晶がこのグラウンドと明和寮だ。よく御大は、2階の監督室でビールを飲みながら、

「この施設は、プロ、アマを通じて野球の施設では日本一だ。天下の読売ジャイアンツの練習場は多摩川の河川敷だぞ。多摩川が溢れたら水に沈んでしまう。王、長嶋もお手上げだ」

といって自慢げに話す時はご満悦だった。こうした御大のグラウンドへの思いがあり、「日本一のグラウンド」で選手の気を抜いたプレーは「グラウンドの神様に申し訳ない」ということだ。思わず唸《うな》るしかない。そして、こんなことも言った。

「ここの水はいい。地下水だ。夏は冷たいし、冬は温かい。身体にいい。江戸時代はこの調布付近は水がいいので、茶屋敷があった」

まさか、水を求めて調布の地に合宿所を移した訳ではないだろうが、これも御大の拘《こだわ》りかと思った。武蔵野台地から噴き出る湧水は有名で、日本橋から新宿で休み、甲州街道を4里（約15キロ）ほど下った調布に、茶屋ができたのは一服するには丁度よかったと想像した。その涌き水を使った深大寺蕎麦が美味いのもわかる気がした。その湧水の井戸水はグラウンドの散水にも役立った。

深大寺山門（調布市深大寺元町）

歌舞伎町のある新宿から15キロ、教養課程の和泉キャンパスのある明大前は、つつじヶ丘から今は急行で10分。選手から繁華街を遠ざけ、大学の授業にはすぐ行ける立地だ。田舎者の筆者は、歌舞伎町を控える当時の安部球場の早稲田が羨ましかった。これも選手を野球と勉学に集中させる御大の計算ずくのプランだった、と今になって思う。

御大が買い求めた調布のグラウンドの土地が、46年後に移転した府中の内海・島岡ボールパーク建設の元となった。46年後まで予測していたとは思えないが、政治家を飛び越した元証券マンの為せる業と思うしかない。

学費値上げ闘争がグラウンドへ

その神様が宿るグラウンドで想像もつかないことを経験した。

筆者が大学に入学した1972（昭和47）年は、1968年から始まった学費値上げ闘争で大学が揺れた後だった。明治の全学闘、三派全学連の折衝相手の大学側責任者は御大とともに野球部改革に努めた総長の武田孟だった。筆者が入学当時の年間授業料は文系で8万円だったと記憶している。現在は約88万円で半世紀を経て10倍となっている。私学のなかでは明治の授業料は比較的安く、今でもその傾向は続いているようだ。1年の時と記憶しているが、大学の荒れはまだ続いていて、大学構内には「70年安保粉砕、大学立法粉砕」などと書かれた今ではお目にかかれない「タテ看」が溢れていた。

学校が封鎖になり、授業がボイコットされ、試験はレポート形式が多かった。今ふり返れば、大学を封鎖してレポート試験で卒業を楽にしようとする「卒業闘争」とも思えた。たぶん闘争学生は授業にもあまり出席していないだろうと勘ぐった。

闘争学生が大学側との話し合いの場に、野球部のグラウンドを指定し、調布のグランドで集会を開くことになった。つつじヶ丘の駅から、闘争旗を掲げヘルメットの学生が角材を手にグラウンドに向かって練り歩いてきた。

御大が造ったグラウンドといっても、持ち主は明治大学であり、野球部だけがグラウンドを使用するのはおかしいという理屈で、集会を認めないわけにはいかなくなった。御大は仕方なく認めたが、本グラウンドに闘争学生を入れるのは断じて許さない方針で、第2グラウンドでの集会を想定した。御大は下級生にMマークの野球部のヘルメットを被るのを指示させ、バットを手に本グラウンドの周りに立たせ、闘争学生を一歩たりとも本グラウンドへ入れないよう命じた。学生が本グラウンドへ入ろうものなら、バットで抵抗するよう指示があった。筆者もヘルメット、バットを装備してレフトの入り口付近に立った。実際、バトルはなかったが、学生運動時代のひとコマだった。双方ヘルメット姿で、角材とバットを手に、今思うと笑ってしまう。御大が闘争学生に「赤ヘルとゲバルト棒姿で神聖なグラウンドに足を踏み入れるのは許さん。グラウンドの神様に謝れ！」とやったら、学生はどう反応したか。

縁起担ぎ・その1　背番号

御大の縁起担ぎには話題に事欠かなかった。

六大学野球で背番号が採用されたのは、1959（昭和34）年の春からだ。御大が監督に就任して7年目のことだ。その2年前に長嶋茂雄（佐倉一高—立教）が六大学のホームラン記録を塗り替える第8号を放ち、小躍りしてダイヤモンドを回り、本塁上で立教ナインに総出で迎えられるモノクロのシーンを、野球を始めたころテレビでよく見た。長嶋の縦縞のユニフォームの背中に背番号がないばかりか、ヘルメットがいらない時代だった。ヘルメット（耳なし）の採用は当時の資料写真から推測すると、背番号採用の翌々年からと思われる。

背番号のないユニフォームで第8号を放つ長嶋茂雄
1957年11月3日慶立戦、神宮球場（写真提供：共同通信社）

背番号の決め方は各校によって特徴がある。御大の時代から始まった明治の背番号の付け方は、御大には一定の決まりと縁起担ぎがあった。御大は高校野球の監督上がりだったからだろうか、基本は高校と同じで、ピッチャーは1、キャッチャーは2、ファーストが3と、9まではポジションナンバーと同じにしていた。高校と違うのは、主将の10、監督の30がリーグ共通で、明治は副キャプテンが20だった。東都は主将が1、監督が50だ。

御大のこだわりは、投手の背番号だった。投手の背番号は、原則的に「素数」(注2)になっていた。

2、3、5、7、11、13、17、19、23の素数のうち、2、3、5、7は野手のレギュラー番号で、投手の背番号は、(1)、11、13、17、(21)、23あたりが投手番号となっていた。整理すると、ベンチ入りの25名の背番号は次のようになる。

投手	1	11	13	17	21	23	(10)
捕手	2	12	22	24			
一塁手	3	(20)					
二塁手	4	14					
三塁手	5	15					
遊撃手	6	16					
左翼手	7	25					
中堅手	8	18					
右翼手	9	19					

主将(10)と副将(20)のポジションで変動し、投手枠が6名か7名でも変わる。神宮球場で配布された１９７５(昭和50)年春のシーズンのメンバー表が出てきた。このシーズンは投手枠が6名で10が主将なので、17が外野手になっていた。

明治大学
MEIJI

部長　松尾憲橘
監督　島岡吉郎
助監督　三好祐幸
主将　丸山清光
マネージャー　大塚登

◎印主将

背番号	位置	氏名	学部・学年		出身校	年令
◎10	投手	丸山清光	商	四	上田高	22
11	〃	名取和彦	商	四	甲府商	22
1	〃	堀　勝典	政	四	岐阜商	22
13	〃	伊藤博之	政	四	高槻高	22
23	〃	坂本　修	政	三	弘前高	21
21	〃	難波俊文	文	二	倉敷工	20
2	捕手	荒井信久	商	四	成東高	22
12	〃	佐藤俊則	文	三	小倉商	21
22	〃	宮本　聡	政	四	高鍋高	22
24	〃	伊藤　隆	商	三	日立一高	21
3	一塁手	伊藤裕啓	文	四	日大一高	22
20	〃	浜武康司	文	四	東筑高	22
4	二塁手	安岡直記	文	三	高知商	21
14	〃	岩崎　毅	政	三	大濠高	21
5	三塁手	川口啓太	商	三	日体荏原	22
15	〃	岡村和彦	文	三	高知商	21
6	遊撃手	松尾壮吾	政	三	東筑高	21
16	〃	丸山桂之介	政	三	所沢高	21
7	外野手	小林千春	政	四	明治高	22
8	〃	岡　弘己	文	四	中京高	22
9	〃	梅田　薫	文	四	岐阜商	22
25	〃	片山直人	政	二	徳島商	20
19	〃	羽田国雄	政	三	富士吉田高	21
17	〃	横井　勲	政	三	中京高	21
18	〃	三宅康博	政	二	岐阜商	20

神宮球場で配布されたメンバー表の明治チーム
背番号8の岡は関の誤植（1975年春）

御大は相手チームに「割られない」ということで、ピッチャーの背番号は原則的に1以外は割り切れない素数にしていた。11はエース、1は小柄な左投手、若手のピッチャーは深い素数の番号から付けていたような気がする。筆者は2年の春に初めてユニフォームを貰い、嬉しかった。17だった。その秋に、筆者が高校1年の時に、夏の甲子園決勝で青森の三沢高校の太田幸司と延長十八回引き分け試合で投げ合った井上明（松山商）がキャプテンになり、井上が付けていた23

を引き継ぎ、あの井上投手から背番号を譲り受け心が躍った。それから4年でキャプテンになるまで23で通した。17と23は忘れられない素数となった。背番号の付け方も御大流で、ピッチャーを重要視する所以だった。

当時の六大学のエース江川卓（作新学院高）は、法政のエースナンバー18を付けていた。変わったところでは、早稲田は主将の10のほかに、正捕手が6、右のエースが11、左のエースが18を付ける慣習があるそうだ。神宮を離れて半世紀後に初めて知った。そして、9が永久欠番となっている。第1回日米大学野球選手権大会2回戦で早稲田の東門明（武相高）がヒットで出塁後、次の内野ゴロで二塁に滑り込んだ際、遊撃手の送球を頭部に受け脳挫傷で帰らぬ人となった。筆者は1年生で、スコアブックを神宮のネット裏でつけていた時のことだった。その時の東門の背番号13と、早稲田で付けていた9が永久欠番となっている。

投手が10番を背負うのは、星野仙一（倉敷商）、井上明に次いでだった。ピッチャーは練習ではほとんどが別メニューであり、試合でもマウンドとブルペンが多く、ベンチにいる時間は少ない。当時は同期の丘野雅彦（大宮高）と三好祐幸（松山商）が新人監督（試合での登録は助監督・背番号は40）で練習メニューを組み立て、20の副キャプテンの浜武康司（東筑高）に神宮ではベンチ内のまとめ役をしてもらい、うまく回った。今思えば、10、20、30、40がうまく嚙み合うことも、勝ちに繋がる大きな要素だった。現在の明治は26以降の背番号が溢れ、当時とは違う光景となっている。ユニフォームの素材がニットに変わったことが起因しているのではないかと思う。

縁起担ぎ・その2　ユニフォーム

相手に「割られない」ということでは、もうひとつユニークなものがあった。ユニフォームは選手も監督も同じ素材で作ってある。だが、御大のユニフォームだけは1カ所違った。ズボンの内側に、ファスナー付きの長方形の布袋が特注で縫い付けてあった。実際に見たことはなかったが、その中に神宮に向かう前に、御大が現ナマで「壱万壱千壱百壱拾壱円」を入れていたという。「壱拾壱万壱千壱百壱拾壱円」という話を聞いたこともあった。5円玉から1万円札の硬貨と紙幣では割り切れない金額であり、監督自身も相手から割られないということだ。選手のユニフォームとは桁の違う島岡流の「素数」(注1)を自ら付けていた。「戦費」の意味もあったかもしれない。ここまでくると神頼みの世界だが、勝つためには縁起を担ぐことも徹底していたということだ。

選手は卒業して結婚式を挙げる時は、御大に披露宴での祝辞を頼んだ。ある選手が披露宴をわざわざ「11月11日大安」に設定し、御大は祝辞で、

「今日は縁起がいい。いい日に結婚式を挙げた。これから先、この2人にだれも割り入ることはできない。幸せに。おめでとう」

と挨拶したが、理解したのは野球部関係者だけだったというエピソードもあった。

筆者が着用していたユニフォーム

当時のユニフォームは、赤のカップ印の美津濃（現ミズノ）製だった。グレーのセカンドユニフォームは、サンアップ製と記憶している。グレーのユニフォームは、オープン戦では使ったことがあったが、リーグ戦では4年間で一度も経験しなかった。古くはリーグ戦で着用した時代もあったと聞いた。慶明戦だったら「グレー」対決になり打倒慶応で一層燃えて、画期的だったろうと妄想が膨らんだ。

通気性のある高級な木綿の布地の襟付きで薄いアイボリーの風格のあるユニフォームが好きだった。少しダブダブで、マウンド上で猪マークの袖が風ではためくのが心地よかった。襟《えり》も好きだった。これは学ランの詰め襟が由来か、軍服が元なのかわからないが、今の身体にぴったりのニットのユニフォームと比べて格段の風格があった。今でも時々、クローゼットから出してみるが、何とも言えない肌触りだ。御大がユニフォームに寄せた思いが蘇る。

当時、1着3万円はするとマネージャーから聞いた。高価なユニフォームだった。今で言えば30万円の高級スーツといったところか。ユニフォームの洗濯は自分で手洗いするのが決まりで、

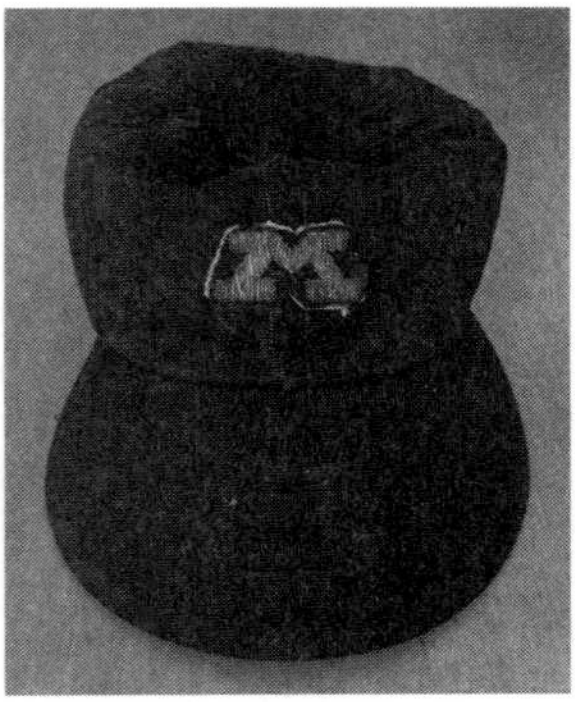
筆者が被っていた帽子

洗濯機で洗うのは厳禁だった。洗濯機で洗うと、紫紺の胸のマークから滲《し》みが出て、すぐわかってしまう。束子《たわし》に洗剤をつけて胸のＭＥＩＪＩのマーク、猪マーク、背番号を傷つけないように洗い、ハンガーに吊してホースで水をかけて仕上げるのを教わった。今のニットのユニフォームは洗濯機で洗っても問題ないだろう。30万円のユニフォームだったら、もっと大事にすべきだった。

ユニフォームといえば、６校のなかでは東大が一番デザインを変えている。色は草創期の白地を１９９１（平成３）年にグレー地ロイヤルブルーに変えた。この年の春に連敗が70でストップした。筆者の時代は、なんとベルトレスを採用した。この2年後には4位に進出している。当時、プロ野球でもベルトレスが流行し、東大は時代の先端を走っていた。胸のマークも帝大時代の「ＴＩＵ」（ＩはＩｍｐｅｒｉａｌ）から「ＬＢ」（Ｌｉｇｈｔ Ｂｌｕｅ）、「ＴＯＫＹＯ ＵＮＩＶ.」を経て、現在の「ＴＯＫＹＯ」とだいぶ変わった。そして、創部１００年の２０１９（令和元）年春から白地に戻し、帽子、胸のマークも変え28年ぶりに一新した。東大のユニフォームの変遷に縁起担ぎがあったかどうかは確認していない。

この半世紀で最も変わった用具のスタイルがユニフォームのズボンだ。プロでは、１９９０年代から踝《くるぶし》まで隠れるロングパンツのズボンが主流になった。ストッキングの着用はスライディングで怪我を防ぐためと教わったが、ズボンの下にストッキングを履いているのかどうか気になってしまう。公認野球規則の「ユニフォーム」（3・03）[注3]の項にはズボンの規定はない。先に記したが、高校野球、大学野球ではあり得ない。それぞれの連盟でユニフォームの規定があるとはいえ、同じ野球でこのユニフォーム文化の違いは不思議なことだ。

縁起担ぎ・その3
猪マーク

明治稲荷を野球部の敷地で祀っているくらいだから、御大は干支[注4]、六曜[注5]にもこだわっていた。前述した和泉の合宿所から調布の明和寮に引っ越した日は、1961（昭和36）年1月11日という資料があった。念のため調べてみると、見事に「大安」、しかも御大流の「割り切れない」日だった。明和寮の落成式には先述した恩師の木村頌一（飯田中―国学院大）を信州から招き、祝詞を上げてもらっている。

ユニフォームの左袖には猪マークがついていた。猪マークは1957（昭和32）年の秋から付けている。この猪マークは同年春のリーグ戦最下位が原因で生まれた。長嶋茂雄、杉浦忠（挙母《ころも》高）、本屋敷錦吾（蘆屋高）を擁する立教が4連覇を成し遂げる最初のシーズンだ。6校が揃ったシーズンで、明治大学野球部史上初めての屈辱を「何とかする」ために、1935（昭和10）年の亥年生まれの4年生からの提案だったという。明治44年の亥年の生まれの御大は、選手の提

復活した左袖の猪マーク

案を承諾し、当時のマネージャー吉田秀男（明大中野高）は御大と一緒に、猪のデザインをどうするか都内の古美術店を歩き、行き着いたのが今の新宿南口の甲州街道沿いにあった古道具屋だったという。柔軟な対応も凄いが、いかにも実践を重んじる御大らしい。御大も東大に勝ち点を奪われ、初めての最下位の屈辱を晴らすために必死だったのかもしれない。この頃から御大の東大に対する過剰な意識が芽生えたと想像する。御大はこの古道具屋の猪の置物からデザインした猪を終生付け続けた。監督歴37年間は十二支では3回りもしている。筆者は2年の春から3年間、猪のマークで戦って、卒業してから思った。入部以来、「明治大学野球部の存在意義は早慶を倒すことにある」とよく聞かされた。明治は他のどの大学より早慶に対して「猪突猛進」で対戦しなければ存在意義がない。それが明治の名誉になり、六大学野球を発展させることにつながる、その象徴が猪マークだと、考えた。

「猪突猛進」とは、直線的な突進力が強い猪のように、目標に対してがむしゃらに進むことを言う反面、結果や過程を気にしない向こう見ずな行動とネガティブな意味で捉えられたりする。猪は獰猛《どうもう》な反面、神経質で鋭敏で知能も高い性質があるという。御大の行動をふり返ると、表の突き進む姿と、裏の用意周到さが共存していたと思う。行動力と思索力が備わっていた。思索力よ

明治稲荷大明神前の寮生一同。前列中央の背広姿が御大、その左が主将の国分善俊、前列右端２名が「食堂のおばさん」1971 年

り行動力が先にきていることが御大の肝《きも》だ。御大の「人間力」は理屈よりも行動重視だった。こんなことを書くと、高森町のお墓から「よう書いた」と褒められているような気分になる。ユニフォームにも島岡イズムが徹底していた。

縁起担ぎ・その4　明治稲荷

明治稲荷のお祀りは、2月の初午《うま》の日が定例だった。初午とは、2月の最初の午《うま》の日で、稲荷神社の縁日が午の日だと後で知った。なるほど、忠実に祀っていたわけだ。そうとは知らず、毎試合、必勝を祈念して御稲荷さんに手を合わせていた。

この御稲荷さんは、元は明治大学の和泉校舎（東京・杉並区）の近くにあり、明大生が酔っ払った勢いで、御稲荷さんに小便を掛けているのを見て、御大は、

「バチ当たりだ。俺が祀ってやる」

と言って、調布のグラウンドの敷地に移したと聞いたことがある。御稲荷さんも大事にする、御大流の優しさの一面だ。

　御稲荷さんの世話はマネージャーの役目だった。社《やしろ》の周りの掃除をはじめ御神酒《おみき》、米、水、塩、榊《さかき》の取り替えは定例で行い、試合の当日は御大のノックバットを御稲荷さんに「奉納」しておくのもマネージャーの役目だった。ある試合当日の参拝の前、御大が神前にノックバットがないことに気づき、同期のマネージャー大塚登（小倉高）に御大のカミナリが落ちた。大塚は焦ってノックバットを取りに行き、その場は収まった。大塚は運悪く、御大を乗せて神宮へ向かう車の運転手役で、神宮に着くまで御大の機嫌は直らなかった。その日の試合は勝ったからよかったが、負けていたらたいへんことになっていた。大塚は試合終了のサイレンが鳴り終わるまで気が気でなかったとふり返る。他校ではまずお目にかかれないマネージャーの役目だった。このノックバットは御大の故郷、信州高森町にある「御大の館」(注6)に展示してある。

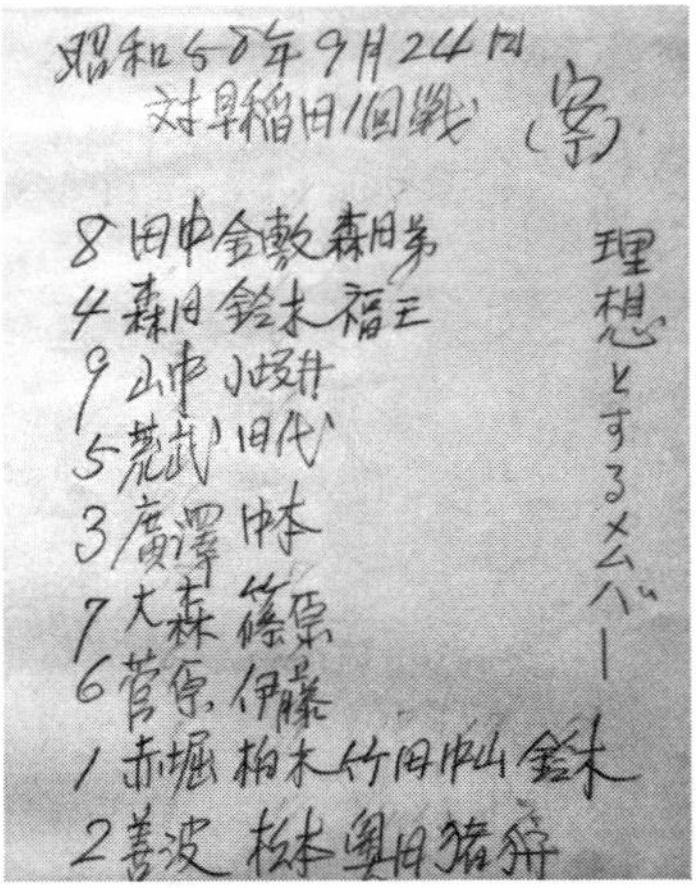

早稲田戦の先発メンバー案、「理想とするメムバー」とある、1983年秋

　また、御大は試合のある日は、自ら書き留めたメンバー表（後掲）を御稲荷さんに「奉納」して

いた。メンバー表には、日付、対戦相手、先発メンバーはじめベンチ入りの選手名を鉛筆で書き、余白に檄文を書き記していた。「天下分け目の決戦　打倒早稲田」などと書き入れ、自らを鼓舞してお供えしていた。写真のメンバー表は、お供え前の早稲田戦の下書きと思われる。「理想とするメムバー」と添え書きがある。

この明治稲荷は現在の府中のグラウンドにはない。御稲荷さんへの御大の意志を引き継ぐには、並大抵の信念ではだれも引き継げない。だれもが合点がいく。

縁起担ぎ・その5

仏滅と対東大連敗

もうひとつ、仏滅を徹底的に避けた。仏滅への選手の意識は御大に比べれば高いはずがなかった。孫にも近い選手に仏滅や大安を強要させるような行動はまったくなかった。御大の心の内の世界だった。しかし、仏滅を調べてみると「仏滅とは釈迦の死をいい、陰陽道では万事に凶の日」とあり、これを覗いてしまうと、意識せざるをえない気もしてくる。

仏滅に助けられたことがあった。4年の時、春は完全優勝を飾り、秋の初戦で春最下位の東大とあたり、初戦を落としてしまった。忘れることができない1975（昭和50）年9月6日、土曜日、友引。筆者は高校の社会科地理の教員を目指しており、土曜日に東大に楽勝し、翌日曜日に長野市の長野商業高校で行われた長野県の教員採用試験を受けるために受験票を取り寄せていた。春の優勝校が初戦で最下位の東大に完敗した。お家の一大事に、自分の就職を優先するわけにいかない。今の時代だったら、試験に行けと監督が言うかもしれないが、当時はそんな選択肢は微塵《みじん》も出ない。御大に敗戦を詫び、受験票を破り捨て、御大に「明日は勝ちます。任せておいてください」と言ったはいいが、翌日7日の日曜日、今度は東大に自ら打ち込まれ逆転負けを喫してしまった。初戦で東大に連敗。お家の一大事どころではなくなった。

何をしていいかわからない。とにかく神宮から調布のグラウンドに戻って、練習着に着替えて悪いものを汗で流そうと、全員で本グラウンドの隣にある第2グラウンドをひたすら走った。走っている途中に、なんと御大が練習用ユニフォームに着替え、のっしのっしとグラウンドに向かい、トレードマークになったLAのヘルメットを被り、右手にノックバットを握り、バックネット前の椅子に座り込んでしまった。

走るのを止めるわけにいかず、御大と根比べになり、黙々と走った。御大はひと言も発しない。3時間くらい走ったであろうか、練習メニューではないので、だれも周回の回数も時間も計っていない。夜10時前後だったと思うが、突然、御大は「ようし、上がれ」と大声を発し、御大に挨拶して風呂に入った。東大に連敗したうえに、夜中まで走り続けたが、下級生から不満が出なかったことが嬉しかった。

風呂から上がって、学ランに着替え、御大に東大戦の連敗を詫びに、2階の監督室に行った。正座をして謝ろうとすると、御大から意外な声が発せられた。

「仏滅とオブストラクションでは東大さんといえども勝てんわい。まあ、ビールでも飲めや。膝を崩せ」

マネージャーにビールを運ばれ、膝を崩しビールを恐る恐る飲み始め、便せんに書いた学ランの内ポケットに入れておいた主将の辞表を出しそびれてしまった。

この日、たいへんだったのは野球部だけではなかった。応援団はもっと過酷だった。当時3年生の応援団員だった白木正伸（後に応援団長・仙台三高）が、当時をふり返った。

「東大に2連敗の後は、東大に負けたのは団員の気の緩みだ、ということで、神宮球場の周りの

東大ハツラツ 明大連破

バント・盗塁、果敢に逆転

四《シーズン》ぶり勝ち点

流れを変えた走塁妨害

明治、東大に連敗を報じる新聞
（1975年9月8日付朝日新聞）

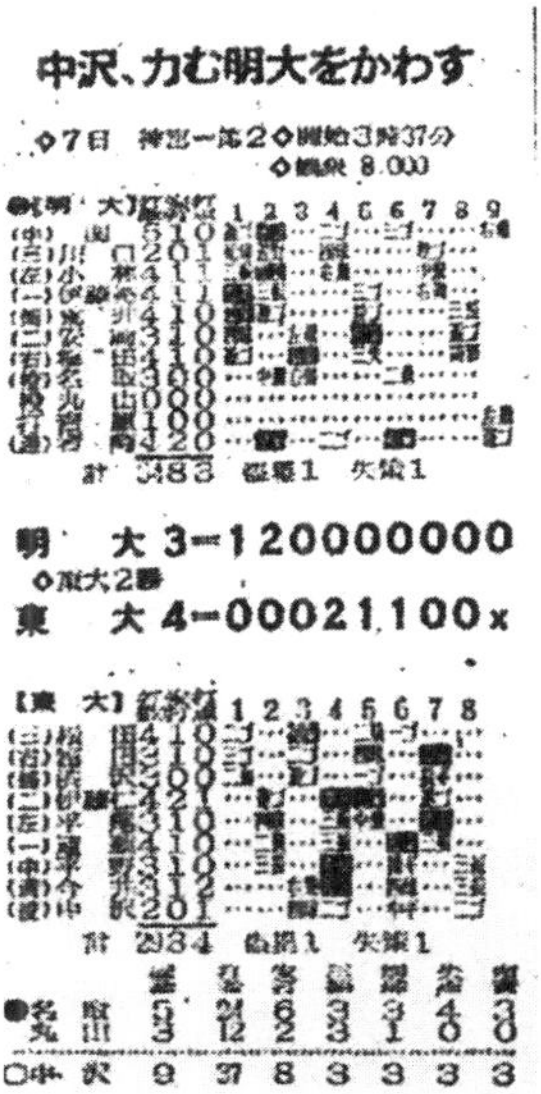
中沢、力む明大をかわす

◇7日 神宮一勝2 ◇開始3時37分 ◇観衆8,000

明 大 3―120000000
◇東大2勝
東 大 4―00021100x

同試合のテーブル（日刊スポーツ）

ランニングを命じられた。それでも気合いが足りないと、ランニングの後はうさぎ跳びで脂汗をながした。スタンドの応援で疲れた上に、ランニング、うさぎ跳びで全員疲労困憊《こんぱい》だった」

連敗のお陰で、野球部と応援団は調布と神宮球場で、ともに辛《つら》い汗を流していたことになる。応援団のうさぎ跳びを知ったのは、卒業してから20年以上も後のことだった。御大がこの時の応援団長だったら、どう対応していたであろうか。

あわや没収試合

御大が異議を唱えたオブストラクション(注7)は、2敗目を喫した東大2回戦の5回裏、東大の攻撃の時に起きた。先発の名取和彦(甲府商)が東大2番の富田裕(湘南高)に四球を与え、一塁への牽制球の際、一塁手の伊藤裕啓(日大一高)がベースを隠したと判断され、一塁塁審よりオブストラクション(走塁妨害)と宣告され、走者は二塁に進んだ。

この判定に激怒した御大は、抗議したが認められず、選手全員をベンチに引き上げさせた。その時、筆者は「同時スタート」で三塁側のブルペンでウォーミングアップをしていた。まあ、すぐ再開するだろうと軽く考えていたら、なかなか選手がベンチから出て来ない。しばらくして、明治の先輩理事の加納伸三(和歌山商)に呼ばれ、

「丸山君、どうしても御大は試合はやらないと言っている。このままでは没収試合になってしま

う。御大を説得してくれ」

と言われ、この時初めて、大変なことに気づき、ブルペンから、三塁ベンチへ飛んだ。御大に、

「御大、まだ中盤です。今日は勝ちますから再開しましょう」

と、言うのがやっとだった。それ以上言うと御大が態度を硬化させ、逆効果になるのではと焦っている中で直感した。1回戦で東大に完敗し、2回戦も戦況が悪い。そこでオブストラクションを取られ、一気に頭に血がのぼったのだろう。

　どのくらいの時間が過ぎたのだろうか。試合の再開を渋り続けた御大は、渋々、選手に「グラウンドに戻れ」と指示し、この場は難を逃れた。あとで聞いたが、中断時間は40分間近くに及んだという。その直後に、筆者は名取をリリーフし、抑えるどころか、打ち込まれ、逆転負けの完敗だった。1931（昭和6）年春、明治のリーグ出場辞退、部長、監督の引責辞任問題にまで

芝生席

判定に島岡カンカン

勝利の瞬間とびあがって喜んだ東大・岡田監督に対して明大の島岡監督は「残念だという言葉ではあらわせないほど残念だ。一、二回に主力がもう一発出しておけば……」と、くやしがり、ロッカールームでご説教が小一時間つづいたほど。とくに、五回、一塁手の"オブストラクション（走塁妨害）"の判定についてはカンカン。「いままで何十年野球をみてきたが、あんなのをとられては野球にならない」とこぼすことこぼすこと。

五回、一死走者一塁で名取投手が一塁へけん制。走者岡田は帰塁しようとしたが「一塁手が右ヒザをついてベースをかくしてしまった」と西大立目審判が"オブストラクション"を宣告。岡田に二塁が与えられた。

島岡監督は猛烈に抗議、一時は選手を引きあげさせたが、[illegible]理事らに説得されしぶしぶゲームを再開。それが結局岡田のランナーとなり、ゲームの流れを変え、東大の[illegible]を呼んだ。

"オブストラクション"は野球規則二・五三にあるように――野手がボールを持たないとき、あるいはボールを処理する行為をしていないときに走者の走塁を妨げる行為――と定義されており、けん制のときは送球され、一塁手が当然ボールを持っているだけに、この判定には疑問が残った。

それにしても東大はよく戦った。守備強化一辺倒で猛練習の中を鍛えに鍛えあげたのが早くも実った。勝因は"守備力の強化"と岡田監督がいうとおり、西山、中沢両投手をバックがよくもりたてたのが連勝につながった。

「今秋にかけてみようと思った。その[illegible]がすぐ結果に出るとは全くコワイぐらい」と笑うが、春28失策をやったチームとは見違えるようなきびきびとしたチームに仕上げた岡田監督の努力は立派だ。（松尾）

判定に島岡カンカンの記事
（1975年9月8日付毎日新聞）

発展した慶明戦で起きた「八十川ボーク事件」の45分の中断に及ぶほどの中断だったとは驚いた。この時も、投手の八十川胖《ゆたか》（広陵中）が、走者一塁三塁の時、三塁への偽投《ぎとう》の後に放《ほう》った一塁牽制球が発端だった。歴史は繰り返した。

　社会人になって何年も経ってから、公認

野球規則を捲《めく》ると、没収試合のルールが定められていた。野球規則7・03と定義の該当する部分を抜粋する。

「一時停止された試合を再開するために、球審がプレイを宣告してから、1分以内に競技を再開しなかった場合」は没収試合とする。規則違反のために、審判員は試合終了を宣言して、9対0で過失のないチームに勝ちを与える。

厳しい規則だ。監督には該当する審判員にアピール（規則適用の訂正を求める）[注8]する権利があるが、正確にはこの件は「抗議」にあたった。抗議している時間が長くなった上に、選手をベンチへ引き揚げさせた行為は試合放棄の意思を示していると取られかねなかった。球審がプレイを宣告していたら、事態は重大なことになっていた。翌日の朝日新聞（1975年9月8日付）には、「東大ハツラツ明大連破」の見出しと並んで、「流れを変えた走塁妨害」として、

「けん制球の一番多い一塁塁上で、これまでアマチュアを問わず、走塁妨害をとられたケースはほとんどなかった。（中略）五回のケースも、一塁手の伊藤裕に特に目立った妨害の動作は見られなかった、という声は多い。（中略）そのルールをどこまで適用するか。六大学では初めてともいわれる一塁塁上の判定は、今後に多くの課題を残した」

と記され、御大は、

「最初にセーフの判定をしたのだから妨害はしていない。帰塁できないよう妨害したなら、セーフにはならないはずだ」

と記者の取材に応じ、熱くなっている割には冷静に判定を見ていたといえる。

野球規則は時々目を通したが、没収試合の項目までは知らないし、読んだこともなかった。いま規則を読むとぞっとする。9対0で相手の勝利になることは知っていたが、没収試合をForfeited Game《フォーフィッテッドゲーム》と言うことは初めて知った。

言い忘れたが、東大に連敗を喫した日曜日、9月7日は、仏滅ではなく「先負（せんぶ・さきまけ）」だった。仏滅は翌日8日の月曜日だった。社会人になってインターネットで当時のカレンダーを調べて初めてわかった。それまでは仏滅と信じていた。御大がこの日を本当に仏滅と信じていたのか、今となっては確認しようがない。しかし、この原稿を書いている間に、あるOBの話を聞けた。

「御大が仏滅の日を間違えるはずがない。御大流のパフォーマンスだ。東大に連敗後、明和寮に戻ったら選手が自主的に走っているのを聞いて御大は嬉しかったはずだ。思わず自分もユニフォームに着替えてグラウンドに出たのがその証拠だ。島岡吉郎という人はそういう人だ」

連敗を喫した日を冷静にふり返ってみると、試合直後の神宮のロッカールームでも、調布に戻りランニングを終えた後も、監督室でも、当然あるはずの御大の怒声が響くことはなかった。鉄拳もなかった。このOBの話で改めて御大の懐の深さを推し量った。

このシーズンは、東大に連敗後、立教に2勝1敗の他は、早稲田、慶応、法政相手に雨天と交通ストによる変則日程の中で6連勝し勝ち点4とした。

1975年秋季リーグ天王山、法政2回戦、延長14回で勝利
1975年10月21日

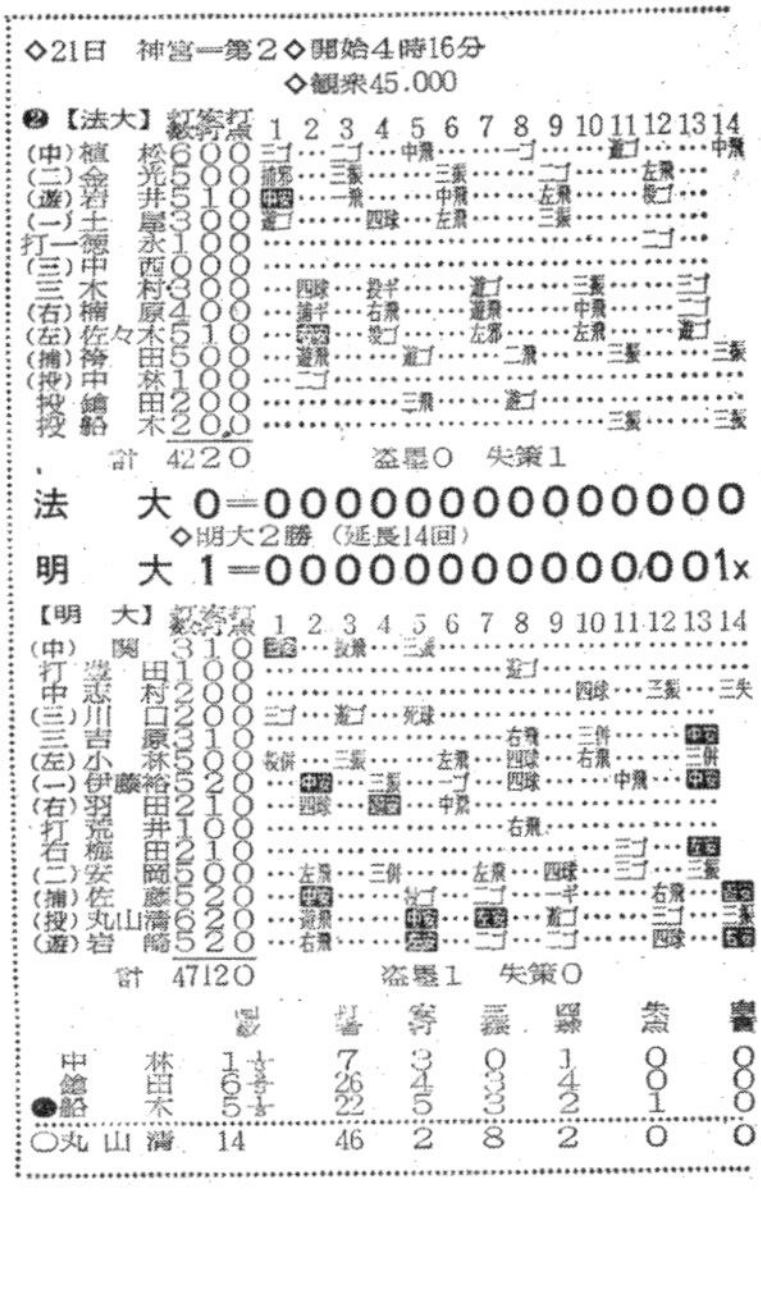

◇21日　神宮—第2◇開始4時16分
◇観衆45.000

❷【法大】	打数	安打	打点	1	2	3	4	5	6	7	8	9	10	11	12	13	14
(中)植松	6	0	0	三ゴ		二ゴ		中飛			一ゴ			遊ゴ			中飛
(二)金光	5	0	0	捕邪		三振			三振			二ゴ			左飛		
(遊)岩井	5	1	0	中安		一飛			中飛			左飛			投ゴ		
(一)土屋	3	0	0	遊ゴ			四球		左飛			三振					
打一徳永	1	0	0												二ゴ		
(三)中西	0	0	0														
三木村	3	0	0		四球		投ギ			遊ゴ			三振			三ゴ	
(右)楠原	4	0	0		捕ギ		右飛			遊飛			中飛			二ゴ	
(左)佐々木	5	1	0		[illegible]		投ゴ			左邪			左飛			遊ゴ	
(捕)袴田	5	0	0		遊飛			遊ゴ			二飛			三振			三振
(投)中林	1	0	0		二ゴ												
投鎗田	2	0	0					三飛			遊ゴ						
投船木	2	0	0											三振			三振
計	42	2	0					盗塁0		失策1							

法　大 0＝00000000000000
◇明大2勝（延長14回）
明　大 1＝00000000000001x

【明　大】	打数	安打	打点	1	2	3	4	5	6	7	8	9	10	11	12	13	14
(中)関	3	1	0	[illegible]		投飛		三振									
打[illegible]田	1	0	0								遊ゴ						
中志村	2	0	0										四球		三振		三失
(三)川口	2	0	0	三ゴ		遊ゴ		死球									
三吉原	3	1	0								右飛		三併			中安	
(左)小林	5	0	0	投併		三振			左飛		四球		右飛			三併	
(一)伊藤裕	5	2	0		中安		三振		一ゴ		四球			中飛		中安	
(右)羽田	2	1	0		四球		[illegible]		中飛								
打荒井	1	0	0								右飛						
右梅田	2	1	0											三ゴ		左安	
(二)安岡	5	0	0		左飛		三併			左飛		四球		三ゴ		三振	
(捕)佐藤	5	2	0		中安			投ゴ		二ゴ		一ギ			右飛		[illegible]
(投)丸山清	6	2	0		遊飛			中安		左安		遊ゴ			三ゴ		三振
(遊)岩崎	5	2	0		右飛			[illegible]		二ゴ		二ゴ			四球		[illegible]
計	47	12	0					盗塁1		失策0							

	回	打者	安打	三振	四死球	失点	自責
中林	1 1/3	7	3	0	1	0	0
鎗田	6 2/3	26	4	3	4	0	0
●船木	5 1/3	22	5	3	2	1	0
○丸山清	14	46	2	8	2	0	0

同試合のテーブル。法政を連勝で制し勝ち点4で早慶戦の行方を待つ（1975年10月22日付日刊スポーツ）

早慶戦の前週に行われた法政との最終試合は天王山となり、筆者は江川卓（作新学院高）との4回目の直接対決へ内なる覇気が漲《みなぎ》っていた。しかし、江川は肩を痛め欠場し、控えの3投手との決戦となった。控えといっても中林千年（松江商）、鑓田《やりた》英男（熊谷商）、船木千代美（秋田市立高）と継《つな》いだ各投手の投球は素晴らしく、延長14回表までゼロ行進となった。延長14回裏に法政の野手の悪送球で1対0のサヨナラ勝ちで踏みとどまった。法政の選手層の厚さを感じた。筆者は前日に続いて連投となったが、なぜか疲れは感じなかった。空には月が煌々《こうこう》と照っていた。御大はこの時すでに、早慶戦後のプレーオフ（優勝決定戦）をどう戦うか、頭に描いていた。

応援団と御大

この法政との最終試合は、4万5000人の大観衆が試合終了の20時10分までスタンドに陣取った。明治の3万人の学生のうち2万人を超える学生が神宮に来ていたのではと、後に応援団OBから聞いた。夜空を劈《つんざ》くような応援席の大声援がマウンド上での疲れを一気に吹き飛ばしてくれた。また、春の法政戦では法政の外野席の半分まで明治の応援で埋まった。一塁側の法政の外野席の半分まで明治の応援で埋まった。こんな光景は初めてだった。外野席に応援団の舞台が設けられるのは早慶戦が定番だったが、この試合は異例にも明治の応援団の舞台はレフトの応援席にも設けられた。7回の校歌の交換では三塁側とレフトの応援が微妙にずれて、最初で最後の白

徹夜組も出た大入りの学生応援席入場門
1975年春の法明戦

雲なびくの「輪唱」を聞きながらマウンドにいたことを思い出す。なかなか心地よいものだった。そして、3年間、神宮のマウンドで投げていてよくわかったのは、自校が負けていても、敗色濃厚でも、最後まで応援席に残っているのが明治の学生だった。応援団の力といえた。そして、学生の熱い思いが伝わってきた。マウンドにいると、球場全体の動きが手に取るようにわかる。

各校の団旗のシンボルを時々確認しながら投げていた。投球の間《ま》をつくるのに役立った。明治の団旗にあしらわれていた校章は、典礼の精神である荘厳さを表し、スクールカラーの紫紺は尊厳を意味し、最初に制定した時は「深紺」だった。先の早稲田の稲穂は、人間の心の糧を束にした稲穂を表し、エンジ（えび茶）は早稲田に野球を教えたシカゴ大学に由来しているというから奥が深い。三色旗（青・赤とペンの黄）の慶応のペンは「ペンは剣よりも強し」から採った。法政の団旗にはH文字があしらわれ、最もわかりやすい。オレンジと紺は、「暁《あかつき》の太陽」と「青空」を表現している。紫の立教は、ミッションスクールらしく十字架が張り付いている。東大の淡青《うすあお》（ライトブルー）はケンブリッジ大に由来し、銀杏は本郷キャンパスのいちょう並木を表している。団旗、校旗もそれぞれ歴史を継《つな》いでいる。風の強い日は、投げている方もたいへんだったが、応援席中段で団旗を掲げる旗手長に目をやった。

さらに、各大学が誇る校歌は4年も経つと神宮球場で聞き慣れて、空で歌えるまでになった。

外野席も埋まった法明戦、明治中学生によるM文字　打者は筆者、捕手は袴田英利（静岡自動車工業）　1975年5月14日

味方のチャンスの時の応援歌も大学ごとに彩りがあった。なかでも野球の応援ではお馴染みの早稲田の「コンバットマーチ」が始まると、投げている方も乗せられて、結構打ち込まれた記憶がある。耳栓の欲しい応援マーチだった。

この年の春秋の法政戦では、明治の応援席の入り口に、早慶戦以外では珍しい徹夜組みが出て、連続して3万人、4万人の大観衆だった。応援がこれほどありがたいのも、六大学野球のお陰だった。弱い者が強い者に立ち向かい、打ち負かすのを観たくなるのはいつの時代も同じだ。

応援団について、御大の監督時代のエピソードを見つけた。東京六大学応援団連盟結成36年の記念誌「應援團・六旗の下に」に、１９６３（昭和38）年に明治の応

応援席の明治のチアリーディング、神宮球場
（写真提供：明治大学応援団）

援団が初めてバトントワラーの導入を決定した、とあった。バンカラを行く明治が最初とは進取の精神の現れだった。バトンガールをスタンドに出すと、学生席は拍手喝采だった。しかし、グラウンドの元応援団長の御大から怒りが爆発した。

「明治の女の子が、短いスカートをはいて、伝統ある学生野球に何だ。選手が女の子に気を取られて、気が散ってしまう。止めてくれ」

　他校と明治のマネージャーには根回しをしてあったが、肝心の元団長の御大には何も言っていなかった。御大の一喝でバトンガールは「出場停止」になってしまった。まさか、元応援団長からクレームが出るとは応援団も大誤算だった。

　その記念誌の「わたしと応援団」に監督時代に寄せた「地味が応援の本質だ」と題した御大の寄稿文があった。要約する。

「今は女の子も入っているし、応援自体が楽隊主体になってしまった。バトンは明治が最初だったと思うが、相当な非難があった。バトンはアメリカンフットボールからきている。野球をチンドン屋の中へ入れていくような形は気にいらない。応援は地味に地味にもっていくものだ」

御大らしい表現で笑ってしまうが、いまやバトンのない応援は考えられない。

応援団のない六大学野球はあり得えない。六大学野球と応援は「同時スタート」だった。「應援團・六旗の下に」によると、1903（明治36）年に始まった早慶戦から応援は始まったが、最初は扇子《せんす》で観衆に拍手をさせる程度のものだったという。それから応援がエスカレートし、過激化の一途を辿《だど》り社会問題化し、教育界でも応援のあり方が問われたという。「應援團・六旗の下に」を読むと、応援団には六大学野球を上回る紆余曲折の歴史があり面白い。

応援団は野球と同様に「東京六大学応援団連盟」があり、野球に遅れること22年、1947（昭和22）年に結成された。各校で呼称はだいぶ異なる。「応援団」は明治と法政、早稲田は「応援部」、慶応は「應援指導部」、立教は「体育会応援団」、東大は「運動会応援部」と呼び方は様々だ。毎年、一般にも公開されている連盟主催の大会「六旗の下に」があり、盛況を博している。明治の組織は、団長、副団長、リーダー長、旗手長、新人監督、総務、渉外で構成され、個性溢れるメンバーが多く、そのキャラクターは半世紀を経ても変わらない。

明治には40（現在は46）の運動部で構成されていた体育会という組織があった。現在は競技をしない応援団と新聞部の明大スポーツも「運動部」に入っている。応援団は競技をしないというと、神宮球場の応援席での階段のぼり、うさぎ跳びまでする応援団には怒られそうだ。その応援団が不幸にも不祥事で、リーダー部が廃部に追い込まれる事態があったが、組織の改革を乗り越えて神宮で健在なのは嬉しい限りだ。しかし、この事件を契機に応援団所有の団旗（団旗に「明治大学應援團」の文字）は没収され、「団旗」から「校旗」となり、応援団は明治大学からリーグ戦の前に行われる貸与式で授かった校旗を応援席で使用している。没収された応援団の団旗は大学の歴史編集室に保管されているという。いずれ「應援團」の文字が復活することを願うばかりだ。

明大スポーツで硬式野球の担当記者をしていた野村壽彦（足利高）は、

「あの年（昭和50年）は、野球部はじめラグビー、相撲、バスケットボール、スケートの優勝が重なり、取材甲斐があった。法明戦の応援席の盛り上がりは異常な雰囲気で、神宮に押しかける学生の列が信濃町まで続いたことには驚いた」

と、当時を懐かしく語り、

「島岡さんは明スポ（明大スポーツ）の記者にも丁寧に詳しく答えてくれ拍子抜けした。御大の誠実さを実感した」

と、御大相手にびびりながらインタビューをした思い出を語った。

御大は１９３５（昭和10）年に応援団長になっている。２０２１（令和３）年に刊行された『明治大学応援団１００年史』（明治大学応援団・明治大学応援団ＯＢ会編）に、御大が応援団長になった背景が詳しく記されている。当時は明治の応援団長になるには明治の愛国学生連盟の委員長になっていることが習わしだった。初代の委員長は愛国学生連盟を組織した三原朝雄（東筑中・現東筑高）だった。三原は御大の3年前に応援団長となっている。御大との歓談で時折名前が出ていた。政界では大野伴睦（順天中―明治）に師事し、後に文部大臣や防衛庁長官（現防衛大臣）を歴任した。三原は六大学野球では「リンゴ事件」と並び2大事件といわれた「八十川ボーク事件」で応援団幹部が総辞職した後に応援団長に就任している。当時は文部省の野球統制令の発令により様々な規制が六大学野球の運営にも及び、入場料を徴収するため入場整理を外部に委託していた。三原は入場整理を学生の手に戻すために、その撤廃に向けて主導的な役割を果たした。しかし、連盟との壁は厚く次代の応援団長に引き継がれた。三原以来、5代にわたる応援団長は愛国学生連盟の委員長が続いたが、御大は愛国学生連盟の委員長を務めていない唯一の応援団長となった。野球部の監督になった時も応援団出身の異色の監督だったが、応援団長になった経緯も当時は異色だった。また、当時の大学は学部と専門部[注8]からなっていて、団長は学部、副団長は専門部から選出することになっていたが、学部と専門部との対立が応援団の混乱もたらしていた。このような状況の中で団長に就任した御大は、愛国学生連盟や学部・専門部のしがらみを打ち破り、引きずっていた入場整理問題に取り組み、学生席の入口の整理を学生側に戻すことに成功し

明治大学応援団第８代団長に就任した年の御大
（写真：『熱球三十年』講談社）

た。御大はそれを見届けて春に団長を勇退したという。後で記す御大の「旧来の陋習を破れ」の源は応援団長時代にもあったと確信した。

御大の応援団時代に明治は優勝がない。戦前の低迷時代で、御大が卒業後に明治の第1期黄金期が到来し、六大学史上初の4連覇があった。岩本義行（広陵中）、杉浦清（中京商）、吉田正男（中京商）、児玉利一（大分商）、藤本英雄（下関商）、清水秀雄（米子中）らがいた錚々たるメンバーだった。御大は監督時代に、児玉利一をプロ経験者のコーチ解禁第1号としてコーチに起用した。筆者もお世話になった。児玉には黄金時代の選手を思わせない温厚さと懐の深さを感じた。

また、御大が監督になる直前も戦後の低迷期があった。筆者の在学時代に御大から自らの応援団時代の話題が出たことは一度もなかった。2022（令和4）年に入ってから『明治大学応援団100年史』を捲《めく》ってみると、御大の応援団長時代の活躍が克明に記されている。その時の猛者ぶりを御大の口から聞きたかった。その上で「監督島岡吉郎」を語ったらまた違った御大像が浮かび上がっただろう。

筆者は御大が周囲から推されて監督になったものと思い込んでいた。しかし、いろいろな文献、証言からそれは違った。応援団長をはじめ明治中（現明治高）、大学の野球部監督就任を自らの固い意志で成し遂げていた。いまさらになるが「怪物」と呼ぶしかない。

御大の執念の集大成

話を応援からプレーオフへ戻そう。6連勝して勝ち点4となり、優勝の行方は早慶戦待ちとなった。早稲田が連勝すると同率でプレーオフ（優勝決定戦）になり、御大は選手の気の緩みを最も恐れて、「絶対に早稲田が勝つ。プレーオフになる」とミーティングでは口を酸っぱくして選手に説いた。しかし、調布のグラウンドで練習はしていたものの、もう試合がないような気分になり、練習後は浮かれて合宿所の近くで連日飲み歩いていた。

御大が選手の気を引き締めたのには訳があった。御大から何度か聞かされた。監督就任前の話だったと思う。明治が勝ち点4で早慶戦待ちになり、慶応の楽勝を決めつけて、選手を連れて箱根で「祝勝会」を開いてしまった。ところが早稲田が勝ち、優勝決定戦に持ち込まれ、早稲田に敗れて優勝を逃した。過去を辿ると、明治の優勝決定戦は早稲田と2回行っており、1948（昭和23）年の春に早稲田に敗れている。御大が明治高校の監督の時だ。調べてみると、その御大が選手を箱根に招待していたという。食糧事情が逼迫《ひっぱく》していた戦後3年目のことだ。早稲田との優勝決定戦に備えて、疲労困憊している選手に栄養をつけさせるための御大の粋な計らいだった。いかにも御大らしいが、その善意が逆の結果と出てしまった。その時の反省から、選手に気持ちの引き締めを伝えたかったのだろうが、実は引き締めなければならなかったのは御大自身だった。この裏事情があったとは知らなかった。このことは御大も選手にはひと言も言わなかった。

早慶戦が始まり、1回戦は早稲田が勝利し、2回戦に入り、御大は、

「絶対にテレビ、ラジオは聞いてはいかん。いいか」

とグラウンドの選手を引き締めたが、一番気が気でないのは御大だった。食堂のテレビの途中経過を、密かにグラウンドの選手には逐一伝えていた。御大が最後の仕上げのシートノックをしている最中、サードの川口啓太（日体荏原高・後に明大監督）へノックをする瞬間、早稲田が慶応に敗れたことが食堂からグラウンドに伝わり、川口はノッカーの御大をめがけて猛ダッシュし御大に抱きついた。御大も早稲田が敗れたことをすぐ察知し、グラウンドで手を合わせ、涙の破顔一笑となり宙に舞った。プレーオフから逃れられた。慶応に感謝の一戦だった。

この時の御大の喜び様は、江川を倒して優勝した春と違った。まさか東大に連敗して優勝するとは御大も思っていない。それが明治にとって戦後初の春秋連覇という感無量の結果となり、諦めないで戦った選手を心からねぎらい喜んでくれた。

東京六大学野球、98年の歴史のなかで、東大に勝ち点を奪われて優勝したのは、1949（昭和24）年秋に、慶応が1勝2敗で勝ち点を落とし優勝したのと、この年の明治だけだ。ストレートの連敗で優勝したのは後にも先にもこのシーズンの明治しかない、と後で知った。御大がシーズン前に発した「最も弱いチーム」がここまできて、御大の選手操縦術には選手一同「完敗」であった。

直後の明治神宮大会で駒沢大を下し優勝した後、突然、御大に、

「銀座の三越のライオンの前で待っとれ」

と言われ、そうしていると、御大が現れた。

「日本で一番うまい鰻《うなぎ》をご馳走してやる」

春秋連覇が決まり旧島岡球場で胴上げされる御大
（1975年10月28日付毎日新聞）

秋季リーグ戦優勝後の明治神宮野球大会決勝戦、駒沢大のグランドスラム（4冠）を阻止し優勝、御大の悲願達成
（1975年11月5日付読売新聞）

御大が愛した竹葉亭本店の鰻丼（東京・銀座８丁目）

と言われ、築地に近い銀座8丁目にある「竹葉亭《ちくようてい》」本店で、ご飯を大盛りのうな丼をご馳走になった。うまかった。ふっくらと炊いたご飯に乗った身の柔らかい鰻は生まれて初めてだった。その席で、

「1年間、ご苦労だった。でも人生はこれからが本番だ。頑張れ」

と、慰労されたことは生涯忘れようがない。一気にタレの効いたご飯を掻き込んだ。陶芸や書を残したことで有名な北大路魯山人をはじめ多くの文化人が愛した竹葉亭を筆者に紹介し、社会に出てから利用しろと教えてくれたと、今になって思う。銀座に出向くと、御大を思い出し、竹葉亭に足が向かう。当時を知る女将の別府淳子が、

「島岡さんは高野連の会合の後、よくみえたようだった。優勝した時にはよく学生さんを連れて来てくれた。本当に美味しそうに鰻を食べた」

と懐かしく話してくれた。

御大は美食家だった。竹葉亭のほかに、焼売《しゅうまい》は小洞天《しょうどうてん》、あんパンは木村家、羊羹《ようかん》は虎屋が御大の御用達だった。選手にそれとなく一流を教えてくれた。小洞天（当時は銀座2丁目にあった）

ランチョン（東京・神田神保町）

木村家本店のアンパン（東京・銀座４丁目）

には優勝すると選手を連れて焼売と炒飯、支那そばを振る舞った。品のいい味だった。疲れが取れるといって木村家のあんパンを監督室で選手に食べさせた。銀座4丁目の木村家本店のあんパンは、店頭売りは本店のビルでつくっている。木村家本店の責任者から、向かいの銀座三越の食品売り場で売っている木村家のあんパンは木村家の工場づくりだ、と聞いて初めて知った。木村家も拘っているが、御大も銀座の本店に拘った。駿河台の地元ではランチョン（神田神保町）がお気に入りだった。

御大は一度だけ信州の筆者の実家に寄ったことがある。諏訪の三協精機（現日本電産サンキョー）に出向いた後で、筆者は教育実習で不在だった。御大は母親が作った田舎料理を、「うまい、うまい」と口にしながら、次から次へと口に運び、64歳の旺盛な食欲は母親を驚かせた。

しかし、美食家の一方で御大自身を鍛えるスポーツは、独特のゆったりした「ノック」ぐらいで、他のスポーツは皆無だった。晩年に体調を崩した原因に繋がったと思うと残念だ。

縁起担ぎ・その6 鼻血

まだ、縁起担ぎはある。試合中の選手の鼻血だ。鼻血は気をつけようがない。2年の秋、天王山の早稲田1回戦で、好投していた主将の井上明が突然6回に降板したので、聞いたら鼻血だという。調子がいいのに鼻血でピッチャー交代か。驚いた。好投していたので次の準備はしていない。ブルペンはバタバタだった。他の大学だったら応急手当をして続投するのが当たり前だ。御大にとって神宮球場は、スタジアムではなく戦場だった。しかも、優勝をかけた早稲田戦だ。戦場での血は禁物という理屈だ。前に記したノーヒットノーラン目前のエースを交代させ優勝を決めた試合が、この試合の翌日の2回戦だった。「鼻血」と「ノーヒットノーラン」で突然のピッチャー交代劇。2日続けて御大流の「見せ場」が続いた。見せ場と言っては御大に失礼だ。すべて打倒早稲田を成し遂げ優勝するためだった。

もうひとつ、鼻血事件に出くわした。処《ところ》は神宮ではなく、アメリカのネブラスカ州のオマハで起きた。第4回日米大学野球選手権のアメリカ遠征で、第3戦のネブラスカ州の最大都市・オマハにある米大リーグのカンザスシティ・ロイヤルズの3Aの本拠地で起きた。先発した法政の江川卓は快調に飛ばしアメリカ打線を抑えていた。気温は30度を超し、湿度は80%という内陸特有の気象条件が江川を襲った。3回に突然、鼻血を出した。当時の朝日新聞に、「踏んばった江川3連投、鼻血にもめげず全力投球」の中に、「鼻血を出した後、2球投げたが止まらないので、ベンチへ」とあり、7回まで好投した。この時の監督は駒沢大の太田誠（浜松西高）、御大が総監督だった。御大が太田に鼻血についてどう進言していたのか謎だ。新聞にも書いてない。48年も経っているが、御大の進言があったか、太田にはいまだに聞けず仕舞いだ。

日米大学野球と御大の黄金時代

この日米大学野球は、江川、中央大の田村政雄（県和歌山商）両投手の力投空しく、結果は2勝5敗だった。ロサンゼルスで2試合、オマハで3試合行い、負け越しが決まって、ロサンゼルスに戻ってきた。日本代表でアメリカまで来ているのだから、残り2試合をしっかり戦って帰国しようと、ロサンゼルスで練習が行われた。江川と同室の選手が遅刻をしてきたのが、御大は気に食わなかったのか、ベンチ前で監督と総監督に挨拶に行った江川に御大のビンタが飛んだ。江川は勿論、隣にいた太田監督も驚いたはずだ。他の選手は外野でアップしていた。その光景を見て、全員唖然《あぜん》とした。ある他校の選手から「丸山、何とかしてくれ」と言われ、筆者の後に法政、駒沢大のキャプテンの岩井靖久（津久見高）と二宮至（広島商）の2人が続き、外野から三塁側ベンチへ走った。駒法明の6名がベンチ前に揃った。筆者は「御大、江川も疲れています。勘弁してください」と御大に言ったと記憶しているが、よく覚えていない。まさか異国の地アメリカ

第４回日米大学野球選手権大会全日本チーム
（1975 年６月 22 日～ 30 日、アメリカ）

位置	氏名	学年	所属	出身校	進路
総監督	島岡 吉郎	—	明治	不詳（長野）	——
監督	太田 誠	—	駒沢	浜松西（静岡）	——
投手	田村 政雄	4	中央	和歌山商（和歌山）	大洋ホエールズ
	丸山 清光	4	明治	上田（長野）	朝日新聞
	名取 和彦	4	明治	甲府商（山梨）	日産自動車─南海ホークス
	山本 泰之	4	駒沢	八頭（鳥取）	神戸製鋼所
	斉藤 明雄	3	大阪商	花園（大阪）	大洋ホエールズ
	江川 卓	2	法政	作新学院（栃木）	読売ジャイアンツ
捕手	小川 良一	4	駒沢	盈進（広島）	住友金属
	荒井 信久	4	明治	成東（千葉）	神戸製鋼所
	袴田 英利	2	法政	自動車工（静岡）	ロッテオリオンズ
内野手	土屋 恵三郎	4	法政	桐蔭学園（神奈川）	三菱自動車川崎
	平田 薫	4	駒沢	坂出工（香川）	読売ジャイアンツ
	中畑 清	4	駒沢	安積商（福島）	読売ジャイアンツ
	岩井 靖久	4	法政	津久見（大分）	大洋ホエールズ
	後藤 寿彦	4	慶応	岐阜（岐阜）	三菱重工三原
	安岡 直記	3	明治	高知商（高知）	東京ガス
	佐藤 清	2	早稲田	天理（奈良）	日本生命
外野手	二宮 至	4	駒沢	広島商（広島）	読売ジャイアンツ
	田尾 安志	4	同志社	泉尾（大阪）	中日ドラゴンズ
	吉沢 俊幸	3	早稲田	日大三（東京）	阪急ブレーブス
	楠原 基	2	法政	広島商（広島）	日本生命

で他校の選手にビンタを見舞うとは、心臓が飛び出しそうだった。2年生の江川への御大なりの思いやりのつもりだったろうが、4年間で最も驚いたことだった。なき御大にかわり江川に詫びたい。

日米大学野球は、朝日新聞社主催で、朝日の運動部記者で立教野球部OBの好村三郎（灘中）、早稲田の監督を務めた石井連藏《れんぞう》（水戸一高）、明大野球部OBの中山司朗（掛川西高）らが創設に関わった。また、御大の監督就任と同時に野球部長に就任した武田孟は、日本学生野球協会長の時代に同大会の設立に尽力した功績で野球殿堂入りを果たしている。御大も親交があった全米の強豪南カリフォルニア大学（USC）を監督として45年間率いたロッド・デドーもともに尽力した。ロッド・デドーは、日米大学野球の米側の功労者であり、オリンピックに野球競技を加えることに力を注いだことでも有名だ。日本政府から勲章も贈られている。現在の国際大会はプロ中心の選考だが、当時はアマチュア中心のメンバーだった。御大のトレードマークとなったLAのヘルメットは、ロッド・デドーとのロサンゼルスでの親交に由縁しているのだろう。

日米野球には明治から筆者と、名取和彦、荒井信久（成東高）、安岡直記（高知商）の4名を代表に選出してもらったにも拘わらず、成績を残せず御大には申し訳ない気持ちでいっぱいだった。同時に、アメリカの打者に木っ端微塵に打ち込まれ、プロ、社会人野球では通用しないことを自覚させられた遠征だった。御大は全日本の監督として、その3年後、さらに3年後の大会で、先のアメリカでの苦い敗戦の雪辱を果たし借りを返した。筆者には御大の意地と映った。

第7回日米大学野球選手権大会で采配を振るい優勝した御大、左はコーチの専修大監督・小林昭仁、1978年7月
（写真：『熱球三十年』講談社）

敢えて御大の黄金時代を問えば、1975年（昭和50）年の打倒江川を成し遂げて以来、リーグ優勝9回、大学選手権大会と明治神宮野球大会で優勝5回、日米大学野球選手権大会優勝2回を果たした12年間を指していい。最後の優勝から2年後に監督としてその幕を閉じる御大にとって集大成の12年間だった。

縁起担ぎ・その7

メモ用紙と鉛筆

縁起担ぎはまだまだあった。御大が出場メンバーを決める時は、監督室でB4判の藁紙《わらがみ》を4つに裁断した藁紙束（B6型）のメモ紙を1枚ずつ剝がし、消しゴムで修正をしながら3Bの鉛筆で記していた。紙を縦にして、鉛筆で試合の日付けと対戦相手を横書きで書き、その下にポジション番号、選手の名字を書き入れた。善波達也（桐蔭学園高）前監督の現役時代に御大がメモ用紙に記入した対早稲田戦と対東大戦のメンバー表が府中の島岡寮資料室に残っている。消しゴムで何回も消しながらメンバーを組み立てていたことが手に取るようにわかる。早慶のことが気にかかっていたのか、東大戦のメモに「打倒早慶」が記されている。その横に縦書きで「林賢志」とあり、故事か何かと考えた。調べてみると、1年生に林賢志という投手がいて、何と御大の地元の飯田高出身だった。

4年の時に、御大が監督室でビールを飲みながら、ふと机の上にあった自分が書き入れたメンバー表を見ながら、

「これは、朝日新聞からもらってきたものだ。この藁紙のメモ用紙と鉛筆が一番いい」

とご満悦だった。御大は後に朝日新聞社の社長になった廣岡知男《ともお》（市岡中―旧五高―東京帝大）と懇意で、選手には、

「廣岡さん（当時は社長）と話していると世の中の動きがよくわかる。朝日の幹部で忙しいのに、よく俺と会ってくれる。ありがたいことだ」

と、いつも楽しそうに話していた。廣岡が経済部長時代から朝日には出向いていたようだ。編集局は、当時有楽町にあった朝日新聞社の3階にあり、その編集局長室へ行くのを楽しみにしていたことを、当時の運転手役のマネージャーから聞か

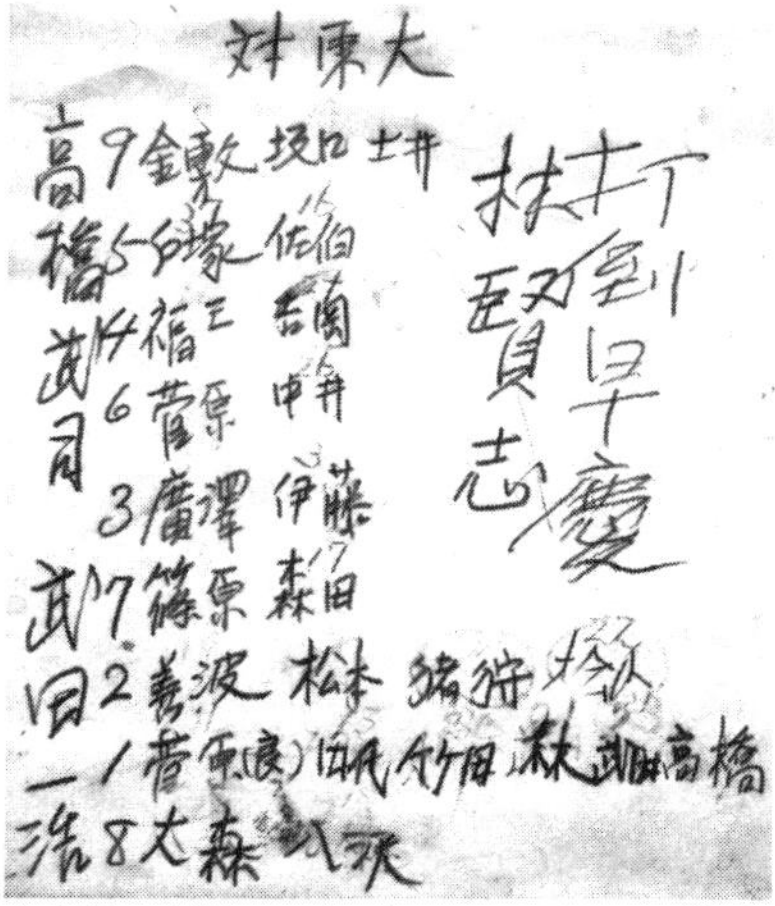

東大戦の出場メンバー案のメモ、なぜか「打倒早慶」とある　1983年春（島岡寮資料室所蔵）

朝日体育賞を受賞する御大　左は朝日新聞社廣岡知男社長、1975 年

された。

廣岡は御大の４歳年上で、大阪の旧制市岡中で１９２４（大正13）年の選抜大会と選手権大会に遊撃手として連続出場している。その後東京帝大に進み捕手に転向し、主将の秋に打率・４５５という高率で首位打者に輝いた。日本学生野球協会長、全日本アマチュア野球連盟会長も務め、アマチュア野球界ではエリート中のエリートで野球殿堂入りも果たした。廣岡が朝日新聞の幹部ということもあってか、

「俺の目の黒いうちに、廣岡さんを高野連の会長にしてやる。廣岡さんが一番相応《ふさわ》しい」

とビールを飲みながら話していたことを思い出す。

廣岡との歓談でよく同席していたのが、朝日の元運動部長で立教ＯＢの好村三郎だった。好村は、旧制灘中（現灘高）から立教に入り、中学、大学ともに投手、主力打者で活躍し、監督役も兼ねた。当時は、アマチュア野球担当記者で御大とウマが合った。御大から「よっさん」と呼ばれ、御大にはなかなか正面きってものが言えない人が多い中で、取材以外でも御大には辛口の異色の人だった。御大は逆に、好村が発する辛口を自分

の監督業の糧にしていたと思う。

企業、組織のなかでトップに立つ人が反対意見を言う人材を身近に置くことがいかに大事かを見せられた。しかし、反対意見を唱える人、辛口な人を遠ざけて企業を運営すると、一見うまくいっているように見えるが、実は底辺で何が起きているかトップがわからず、適時適切な判断を誤ることがよくある。この原稿の加筆、修正をしている最中に、ロシアの常軌を逸したウクライナ侵攻が起こった。まさにその主導者のプーチンがそうだった。政治の世界でも、最近の日本の政治を見ていて、よくわかりすぎる。「お友達」は付き合い方を間違えると、国力も企業の将来も損なう。プライベートでも同様だ。

好村三郎と御大

好村から晩年に筆者に書物が入った郵便物が届いた。記者時代に残した資料だった。先に紹介した東京都高野連の記事の他に、記者時代の原稿、入社25年の記念に読売巨人軍の川上哲治（熊本工）監督、長嶋茂雄、王貞治（早稲田実業）から贈られた連名のサイン色紙、御大と撮った記念写真が入っていた。さらに好村が「球師」と仰いだ学生野球の父といわれた飛田穂洲（水戸中―早稲田―朝日新聞）に立教の現役時代に書いて貰ったサインのコピー、「さわやかイレブン」「やまびこ打線」で甲子園を湧かせた池田高（徳島）を率いた蔦文也（徳島商―同志社大）監督から揮毫してもらった色紙のコピーも入っていた。好村の自著『野球を学ぼう――好選手になるために』（日刊スポーツ出版）へ東大野球部OBで高野連の会長も務めた脇村春夫（湘南高）が書いた推薦文の元原稿があった。脇村は我が意を得た好村の著書での指摘を、「見逃しの三振は、打者に打ち気がないからで、打者は少々ボールでも打つ気構えが必要」「投手は常にバッティング投手を志願して制球力を養うこと」と紹介している。筆者はこれを見て、御大はこの指摘も参考にして選手に説いたのかと想像した。また、好村が自らの従軍（第七十六聯隊第二大隊第五中隊小隊長）時代を記した戦闘記「高雄から比島へ」まで同封されていた。

御大は編集局のフロアに行くと、２０１９年にＮＨＫで放映された大河ドラマ「いだてん」に出てくる新聞社のデスク席の「六角机」にあった原稿用の藁紙と鉛筆を好村に貰い、明和寮に持ち帰った。終生（少なくとも筆者が接した4年間は）、朝日新聞で貰ったメモ紙と３Ｂの鉛筆で出場メンバーを書き続けた。３階のミーティング室で選手を集めて翌日の出場メンバーを発表する時は、いつもこのメモ紙を手にしていた。

後に、朝日新聞に入社してから、好村にこの話をすると、

「丸山、御大の偉いのは、新しい鉛筆は持っていかない。記者が使った後の短い鉛筆でいいから、と言って持って行った。ここが御大の偉いところだ」

と教えられた。そういえば、節だった手で握っていた鉛筆は、いつも鉛筆の頭が手からちょっとしか出ないくらい短かった。長い鉛筆は見たことがなかった。神宮で大活躍した廣岡と好村が新聞記者時代に使っていた用紙と鉛筆で験を担いでいたのかもしれない。

さらに取材をすれば御大の縁起担ぎ、験担ぎは、まだまだあるだろう。選手からみればここまでやるのかと思ったこともあったが、御大はいつも勝つために真剣で一貫していた。「一事入魂」がそこにあった。

フラッシュサイン

神宮球場のネット裏で、各校がデータ集めをしていることは前に記したが、他校の選手ばかりでなく、ベンチの監督のサインもデータ集めをしていたかも知れない。明治は他校の監督のサインの研究はしなかった。

御大は試合では、自らサインを出していた。当時の監督の中では唯一の「フラッシュサイン」だった。「ブロックサイン」が当たり前の時代によくフラッシュサインで通してきたものだとつくづく思う。御大のサインは、眼鏡とベルトに左右の手で触る位置がサインだった。「バント」「バントエンドラン（スクイズ）」「スチール」「ヒットエンドラン」が基本4型で、「ババスヒ」と覚えておけばよかった。「取り消し」は帽子を取る、「待て」は手を腰に組む、だったように記

「ツーアウト」が得意のポーズ、神宮球場、1977年（島岡寮資料室所蔵）

憶している。一応、見破られるのを防ぐ目的で、基本4型以外の「取り消し」「待て」「継続」を試合によって変えていた。サインを出す時は、サインにあたる場所をしばらく触っているので、いつ見破られるのかヒヤヒヤだった。さらに、サインを出す瞬間もサインを受ける選手を見つめ気合いが入っているので、サインの雰囲気が見え見えだった。

東大戦の後だったか、どうも相手にサインが見破られている、という話が御大に伝わった。御大のサインをつぶさに観察していたら、見破ることは極めて簡単だっただろう。次の試合前に、御大から信じられないサインの変更が告げられた。

「今日からサインを変える。俺が声を出すからそれがサインだ。動物の名前を言うから、四つ足の動物はバント、二つ足の動物はヒットエンドランだ。わかったな」

詳細は忘れたが、兎に角この「動物サイン」で1

試合をこなした。文字通り、「兎」に「角」だった。御大が両手を口に当て大声で「ライオン！」と叫ぶと、ベンチにいる選手から手を口に当ててクスクスと笑いが漏れた。御大は真剣だった。「ニワトリ！」と御大がサインを出した時、出された選手が「ニワトリ」が四つ足か二つ足かで迷って困ってしまうという話が出て、御大の隣に座っていたマネージャーからサインを変えることを進言した。「イノシシ」は御大の口から出なかった。神宮球場に「トラ」「ライオン」「ニワトリ」がベンチから発せられていたとは、スタンドは知るよしもなかった。

次に、御大は、

「では、俺はサインを出さない。サインは隣のマネージャーが出す」

と言って、御大の隣でスコアを付けていたマネージャーの小笠原義治（東筑高）に、「バント」「ヒットエンドラン」とサインを声で伝えた。小笠原が広げたスコアブックのページの上の4ヶ所を触るのがサインだった。御大の眼鏡、ベルトがスコアブックに代わっただけだった。試合が始まると、問題がすぐ起きた。御大がマネージャーに伝える声が大きいため、隣のマネージャーに伝わると同時に、相手のベンチにも伝わってしまったという、笑えないエピソード

コーチャーズボックスに立った頃の御大
（写真：『熱球三十年』講談社）

があった。これも他校は勿論、高校野球にもあり得ない島岡流だった。
御大のサインが前のフラッシュサインに戻るには時間はかからなかった。「フラッシュサインオンリーで37年間」の世界に類を見ない監督だった。

東大との縁

他校と縁では、東大とのエピソードが多い。六大学野球は学校同士の結びつきが強いが、明治と東大の関わりはより強い。前に述べた明治大学野球部産みの親の内海弘蔵《こうぞう》、御大の監督就任時に野球部改革を指令した総長の鵜澤總明も東大出身だった。東大野球部は2019（令和）年に創部100年を迎えた。前身の東京帝大の創部は1919（大正8）年で、1886（明治21）年に創部となった一高時代から数えると創部137年となる。

筆者の年代の東大は強かった。監督の岡田彬《ひとし》（都立戸山高）は、三菱重工から三菱自動車京都の選手兼監督を経て、江川卓が入学した1974（昭和49）年と翌年の2年間、監督を務めた。就任した年の秋の法政戦では、六大学ではいの一番に江川に黒星をつけた。江川と9回を互角以上に投げ合った山本隆樹（木更津高）の投球は圧巻だった。法政との決勝戦は江川に雪辱され敗れたが、その試合で江川から本塁打第1号を記録したのは、筆者の高校の同期生の主将で捕手の渋沢稔（上田高）だった。

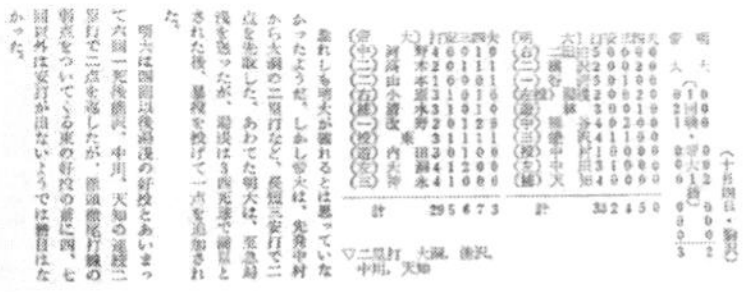

帝明戦は明治の敗戦で始まる1925年10月14日（明治大学野球部創部100年史）

東大、法大勝つ

戦後の帝明戦は明治の大敗でスタート、上井草球場（1946年5月21日付朝日新聞）

渋沢稔・東大主将と筆者

筆者はその渋沢と高校時代にバッテリーを組んでいた。当時は国立大学の入試はまだ、一期校、二期に校に分かれており、出身県の高崎経済大学を軽くパスし、東大理Ⅱへの合格が決まり、1年からレギュラーで出場していた。4年の時は、東大と明治のキャプテンがともに上田高出身、チーフマネージャーも小倉高（東大・古川博士と明治・大塚登）という珍しい組み合わせだった。

１９７５（昭和50）年秋は、明治は東大に連敗し、東大は最下位を脱した。中沢文哉（姫路西高）と西山明彦（湘南高）の両投手にはずいぶん苦しめられた。１００年の東大野球部の歴史のなかで、最も練習をしたのが岡田の時代だったという話を聞いた。東大があまり練習をしては困るのである。

資料を遡《さかのぼ》ると、筆者の在籍4年間は、8シーズンで東大とは何と13勝5敗で勝ち点を2回も奪われ、東大の対明治の勝率は28％となる。連盟ホームページによると、創部以来の東大の通算戦績は256勝1708敗（62分け）、勝率13％で、筆者の在籍4年間は東大には平均の倍の負けっぷりだった。

御大の対東大への意識は、早慶が相手とは別のものがあった。御大の寝室は明和寮の3階にあり、普段は朝6時ごろに2階の監督室に移動していた。階段を降りる時のスリッパの音がパタパタと大きいので、その音で目が覚めることがよくあった。早慶と対戦の日は、5時ごろからパタパタが始まり、意気が高揚して落ち着かないのがドア越しでわかった。まだ眠りに落ちている選手にはたまったものではなかった。この早朝のパタパタは東大戦で苦戦が続くと早慶の時と同様だった。また、東大相手に3回ごろまでゼロ行進が続いた試合で、心配になったのか、

「おーい、今日は大丈夫か」

と、神宮のベンチで御大が発したことがあった。東大相手に選手より御大が浮き足立っていた。指揮官自らが東大への苦手意識が出ては、選手にすぐ伝染してしまう。他校にはない対東大戦の光景だった。

御大が東大を意識するに足る資料に出くわした。『明治大学野球部史』には草創期の試合結果がすべて記されている。東京帝大が加わり六大学野球が始まった1925（大正14）年秋のシーズンの帝明戦（東明戦）初戦の記録は、その後の明治を暗示している。4回戦までもつれ、明治は2―3（駒沢）、1―1（延長11回・尾久）、1―0（駒沢）、3―1（駒沢）と接戦続きでや

っとの思いで勝ち点を上げている。明治の投手は、2度のノーヒットノーラン、江川卓も後輩の野口裕美（米子東―立教）も破れなかったシーズン奪三振109の記録を持つ湯浅禎夫《よしお》（米子中）で、帝大相手に4連投だった。東明戦の歴史は明治の敗戦から始まっていた。さらに、大戦で中止になっていたリーグ戦が1946（昭和21）年春に1回戦総当たりで再開された。上井草球場で行われた帝明戦（東明戦）は、なんと5対12で明治は大敗し、戦後も明治の敗戦から始まっている。4勝1敗で東大野球部史上唯一のリーグ戦2位のシーズンだ。縁が深すぎる訳だ。

春秋のリーグ戦の合間には、全国の社会人チーム、大学とオープン戦が組まれた。ある関西遠征で川崎重工神戸との試合で、御大が対戦相手のピッチャーを指名したことがあった。東大で通算奪三振第2位の記録を持ち、社会人野球でも活躍した橘谷健《きつたにけん》（都立西高）だった。御大は、選手に、

「よく見ておけ。彼が東大ではナンバーワンのピッチャーだ。都市対抗では久慈賞も取っている」

と言い、勝敗は別にして、ベンチで自ら指名したピッチャーに目を細めていた。

最近の東大は選手数が増え、2021（令和3）年には126名の登録があり、甲子園を経験した選手や軟式で活躍した選手が入部した。創部100年が過ぎ東大が4シーズンに1度くらいの割合でAクラス入りを果たすだけで、六大学野球が別世界のリーグ戦に様変わりする御大がよく口にした「帝大（時々東大をこう呼んだ）のない六大学野球は気の抜けたビールのようなもの

東明会草野球交流会　1995年4月

だ」が「気の抜けない東大」となる。と言っても明治にとってはいつも「気の抜けない東大」だったが、5校はたまったものではない。しかし、六大学野球ファンの楽しみ方はガラッと変わる。御大がいたら、東大の躍進を機に、監督室で自ら放談していた先の対戦カードの編成替えをやってしまうのではないかと、ふと思いに耽《ふけ》った。最終週に東明戦もあるのか、とつい妄想してしまった。

　東大とは毎年秋のリーグ戦終了後、11月23日の勤労感謝の日に、新チームで交流戦を明治のグラウンドで行っていた。練習用のユニフォームを着用し、毎年恒例で行われている。そして、試合後は食堂で「とりもつ会」が催された。これは、両校がリーグの中で脱退に関わる動きがあった時に、お互いが擁護して「取り持った」ということで、「鶏とモツ鍋」で交流を深めていた。両校の脱退の話は、御大が時々言っていたが、詳しい経緯は聞けず仕舞いだった。調べてみたい。現

東明会懇親会、神宮球場スコアボード裏「Green Cress」にて、2019 年 5 月

在は、「肉だんごの会」として続いている。筆者の代はこの交流戦も1対6で東大に敗れているので、対東大戦は年間で2勝3敗と負け越したことになる。

六大学野球が始まって以来、帝大には応援団がなく、5大学で応援団連盟を結成し運営していた。戦後の六大学野球復活と同時に、その帝大に応援団設立を呼びかけたのが明治の団長の八巻恭介（中央商）だった。当時の東大総長の南原繁（旧一高—東京帝大）に後援団設立の陳情に行くと、南原は「エールを送られてもエールを返さないことは礼に失する」と応え、帝大に応援部ができる運びとなった。明治は帝大に2週間ほどの応援指導に出かけ、帝大応援部が設立された。これで野球と並び応援団も6校体制となった。ここでも東大と繋がっている。

卒業してからは、同年代で「東明会」と称して、草野球、ゴルフを経て、毎シーズンの東明戦を観戦した後、神宮球場の隣にある日本青年館等で当時の東明の仲間と痛飲している。交流が35年以上も続いている。これも、六大学野球の縁で連なっている。

（注1）新制大学

１９４７（昭和22）に制定された学校教育法によってそれ以前の帝国大学や大学令によってできた大学が旧制大学と呼ばれ、１９４９（昭和24）年に旧制大学、旧制高等学校、師範学校、高等師範学校、大学予科が再編されて新制大学となった。これにより大学のマスプロ化が進み、各大学に学生数が急増した。明治大学は１９４９年に５５００人だった学生数は5年後に3万４４００人と急増した。その象徴だった和泉校舎（杉並区・東京）は老朽化により、２０２２年に建て替えが完了した。

（注2）素数

素数の定義は、①正の約数が1と自分自身のみで、1より大きい自然数、②正の約数の個数が2つである自然数、となる。言い換えると「2つしか約数がない数」となる。1は含まれない。2、3、5、7、11、13、17、19、23、29……となるが、素数は無限に存在する。御大の「素数」には、1と21が含まれていた。

御大が自ら身に付けていた「壱万壱千壱百壱拾壱円」、「壱拾壱万壱千壱百壱拾壱円」は正確には素数ではない。それぞれ約数が複数（前者は4、後者は32）あり、5円玉から一万円札の硬貨と紙幣では両替できないということだ。

（注3）ユニフォーム

公認野球規則3・03「ユニフォーム」では、「同色、同形、同意匠のユニフォームを着用し、そのユニフォームには6インチ（15・2センチ）以上の大きさの背番号をつけなければならない」「袖の長さは各人によって異なってもよいが、各自の両袖の長さは、ほぼ同一でなければならない」などとあり、上着の規定はあるが、ズボンの長さ、ストッキング着用の規定は見当たらない。それぞれの連盟でユニフォームについては内規で決められている。高校野球のユニフォームの使用制限規定には「裾を極端に絞った変形ズボンは使用できない」とあり、イチロー型も着用不可能であり、ロングパンツは規定にもなく、高校野球では論外ということだ。プロとは一線を画した規定だ。

（注4）干支

十干十二支《じっかんじゅうにし》をいう。中国の上古に始まる暦法上の用語。十干は、甲、乙、丙、丁、戊、己、庚、辛、壬、癸で、何を基準としたか明らかでないが、もと一旬（10日）を表す。十二支は、子、丑、寅、卯、辰、巳、午、未、申、酉、戌、亥。すでに殷《いん》代に、干支の組合せで暦日を表していた。前4世紀頃、十干が五行（木、火、土、金、水）に配当され、前2世紀頃、十二支が鼠、牛、虎、兎、竜、蛇、馬、羊、猿、鶏、犬、猪に配当され、これが伝えられて、日本では甲子を「きのえね」（木鼠）、乙丑を「きのとうし」（木牛）、丙寅を「ひのえとら」（火虎）のように呼ぶ。干支の組合せが、年、月の順を表すのに用いられ、十二支の時刻、方角などを表すのに用いられるようになった。（参考・ブリタニカ国際大百科事典）

今年（２０２３年）は、癸卯（みずのと・う）となる。甲子園球場は、完成した１９２４（大正13）年の「甲子《きのえね》」からきている。

（注5）六曜

暦上の日を6種の吉凶日に分けたもので、中国に起源するといわれているが、あきらかではない。旧暦の元旦を先勝《せんしょう》とし、友引《ともびき》、先負《せんぷ》、仏滅、大安、赤口《しゃっこう》とし、繰り返して日に割り当てた。先勝は午後凶、友引は昼凶、先負は午後大吉、仏滅はすべてに凶、大安はすべてに吉、赤口は正午のみ吉、とされる。（参考・ブリタニカ国際大百科事典、

日本大百科全書）

（注6）御大の館

御大の生誕の地、信州高森町牛牧にあるふるさと創生事業の一環で創設した日帰り温泉施設「信州たかもり温泉・御大の館」。島岡監督の愛称をつけて「御大の館」とした。1996（平成8）年8月にオープン。2階に御大ゆかりの所蔵品が展示されている「御大ギャラリー」がある。高森町の高台に位置して、遠くには南アルプスの山々が眺められる絶好のロケーション。温泉はラドン温泉を使用して、併設する湯ヶ洞は宴会宿泊施設として名物の鯉の甘露煮をはじめ地元の料理を提供している。玄関前には、「御大の館」の石碑のとなりに「人間力」の石碑が並んでいる。高森町役場によると、御大の館の年間利用者数は15万人に及ぶ。

島岡家の墓（高森町）

「御大の館」の石碑（高森町）

長野県下伊那郡高森町牛牧832—1　☎0265—35—8270

（注7）オブストラクション

公認野球規則でオブストラクションの規定は、打者または走者の妨害、守備側の権利優先、捕手の妨害、競技場に入ることを公認された人の妨害、観衆の妨害、コーチおよび審判員の妨害、スクイズプレイまたは本盗の妨害、オブストラクションの宣告、本塁の衝突プレイ、と多岐にわたる。御大が選手を引き上げたオブストラクションは、「走塁を妨げられた走者は、オブストラクション発生当時すでに占有していた塁よりも少なくとも1個先の進塁が許される」（公認野球規則6・01）に当たり、帰塁をする行為も走塁に含まれ、妨害に含まれるとの専門家の説明だ。

「人間力」の碑の前で、高森町・御大の館にて、1999年8月

東大戦のオブストラクションは、一塁塁審のセーフのゼスチャーの後の宣告だったので、御大が抗議したことと、帰塁での妨害は注意をするケースが多く、いきなりオブストラクションの判定となったので、それに対しての抗議も含まれて、ダブルで不満が噴

き出したようだと、後にOBから解説があった。

（注8）アピールと抗議

アピールは、「守備側チームが攻撃側チームの規則に反した行為を指摘して審判員に対してアウトを主張し、その承認を求める行為である」（公認野球規則2・02）と定められている。

アピールは塁の空過（塁の踏み忘れ等）、早すぎるリタッチ（犠飛の時の走者のスタート）、第3アウトの置き換え（アピール後の第3アウトの処理）など適用される範囲は狭い。走塁妨害、守備妨害など審判員の判断に委ねられる判定への異議申し立てはほとんどが「抗議」である。日本では監督に抗議権が認められているように思われているが、厳密にルールを適用するなら即刻、退場となる。暗黙の了解でプロのみならずアマチュア野球でも説明を受けるために異議を唱えることが認められており、唯一、認めていないのが高校野球の世界である。公認野球規則には「抗議」の文言は見あたらない。

（注9）学部と専門部

戦前の旧制大学の制度。旧制中学を卒業後、旧制高等学校、大学予科を経て入学する学部に加えて、旧制中学や実業学校の卒業資格で入学できたのが専門部。専門部は旧制専門学校と制度上は同じで、学士の授与はなく学部とは区別されていた。専門部から大学へ入学するには、改めて旧制高校、予科を受けなければならなかった。戦後の学生改革で専門部は大学の学部へ統合、新学部へ移行、一部は短期大学となった。

其の九　「旧来の陋習を破れ」「悪貨は良貨を駆逐する」

▽監督就任時の方針を終生貫く

▽組織の荒廃の結末をわかっていた

旧来の陋習を破れ

御大はこれもよく板書した。「旧来の陋習《ろうしゅう》を破れ」。陋習という言葉は18歳で初めて出会った。御大が話した内容から判断すると、よからぬ習慣のような気がした。辞書で引くと、

「いやらしい習慣。悪い習慣。【用法】旧来の陋習を打破する」

とあった。慶応義塾の産みの親である福澤諭吉の諭した『修身要領』(注1)の家族の独立自尊の第8条に、

「男尊女卑は野蛮の陋習なり。文明の男女は同等同位、互に和敬して各其独立自尊を全《まった》からしむ可《べ》し」

とあった。他にも明治政府が明治元年に発布した「五箇条の御誓文」に「旧来の陋習を破り……」(注2)とあり、御大の出典は「五箇条の御誓文」からと思った。小学校6年生の教科書には、五箇条の御誓文の説明の中に、「舊来《きゅうらい》の陋習ヲ破リ天地ノ公道ニ基クヘシ」を「これまでのよくないしきたりを改めよう」と記述されている。

グラウンドと明和寮の中では、「陋習」といえるものはよくわからなかった。意識もしなかっ

た。卒業してなるほどと思った。

今でもまだ、大学の運動部や高校の運動部でいわゆる「シゴキ・イジメ」が時々問題になる。もっとも運動部でなくとも、イジメは今でも小学校や中学校に存在し、問題が顕在化することはざらだ。時代は変わっても、形を変えて人間社会からは無くならないものかもしれない。明大野球部にも当時は、上級生から下級生への「教育」はあった。日本の運動部の裏の悪しき慣習といってもいい。この陋習を、旧制中学、応援団時代に御大も体験していたわけだ。御大も当然当時の状況を知っていたのは間違いない。

旧日本陸海軍の組織の中で、軍の統制を保つために、上から下への理不尽なシゴキがあったのは事実だ。旧日本陸軍の「私的制裁」について『写真で見る日本陸軍兵営の生活』（藤田昌雄著・潮書房光人新社）に細部にわたり記述があり、要約する。

陸軍における主に古年兵が初年兵に行ったスタンダードな私的制裁は「ビンタ」であり、平手で頬を殴るのが一般的であるが、時として拳を用いる鉄拳制裁や、エスカレートすると帯革や上靴を用いるケースもある。私的制裁に耐えかねて脱走者が出ると、古年兵はビンタを控えて「蝉《せみ》」「鶯の谷渡《たにわたり》」など別の私的制裁に走るか、顔を殴るのをやめたりした。私的制裁の原因の多くは、「古年兵の初年兵に対する義憤」「古年兵が受けた過去の制裁に対する仕返し」「古年兵ぶって行う」「古年兵が叱責を受けた時」「古年兵が進級に遅れたため」「他人の制裁に同調する場合」等がある。

軍の内部では悪しき慣習とわかっていながら、仕方がないことと上層部も黙認してきた。シゴキを受けた初年兵は悶々としながらも何も言えなかった。古年兵を上級生、初年兵を下級生、軍を部と置き換えて、当時の運動部に投影すると、「うーん」と唸る諸兄も多いのではないか。

戦後、特に大学の運動部にその悪しき風習が残った。高校へも伝染した。御大も戦時中は中国のマカオに旧日本海軍の特務機関員として駐留しており、この悪しき風習は痛いほどわかっていただろう。命からがらマカオから帰還した直後、明治中（現明治高）の監督を経て明治大学野球部の監督に就任した。戦後の復興の時代に野球を通して、世の中に通用する人材を育成することをバックボーンにしてきた。そのなかで、この悪しき風習を無くすことも含めて、「旧来の陋習を破れ」と選手の前で言ったのか、と想いを巡らした。なき御大に今でも「旧来の陋習とは何を指していたのですか」と問いかけたい。

この言葉は、選手で4年間を過ごした時より、社会人になってから生きた。

悪貨は良貨を駆逐する

「悪貨は良貨を駆逐する[注3]」も御大は黒板によく書いて言った。

「イギリスの有名なグレシャムという経済学者が説いた経済理論だ。紛《まが》い物を混ぜた価値の低い金貨が流通することで、経済活動が乱れ、世の中が乱れる」

というような内容を言っていたと記憶している。そして、

「明治大学野球部合宿所は集団生活だ。この集団生活の中で『悪貨』になるな」

と付け加えた。無気力な者、やる気がない者は御大からみると「悪貨」だった。ひとりでもいると野球部全体に影響を及ぼすということだ。そして、100名もいる集団生活では、野球以外でもいろいろなことが起きた。合宿所生活は様々な規則があったが、この規則を守らない寮生の方へ流れると組織はガタつく。グラウンドでも、御大とは反対の練習量を少なくする方へ傾くと進歩が止まる。野球も世の中も一緒だ。

「悪貨」が蔓延《はびこ》ると、組織の雰囲気、運営がおかしくなってくる。明治生まれの御大は、戦中の日本軍を通して痛いほど経験していたはずだ。悪貨の方が拡がる力が強いことをわかっていて、御大は選手にこのような言い方で警鐘を鳴らしていたのだろう。社会人になって、仕事もプライベートでも、悪しき習慣が蔓延すると、歯車が狂い、それが風土化してしまうことに出くわした。当時はせいぜい御大の選手への戒めと思っていたが、生きた社会では痛いほど経験させられた。

御大が言った「悪貨」の蔓延が組織や企業を堕落させる例は多い。一流企業が破綻するケースは業績の不振の裏に、この要素が必ずある。北海道拓殖銀行、山一證券などがいい例だ。最近では日産自動車、日本大学のトップ行政にもあった。企業の破綻は人間では死を意味する。人の死

は1人で済むが、大企業の死は何百人もの人を別の死に追いやる。怖いことだ。ロシアのプーチンの暴走も悪貨が戦争まで引き起こし罪のない人も殺してしまう最悪の事態を招いた。原因は組織内の「悪貨」の見逃し、見過ごし、見て見ぬ振りをする「陋習」がある。御大が選手に諭した「悪貨は良貨を駆逐する」と「旧来の陋習を破れ」はセットと捉えていい。御大はこのふたつを、若い選手に口を酸っぱくして説いた。野球部内で警鐘を鳴らしていたが、実は選手に「社会に出てから心せよ」と言っていたと今に思う。「悪貨」と「陋習」については後で触れる。

「習慣」に行き着く

御大が選手に説いた「旧来の陋習を破れ」「人間力を磨け」「不得手に挑戦」は、「習慣」に行き着く。「いい習慣をつけろ」「そのために日々鍛錬だ」と言い換えていい。習慣化することは、意識することと時間を要する。長い練習時間は選手の自主性によって、いい習慣を付けるには必要な要素だ。人間力を養うことに結びつく。野球も社会生活も同じだ。それが御大のねらいだったのだろう。

いい習慣は個人が努力した後に身につく。個人の才能が伸び、個人の成長につながり、人間力が磨かれる。その個人が集まったチームのレベルは自《おの》ずと上がる。チームワークの本質につながる。「個」を強くし「共生」につなげるという現在の明治大学の理念に符合する。

御大が発した多くの銘言は、アナログで単発的なもののように捉えられてきたが、実は御大の奥にはシステム化された「人間創造」のロジックがあったと思う。4年間にわたり、グラウンドと明和寮で意識を高め、時間をかけ培《つちか》えば、必ず人間が育つ。そして、社会にも役に立つ人材ができると確信していたのだろう。その御大のつくったシステムの上に乗せられた4年間と捉えれば、野球を飛び越えた貴重な時間だったといえる。単なる「精神野球」「人間力野球」と簡単に片付けたのではもったいない。

選手を「社員」に、チームを「企業」に置き換えればそのまま社会で通用する。

（注1）修身要領

明治時代に独立自尊を訴えた福澤諭吉の興した慶応義塾の弟子がまとめたもの。全部で29カ条の教訓からなり、独立自尊の定義、個人の独立自尊、家族の独立自尊、社会人の独立自尊、国民の独立自尊、国家の独立自尊、教育と文明の重要性からなり、家族の独立自尊の第8条に「男尊女卑は野蛮の陋習なり」とある。

（注2）旧来の陋習

明治政府が政府の方針を述べた1868（慶応4）年に布告した「五箇条の御誓文」に「舊来ノ陋習ヲ破リ」とある。

原文は左記になっている。カッコ内は現在の小学6年生の教科書の説明文から引用。

五箇条の御誓文

一、廣ク會議ヲ興シ萬機公論ニ決スヘシ（政治は、会議を開いてみんなの意見を聞いて決めよう）
一、上下心ヲ一ニシテ盛ニ經綸ヲ行フヘシ（国民が力を合わせて、国の勢いをさかんにしよう）
一、官武一途庶民ニ至ル迄各其志ヲ遂ケ人心ヲシテ倦マサラシメン事ヲ要ス（国民一人一人の意見がかなう世の中にしよう）
一、舊来ノ陋習ヲ破リ天地ノ公道ニ基クヘシ（これまでのよくないしきたりを改めよう）
一、智識ヲ世界ニ求メ大ニ皇基ヲ振起スヘシ（知識を世界から学んで、天皇中心の国家をさかんにしよう）

我國未曾有ノ變革ヲ爲ントシ朕躬ヲ以テ衆ニ先ンシ天地神明ニ誓ヒ大ニ斯國是ヲ定メ萬民保全ノ道ヲ立ントス衆亦此旨趣ニ基キ協心努力セヨ

（注3）悪貨は良貨を駆逐する

グレシャムの法則。16世紀のイギリス王室の財務官だったT・グレシャムが唱えたとされている経済学の法則で、「悪貨は良貨を駆逐する」という言葉で有名。1つの社会で、名目（額面）価値は等しいが素材価値の異なる2種類の貨幣が同時に流通する場合には、素材価値が高いほうの貨幣はその素材自体の価値のために退蔵されたり、つぶされたり、海外に流出するため、実際に市場に流通するのは、素材価値の低い方の貨幣だけになるというもの。金本位制時代に財政の窮乏を救うために銀の含有量を落とした英王室に進言したという。（参考・『ブリタニカ国際大百科事典』ほか）

其の十「社会に出たら労働基準法などないと思え、ひたすら働け」「初月給でいい酒を買え」

▽いい酒で一日をふり返れ

▽高校野球を想う

働き方改革、隔世の感

「社会に出たら労働基準法などないと思え、ひたすら働け」。こんなことを、今のトップが言ったら、すぐに物議を醸《かも》し、ネット上で書き込みをされる。たいへんな時代になった。しかし、平成の初期はまだこれが通用した。たった30年余りである。変わったものだ。ITの出現とその加速度的な進歩に符合する。経済活動、収益の伸びが鈍り、国民の可処分所得が増えない状態が続いている。だったら働き方を変えようということらしいが、これは対症療法だ。対症療法は根治療法でないので、さらに経済が鈍化し、高齢化が一層進み、社会保障費がもっと増大すると、次の働き方のあり方が問われる時がすぐそこにやってくる。

御大は、卒業する4年生によく、「社会に出たら……」と言い含めた。寝食を惜しんで働いても、グラウンドと明和寮で4年間も鍛えてあるので社会で十分通用する、という気持ちも込められていたのだろう。

選手は4年間を通して野球漬けで、大学生といっても学業は二の次の生活を送ってきた。学業の積み上げは、一般の学生に比べれば明らかに薄い。社会に出て、その学業の遅れを挽回するために、御大は「理屈じゃ勝てない。勝てない分を行動の量と誠で示せ。そのために鍛えてきた」と言いたくて、冒頭の檄となった。時間と身を惜しまず働くことを企業への恩返しと考えていた。「企業のために身を惜しまず働く」などと言うと、現代の働き方改革に照らすと、なにか場違いのような雰囲気になるご時世だ。御大の嘆きが聞こえてきそうだ。働き方改革と聞こえはいいが、本質を間違えると違った方向へ向かってしまう。政府の掲げる働き方改革の大きな目標は、長時間労働の解消、非正規と正社員の格差是正、高齢者の就労促進による労働力人口不足の解消だった。その実現には、大企業と中小企業の労働環境格差、出生率の低下、同一労働同一賃金へのハードルなど課題は多い。経済成長の伸びが止まった今、このハードルを越すには、人間に欠かせない「衣・食・住」と「教育」にかかる経費負担を軽減することをセットにしなければ実現は遠い。それを国民にわかりやすく具体的に説明し、政策にすることが税を徴収しそれを使う政府の役割だ。

新型コロナウイルスで日常だった「働き」が止まった。この状況はすべての人が人生で初体験だった。感染収束の出口が見えない中で、働き方を変える契機となってしまった。「労働基準法などないと思え。ひたすら働け」と言って選手を社会に送り出した御大が今いたら、「働き方は法に照らして自分で決めよ。その上でひたすら働け」と「ひたすら働け」は譲らないであろう。「ひたすら」と「働け」は経済成長を目指すには不可欠だ。２つをうまく分けて、時代に合わせていくことが、改革と成長をセット化できる。働き方改革の裏で「経済成長が止まり、身の丈にあった働きを」と間違った方向に行くと人間と社会の成長が本当に止まり、日本は先進国から後退してしまう「半ドン」の時代が懐かしい。御大の言った「悪貨は良貨を駆逐する」ことが「陋習」となると逆に怖い。

社会人野球と御大の「就職活動」

御大は4年生の就職を企業に自ら働きかけた。現在は、選手は自ら就職活動をしているが、背景には社会人野球チームの減少が大きく影響している。

筆者は２０１９年まで札幌で8年間を単身で過ごした。北海道の企業チームの状況は象徴的だった。筆者が大学を卒業した昭和51年に10チームあった企業チームは2チームまでになっていた。かつては、新日鉄室蘭、大昭和製紙北海道、王子製紙苫小牧、北海道拓殖銀行、電電北海道をはじめ強豪揃いだった。さらに、最北の登録企業チーム、航空自衛隊稚内があった。クラブチームとして都市対抗で後楽園を沸かした函館太洋（オーシャン）倶楽部と小樽野球協会は今も残っている。広大な雪国の北海道でも社会人野球は活気があった。大学卒業後、それらの企業にお世話になった選手は各大学野球部に数えきれないほどいる。下級生の頃、ある選手が拓銀に就職が決まると明和寮の食堂で拍手が起こったことを思い出した。

筆者が12年前に札幌に勤務していた頃、北海道の企業チームが2チームしかないと聞いて驚いた。2チームはどこか問われても、すぐには答えが出てこなかった。拓銀も、新日鉄も、大昭和も今はない。旧国鉄（設立当時は札幌鉄道管理局野球部だったろうか）のＪＲ北海道はすぐに出たが、もう1チームがどうしても出て来ない。それは航空自衛隊千歳と聞いて2度驚いた。ＪＲ北海道も前身は官営で、国防を担う自衛隊が企業チームとは驚いた。最近では、欠損が続くＪＲ北海道の野球部はクラブチームに移行し、北ガス（北海道ガス）が要請を受けて企業チームとして登録され、日本製鉄室蘭シャークスが関連企業を含めた体制で復活した。

大学を卒業してしばらくしてから、東京都のクラブチームに関わったが、その時、警視庁が加盟したのを思い出した。北海道には製造業、金融業の企業チームがなくなり、北海道経済の様変わりは、社会人野球にも大きな影を落とした。拓銀の破綻が北海道経済に与えた影響はいまだに続いている。

45年前の１９７８（昭和53）年に全国で１７９あった企業チームは、半数以下の85（企業チームの他に専門学校・自衛隊の12チームが登録）まで減っている。現在でも存続しているチームは46（企業合併での存続・クラブチームからの再登録も含む）と、4チームに1チームしか残っていない。日本経済の縮小が反映されている。企業チームが廃部後にクラブチームとなり、その後企業チームとして再登録したチームも多い。企業チーム数の確保が苦しい状況が見て取れる。

企業チーム数の変遷を見ると、この半世紀の日本経済の変貌がよくわかる。業種別では、金融・生保は17から6へ、製紙は5から2へ、自動車は18から12へ、製鉄・重工は41から15へ、製造・流通他は38が35へ大きく減っている。増えているのはガス（2から5へ）のみだ。民営化した国鉄（ＪＲ）と電電公社（ＮＴＴ）は対応が分かれた。ＪＲは北海道と近畿はゼロで、17が11と減ったが、民営化後も存続している方だ。ＮＴＴは12を東日本と西日本に1ずつ存続させ整理統合した。そして、新たに10の専門学校と自衛隊2チームが企業チームに加わっている。（別表参照）

日本経済の屋台骨の関東地区でさえ、半世紀で49チームから28チームへ半減している。首都東京でも企業チームは8チームまで減っている。選手のあこがれの的だった日本鋼管（京浜）、日産自動車が、廃部（統合）、休部になっているのは象徴的だ。後楽園球場（現在は東京ドーム）での応援合戦ではお気に入りだった熊谷組（現在はクラブチームの熊球クラブ）もない。他にも全国で廃部になった有名チームは枚挙にいとまがない。寂しい限りだ。

御大は隆盛極まる社会人野球時代に、ひとりでも多くの選手を一流企業チームに就職させようと奔走した。勿論、チームの強化のために社会人チーム側から選手獲得に乗り出すケースも数多くあった。ある主力選手に企業チームから採用の要請があると、御大は企業チームに御礼を兼ねて訪問し、採用担当役員の前で、

「この度は選手の採用、感謝します。つきましてはもうひとりの採用をお願いできませんか。こいつは、野球では一流ではありませんが、野球以外で御社には必ず役に立つはずです。ぜひ、採用をお願いします」

社会人野球企業チームの登録変遷

＊丸数字は登録チーム数、＋はクラブチーム数

＊ゴシックは2022年にも登録されている企業チーム

（名称、企業合併等で変更されたチームを含む）

＊下線は企業チーム扱いの登録チーム（専門学校、自衛隊）

参考「日本野球連盟HP」「日本社会人野球協会会報」

年／地区	1976（昭和51）年 企業＝179 クラブ＝131	2022（令和4年） 企業＝97 （企業85、企業扱い12） クラブ＝249 （　）は活動中止チーム
北海道地区	札鉄、北海道拓殖銀行、電電北海道、札幌トヨペット、日産サニー札幌、新日本製鉄室蘭、王子製紙苫小牧、大昭和製紙北海道、旭川鉄道管理局、航空自衛隊稚内 ⑩	航空自衛隊千歳、北海道ガス、日本製鉄室蘭シャークス ③＋15
東北地区	ヨークベニマル、仙台鉄道管理局、電電東北、新日本製鉄釜石、小野田セメント、盛岡鉄道管理局、岩手トヨタ、岩手銀行、谷村新興製作所、岩手経済連、アイワ、東京製綱、山形相互銀行、東北肥料、秋田鉄道管理局、ＴＤＫ、秋田相互銀行、秋田銀行、三菱製紙八戸工場 ⑲	自衛隊青森、JR盛岡、トヨタ自動車東日本、JR東日本東北、日本製紙石巻、七十七銀行、JR秋田、TDK、きらやか銀行 ⑨＋59
北信越地区	電電信越、三協精機、新潟鉄道管理局、電電富山、北陸銀行、電電北陸、西川物産 ⑦	フェデックス、バイタルネット、JR新潟、伏木海陸運送、ロキテクノ富山、IMF BANDITS富山 ⑥＋16
関東地区	熊谷組、東京ガス、東鉄、電電東京、明治生命、鷺宮製作所、高島屋東京支店、日立化成、リッカー、日本IBM、朝日生命、チャイルド、オール北斗、東京信用金庫、東芝府中、林建設、向山建設、東芝、いすゞ自動車、日本鋼管、日本石油カルテックス、日産自動車、横浜高島屋、三菱重工横浜、三菱自動車川崎、キャタピラー三菱、相模原市役所、横浜市消防局、横浜日野自動車、日産サニー神奈川、千葉鉄道管理局、川崎製鉄千葉、電電関東、三井造船千葉、新日本製鉄千葉、日本通運、本田技研、エーザイ、水戸鉄道管理局、日立製作所、日本鉱業日立、北茨城市役所、東日本薬品、住友金属鹿島、高崎鉄道管理局、富士重工業、他2チーム ㊾	日本製鉄鹿島、日立製作所、JR水戸、日本ウェルネススポーツ大学、茨城トヨペット、茨城日産、エイジェック、SUBARU、日本通運、Honda、深谷組、オールフロンティア、SUNホールディングス、テイ・エス・テック、JFE東日本、日本製鉄かずさマジック、JR千葉、鷺宮製作所、JR東日本、東京ガス、明治安田生命、NTT東日本、日本ウェルネススポーツ大学東京、セガサミー、JPアセット証券、ENEOS、東芝、三菱重工East（いすゞ自動車、日産自動車） ㉘＋73

地区＼年	1976（昭和51）年	2022（令和4年）
東海地区	大昭和製紙、河合楽器、日本楽器、関東自動車工業、名古屋鉄道管理局、東邦ガス、電電東海、トヨタ自動車、三菱名古屋、王子製紙春日井、東海理化、日通名古屋、名古屋日産、新日本製鉄名古屋、丹羽鉦電機、愛知トヨタ、本田技研鈴鹿、サンジルシ醸造、西濃運輸 ⑲	ヤマハ、王子、JR東海、東海理化、東邦ガス、トヨタ自動車、三菱自動車岡崎、日本製鉄東海REX、ジェイプロジェクト、西濃運輸、Honda鈴鹿（河合楽器、永和商事ウイング） ⑪＋16
近畿地区	日本生命、電電近畿、大阪高島屋、松下電器、新日本製鉄堺、旭化成大阪、全三和銀行、デュプロ、日立造船堺、住友銀行、川崎重工、三菱重工神戸、川崎製鉄、新日本製鉄広畑、神戸製鋼、鐘淵化学、石川島播磨重工、小西酒造、阿部企業、東レ、ユニチカ、辻和、日本新薬、高島屋京都、大丸、京都市役所、三菱自動車京都、京都信用金庫、第一紙行、山田静、スワロン、丸勝、住友金属、丸善石油下津 ㉞	ルネス紅葉スポーツ柔整専門学校、カナフレックス、島津製作所、日本新薬、ニチダイ、NTT西日本、大阪ガス、パナソニック、日本生命、履正社学園、ミキハウス、日本製鉄広畑、三菱重工West、神戸ビルダーズ（田村コピー） ⑭＋39
中国地区	三菱自動車水島、三井造船玉野、川崎製鉄水島、広島鉄道管理局、三菱重工三原、東洋工業、三菱重工広島、電電中国、広島マツダ、日本鋼管福山、常石鉄工、山本鋼材、協和発酵防府、東洋紡、新日本製鉄光、田辺製薬 ⑯	シティライト岡山、三菱自動車倉敷オーシャンズ、ツネイシブルーパイレーツ、伯和ビクトリーズ、JFE西日本、MSH医療専門学校、JR西日本、日鉄ステンレス山口シーガルズ ⑧＋11
四国地区	阿波銀行、国鉄四国、大倉工業、四国銀行、伊豫銀行、愛媛相互銀行、電電四国、丸善石油 ⑧	JR四国、アークバリア、四国銀行 ③＋3
九州地区	新日本製鉄八幡、門司鉄道管理局、電電九州、九州産業交通、日立造船有明、熊本鉄道管理局、鹿児島鉄道管理局、三菱重工長崎、大分鉄道管理局、日鉱佐賀関、オール那覇、新日本製鉄大分、他5チーム ⑰	九州三菱自動車、JR九州、沖データコンピュータ教育学院、西部ガス、福岡医健スポーツ専門学校、九州総合スポーツカレッジ、日本製鉄大分、Honda熊本、九州工科自動車専門学校、鮮ど市場硬式野球部、大福ロジスティクス、宮崎梅田学園、宮崎福祉医療カレッジ、沖縄電力、エナジック（日産自動車九州、三菱重工長崎、熊本ゴールデンラークス） ⑮＋17

と言った後、担当役員の前で土下座をしたという逸話も事欠かなかった。野球を通して人間教育をしてきた中で、1人でも多くの人材を使って欲しい一心で、自ら企業に対し就職活動を行った。

御大の「就職活動」は有名で「島岡さんにお願いされたら仕方がない」ということだろうか、調布のグラウンドの土地を農家から買い付けをしていった時と同じ情熱で選手のために奔走した。これも、選手が卒業後も御大を慕う所以となっている。

一方で、クラブチームは249の登録があり、今や企業チームの3倍に近い登録数だ。昭和51年当時より約120チームも増えている。なかには、廃部になった企業チームの受け皿として存続しているチームも多い。クラブチームが増えていることは、日本人の野球好きを表している。日本特有の軟式野球も同じことがいえるが、硬式で野球を続けたい野球人は多い。

多くのクラブチームの悩みは、グラウンドを所有していないことに尽きる。野球をする前に練習とゲームのグラウンドを確保することがチーム運営の鍵を握っている。クラブチーム時代に、高校や大学のグラウンドを借りるのに、マネージャーをはじめ監督も総監督もその折衝に当たり、グラウンドの確保に骨が折れた経験が懐かしい。

クラブ野球の目標は、全日本クラブ選手権と都市対抗予選で勝ち上がることだ。大会の予選が平日も行われ、選手が仕事を持っている都合上、参加選手の確保が難しい。公式戦の球場が、土日祭日と平日の夜に確保できれば、クラブ野球はさらに活況となろう。企業チームがここまで減っては、大学卒業後に野球を続ける選手は減る一方だ。練習と公式戦のグラウンド条件が改善できれば、大学卒業直後の企業チームでも通用する選手が活躍できる。高校、大学、クラブと連続して硬式野球を続ける野球人が増え、クラブチーム全体のレベルが上がる。企業チームと肩を並べるチームが増え、新たな日本の野球文化の発展につながる。

残念だが、半世紀でほぼ半減した企業チーム数は、この先復活するとは考えにくい。サッカーは企業チームで構成された日本リーグをトップに下部組織も含めて、Jリーグとして大きなピラミッドをつくり、成功した。企業より地域を全面に出した画期的なサッカー改革だった。

高校野球の2大大会（選手権大会と選抜大会）を育て、互いに主催、後援をしている朝日新聞と毎日新聞はそれぞれが主催している「マスターズ甲子園大会」と「社会人クラブ選手権大会」を高校野球、大学野球選手の卒業後の受け皿として組織を改編し、企業チームの都市対抗野球と並ぶ「S（社会人）リーグ・トーナメント」として活性化させれば、企業チームの減少対策となる。運営上のネックは資金となる。Jリーグや Bリーグに倣い、自治体、企業とタイアップして地域色を出した運営も考えられる。高校生、大学生にとって励みになるだろう。高校野球、大学野球ファンにとって楽しみが増える大会（リーグ）になれば面白い。高校野球をここまで育てた朝日、毎日が関係団体と協力して、社会人野球の大きなピラミッドをつくることは、日本の野球にとって有意義だ。プロ野球や企業チームに進まない多くの選手が、高校、大学、社会人と本格的な硬式野球を続けることができる日本型の「アマチュア野球システム」を期待したい。

香田誉士史監督のこと

北海道といえば、香田誉士史（佐賀商―駒沢大）がいた。鶴見大学（横浜市）のコーチ、監督を経て、現在は九州の社会人チーム西部《さいぶ》ガス（福岡市）の監督として采配を振るっている。駒大苫小牧高が、選手権大会で2年連続の全国制覇をしたことは驚きだった。高校野球界では、優勝旗が白河の関を越えられないと何十年も言われてきたが、またたく間に津軽海峡も越えての全国制覇、しかも2年連続の偉業だった。香田とは、クラブ野球、札幌時代も含めて親交をいただき、札幌では講演会に2回も講師として福岡から足を運んでいただいた。香田は歯に衣を着せぬしゃべりで、監督当時の苫小牧の練習から、甲子園での裏話まで披露してくれた。香田ファンは男女を問わず、世代を超えて多かった。

香田は2004（平成16）年と翌年の夏の甲子園を連続制覇している。18年が過ぎたが昨日のことのようだ。筆者は、香田を講演会で、「香田さんは4回の全国制覇をしている。しかも3連覇もしている」と紹介した。香田は2連覇の翌年は甲子園の決勝で延長15回引き分けの再試合で、斎藤佑樹（早稲田実業―早稲田）擁する早稲田実業に敗れた。ラグビーなら決勝戦の引き分けは「両校優勝」で「3連覇」となる。遡って1994（平成6）年に香田は母校の佐賀商の主力コーチとして夏を制している。この4回を指して、筆者は「4回の全国制覇、3連覇」と紹介した。

優勝旗、北の大地へ

駒大苫小牧

指立て「日本一」

応援席も喜び爆発

「ありがとう」10年目の涙

香田誉士史監督

駒大苫小牧、全国制覇（2004年8月23日付朝日新聞）

香田との懇談の中で、「野球の練習の方法ではプロもアマも含めて自分が一番だと断言できる」と自信たっぷりに話したのが強く印象に残った。それだけ、野球の練習に心血を注いでいると思った。香田の話を聞いて、北海道での野球の練習は寒さとの戦いに加え、工夫との戦いだと確信した。

香田は佐賀の出身で、苫小牧の隣町の白老町《しらおいちょう》には、九州よりさらに南の沖縄出身で北海道勢初の都市対抗野球大会制覇を果たした我喜屋優《がきやまさる》（興南高）がいた。我喜屋は選手の後、大昭和製紙北海道の監督をしていた。グラウンドの雪を長靴で踏みしめての「雪上ノック」は有名だ。香田は「雪上ノックは僕が始めたが、我喜屋さんは自分が始めたと譲らないんだ」とニコニコしながら話していた。我喜屋を心から慕っており、北の大地で南の沖縄、佐賀出身の2人が高校野球と社会人野球の指導者でしのぎを削っていたのは何かの縁としか思えない。我喜屋は１９７２（昭和47）年の沖縄が本土に復帰する半年前に大昭和製紙があった富士市（静岡）から白老に来ている。沖縄から富士、白老と北上し、一気に故郷の沖縄に南下し、母校の興南高校を率い沖縄勢初の全国制覇、春夏連覇を成し遂げた。まさに全国を縦断し、常に全国優勝に絡む野球人生だった。教え子の島袋洋奨（興南高―中央大）をコーチに迎え、沖縄本土復帰50年の昨年の夏にも甲子園出場を果たした。豊見城高、沖縄水産高を率いて17回の甲子園出場を誇る裁弘義（糸満高―中京大）とともに、本土復帰後50年が経った今、沖縄の野球を本土と肩を並べるレベルに引き上げた第一人者だ。一方、香田は佐賀、東京、苫小牧、横浜、福岡と、こちらも我喜屋に負けず劣らずの全国を股に掛けた野球人生だ。高校野球では戦績の乏しい筆者にとっては、次元の違う話であり、たかが野球という方もいるが奥が深すぎる。高校、大学、社会人の監督を経た香田の采配をもう一度甲子園で見たいのは筆者だけだろうか。

初月給でいい酒を買え

卒業前に、御大に挨拶に行くと、

「会社に入ったら、初月給でいい酒を買え。寝床に入ったら、一日をふり返って一杯やれ」と言われた。社会人1年目の１９７６（昭和51）年の4月に貰った初任給は今でも忘れない。まだ、給料袋に現金と給与明細が入っていた時代で、９万円がピン札で入っていた。御大の教えの通り、買った酒は角張ったコルク栓ボトルの「サントリーローヤル」だった。札幌で親交のあったサントリー営業部の古瀬義洋（長崎商―明治）に調べてもらうと当時の小売価格で５０００円もした。ところが「一杯」どころか飲み過ぎてしまい、あっという間にボトルが空いてしまっ

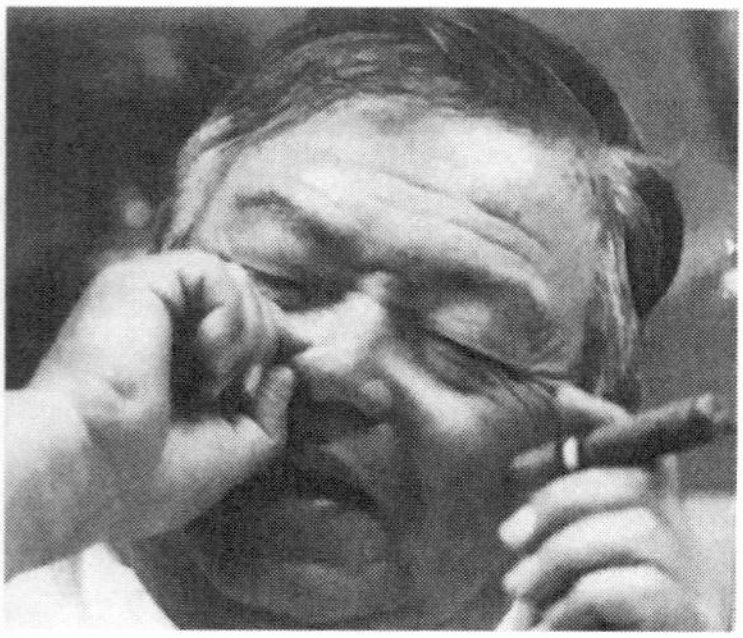

〔右〕葉巻とオールドパーを好んだ御大
（島岡寮資料室所蔵）
〔左〕御大が好んで飲んだ1980年代流通のオールドパー

た。それ以来、大酒飲みが今でも続いている。これも御大に感謝であった。

ウイスキーの話をひとつ。2019年までいた札幌からJR函館本線で北西に1時間ほどで、NHKの朝ドラ「マッサン」でブレイクした余市のニッカウヰスキー蒸留所に行くことができる。社会人になって愛読した『ヒゲのウヰスキー誕生す』（川又一英著・新潮社）の主人公、ニッカウイスキーの創始者・竹鶴政孝に男のロマンを感じ、政孝の人間としての生き方に共鳴した。何度も読み返した。頑固に「ほんまもんのウイスキーをつくる」という信念と実践は、御大の生き方に通ずるものがあった。「マッサン」放映の前は、毎月余市に「ニッカ詣」をして、無料の試飲をしてから原酒を買い求めた。「マッサン」ブレイク後は、原酒がなくなり「竹鶴」の年代ものは販売中止となってしまった。いち早く復活を期待しているが、これればかりは急ぎようがない。

仕事が一段落した今、御大に言われた「寝床に入ったら一日をふり返り一杯やれ」を買い求めておいた余市の原酒で実践している。余談になるが、「マッサン」がTVでブレイクする数年前に、筆者は素人の筆で『ヒゲのウヰスキー誕生す』を原作にした映画の台本を手探りで書き上げ映画会社に持ち込んだ。制作担当者には発想は面白いと言われたが、広島、大阪、スコットランド、余市を舞台にした代物は、膨大なロケ費がかかりすぎ直ぐにボツになった。

御大は練習の後は、選手を監督室に招き入れ、餃子とビールで歓談するのが好きだった。その後はオールドパーをロックでよく飲んだ。実に旨《うま》そうに飲んだ。晩年は酒量が増えたと聞いたが、ともにオールドパーを愛した御大と田中角栄がダブった。野球と政治で舞台は異なるが、この2人は人間味が溢れるという点で共通するものがある。言葉では言い表せない、人を引きつける魅力がある。人間味は学問でできあがるものではない。人に接する優しさが人一倍ある者に備わっている気がする。御大の優しさは嬉しい時の笑顔によく表れていた。

高校野球を想う

六大学野球の歴史は100年に迫るが、その運営方法はあまり変わっていない。最近、新人戦の方式が変わったくらいだ。新人戦は春と秋のリーグ戦終了後に、出場対象の1年生と2年生によるトーナメント戦で行われていた。御大は新人戦といえども、ベンチで指揮を執って気は抜かなかった。新人戦の成果がリーグ戦の優勝に直結すると考えていた。筆者の代は2年の時の新人戦春秋優勝が、2年後の本戦連覇につながった。今は、春秋ともにフレッシュトーナメントといってABブロックに分けたブロック戦と順位トーナメントをリーグ戦終了後に行っている。下級生の出場機会を増やすことにひと役買っている。全国各地から東京六大学野球に憧れ入学しても、100名を超す部員規模ではリーグ戦への出場機会がない選手も多い。出場チャンスを目指して、神宮でのユニフォームを貰うために切磋琢磨している。

高校生が明治大学野球部に入るには、筆者の頃はセレクション、入学試験を経て、推薦方式で定員の枠内で入部が決まっていたと記憶している。セレクションへの参加資格は、高校時代の地区大会で1回でもベスト8以上の試合に出場していることが条件で、参加資格がない選手は、セレクションには参加できず、入学試験を突破して野球部の門を叩くしかなかった。

現在の推薦枠は大学の応募要領で、全国大会（甲子園出場）出場が条件と聞いているが、推薦枠は少ない。筆者の時代と比べて、大学入試制度自体が時代とともに複雑になっている。現在の高校生の方が厳しい環境にあることは間違いない。少子化の時代の方が、大学入学が大変なのは皮肉だ。

一方、高校野球は、運営方法がだいぶ変わってきている。木製バットから金属バットへの変更、タイブレーク、球数制限、暑さ対策、練習時間の制限、公立高校と私立高校の環境格差など課題が山積している。

全国高校野球選手権大会開会式。甲子園球場にて、2018年8月5日

２０１９（平成31）年の国会の文部科学委員会で、高校野球の球数制限に関する質問が出たほどだ。東京オリンピックのマラソン会場の札幌移転の議題から派生して、当時の文部科学大臣は、

「高校野球がプロの養成所になってはならない。特定の大会がクローズアップされステータスを持ってしまった。本当は秋の国体が、最後の頂点を決める大会ではないか」

と球数制限とはまったく別の的外れな発言をした。軽い発言で驚いた。高校野球がプロの養成所になっているとは、だれが思っているのか。高校生に失礼だ。高校生はステータスがあるから目指すのだ。インターハイを通り越し、いきなり自治体の持ち回りの特殊なスポーツイベントになっている国体では、現場のことを理解しての発言とは思えなかった。何か他の魂胆でもあるのか、と疑ってしまった。

また、7月、8月に行われる屋外スポーツは市民大

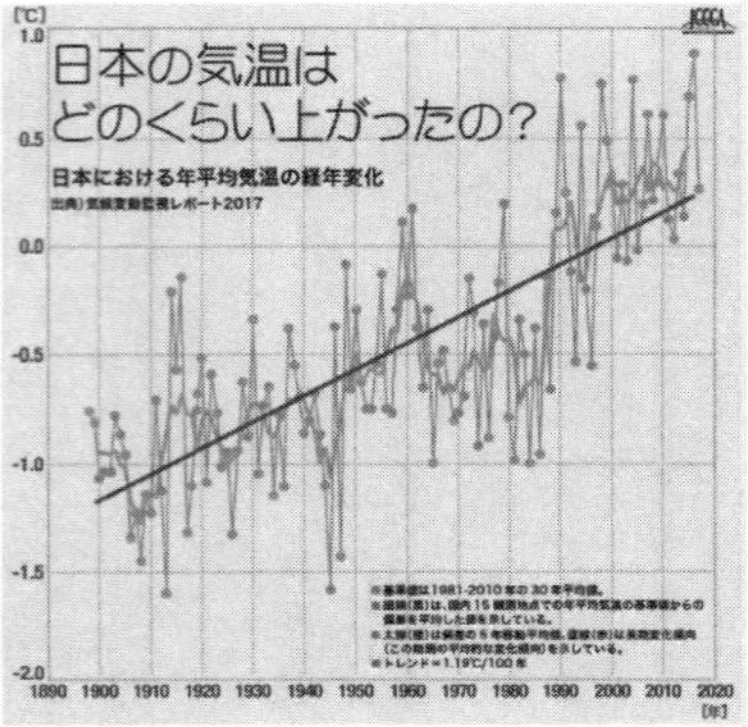

日本の平均気温は 100 年で 1.5 度上昇
（出典：全国地球温暖化防止活動推進センター）

会も含めて、全国に数え切れないほどある。甲子園大会だけが暑いわけではない。8月の暑さは大昔からあり、年々増す傾向にあるが、それに対応するために、指導者、大会関係者、そして選手自身も工夫して練習、試合に臨んでいる。暑いのは野球だけではない。球数制限も、高野連が選手のことを優先し、議論を重ねながら最善の方法を模索している。野球規則にない球数制限を決めるわけだから、慎重になるのは当然だ。チームが抱える投手の数に格差がある中で球数制限の話題は馴染まない。プロに進みたい選手がいれば、指導者が選手と相談して制限すればいいだけだ。

暑さ対策は野球だけでなく、広く屋外スポーツ全般に及ぶ環境となってしまった。地球温暖化による気温の上昇が原因であり、急激な二酸化炭素排出量増加による地球の温室化が気温の上昇をもたらしている。温室効果ガスの抑制ができなかった場合、２１００年末には最悪４・８度の上昇を招くという報告がある。２世代後の孫の代にあたる。国連の気候変動に関する政府間パネル（ＩＰＣＣ）は、早ければ２０３０年に１・５度の気温上昇が起こる報告書を発表した。１・５度に抑える目標どころか、２度に抑えることさえ現実的ではないという。そして、２度上がると猛暑によってより頻繁に農業と健康の耐性の臨界に到達することになると報告している。また、政府の「気候変動監視レポート」では、日本の年平均気温は１００年あたりで１・15度の割合で上昇し、世界平均の２倍近い上昇率になっている。２度も３度も気温が上がったら、真夏に野球どころではない。野球の前に温室効果から地球を守らなければならない。

ＣＯＰ21（国連気候変動枠組条約締結国会議）から主要国の前アメリカ大統領のトランプは離脱を宣言し、政治の世界は逆を行っている。２０１９年にニューヨークで行われた温暖化環境サミットには、各国の首脳級が出席しているにも拘わらず、日本の首相の安倍晋三は出席せず、アメリカ大統領は地元開催にも拘わらず短時間で席を後にした。日米で足並みを揃えているのでは、と勘ぐった。これまで二酸化炭素を大量に排出してきた日米の首脳が揃って地球規模で対応しなければならないのに、そこから逃げた様は見苦しくさえ感じた。ゴルフは一緒にできるが、温暖化対策は避けるのか、皮肉も言いたくなった。末尾で触れる日本のスポーツ選手の自立問題と日本国の自立は無縁でないような気がした。

金属から木製へ

現在の日本の野球は、プロ、社会人、大学が木製、高校野球から下が金属バットを使用している。社会人野球はかつて金属に変更したが、木製に戻っている。レベルの高い社会人野球では、金属バットによる打球が格段に速く、飛びすぎる上に野手への危険度が増す。世界大会では野球後進国も出場し、アメリカが危険性を主張し、木製に戻したそうだ。高校野球でもピッチャーを打球が直撃することがあり、金属バットで命を落としたら野球どころではない。

筆者は田舎の校庭で始めた軟球の野球から、高校、大学と木製バット一筋で野球をしてきたので、金属バットには触れたことがなかった。大学を卒業してからしばらくして、社会人野球のクラブチームで初めて買い求めた。DAIWA社の「ボンスラッガー」の初期のモデルで「ボンスラ」と呼んでいた。アウトコースの高めの球に軽く合わせると、ライト越えにホームランが出たのには驚いた。

高校野球は金属バットが定着し、キーンという耳に響く打球音は聞き慣れてしまった。甲子園常連校では、筋トレを重視した上で、ピッチングマシンを複数台置いて、140キロ以上の球をガンガン打ち込む練習は、当たり前になっている。しかし、全国3900校あまりの、すべての高校にこのような施設が整っているわけではない。いずれ、ピッチャーライナーで大きな事故が起きるだろう。

公認野球規則に、使用するバットの規定として、「バットはなめらかな円い棒であり、太さはその最も太い部分の直径が2・61インチ（6・6センチ）以下、長さは42インチ（106・7センチ）以下であることが必要である。バットは1本の木材で作られるべきである」（3・02）とある。付記で金属バットほかのバットの使用基準の注記があり、金属バットの使用は、運営する連盟の運営細則で認められているが、本来は「一本の木」である。

バットの「芯」といわれる「スウィートスポット」(注1)は金属の方が倍以上あると言われている。このスウィートスポットの違いから、木製の野球と金属の野球は、同じルールで行う別のスポーツと言っても言い過ぎではないという野球人もいる。高校からプロ野球に進む選手のなかには、ドラフト指名上位でも、木製に慣れるのに複数年かかる選手も多く、活躍の舞台がないまま引退を余儀なくされる選手もいる。バットの芯を意識してバッティングするのが木製で、金属ではその意識が薄れるので野球観が別のものになってしまうという。今の「金属一筋」の選手はその意識ができないまま野球から離れてしまうのは寂しい。

木製バットと金属バット

バットの経費負担が主な理由で金属バットに変更になったが、野球規則の本則に沿って木製バットに戻せないものか。木製に戻れば、地方予選はもとより、甲子園の戦術が変わり試合が緻密になる。観ている方も外野スタンドへの痛烈なホームランは減るが、その分、二塁打、三塁打が増え、楽しめる。そして、木製にすることで甲子園の出場校の構図が変わってくるだろう。

ピッチャーは内角攻めが増え、インコースへ食い込む球で、詰まらせるケースが増える。49年前に戻るだけだ。ピッチャーも金属バット対策で多投するフォークボールをはじめ、肘、指に負担のかかるボール数を減らせ、故障も減る。球数制限をする前に効果がすぐ生まれる。球数を多く投げることより、変化球の多投の方が身体に与える負担が大きい。何より、低めの変化球でボール球を振らせる野球からストライクゾーンで勝負する野球に戻り、観ている方も野球観が49年前に戻る。ピッチャーとバッターの対決の醍醐味は、ストライクゾーンでの勝負だ。落ちる変化球を駆使しボールゾーンで勝負する野球が一般的になって久しいが、野球はそうあって欲しくない。

また、金属による強い打球が減るので、得点が減る一方、勝つための戦術が緻密になり、プレーする方にも観る方にも心地よい緊張感が生まれる。しかし、大差を金属バットでひっくり返す近代高校野球の方が魅力的だという方が圧倒的だったら、この提案は成立しない。

問題は折れやすい木製による経費増だ。対策はいろいろ考えられる。工夫、アレンジの得意な日本人だから、木製への可能性は広がる。筆者の高校時代は、練習では竹バット、合板バットを使用していたが、公式試合では使用不可だったと記憶している。今は、金属も木も竹も合板も使用できる規則となっているようだが、好んで木製を使うチームはない。日本のメーカーの技術力で、新たな基準をつくり、折れにくく、手に響かない合板バットを製作して普及すれば、とりあえず野球規則の「1本の木材で……」には追いつかないが、木製化は達成できる。

現在の木製バットの原料(注2)は、トネリコ系のアオダモ、ホワイトアッシュとメイプル系がある。それぞれ特徴があるようだが、日本で栽培できないことはないと聞いた。北海道で採れるアオダモがバット材として最高級品だそうだ。バットの木の植林運動(注3)も行っているが、とても量産できる態勢ではないという。また、北海道では道産のダケカンバ材のバット製作の試作が進んでいるという。『日本国勢図会《ずえ》』によれば、日本木材の自給率は40％を割り込んでいるが、国土の73％が山地と丘陵地だ。かつて、Ｊリーグ１００年構想の中に、校庭の芝生化がメニューにあったと記憶している。Ｊリーグに習い「アオダモ１００年構想」を「高校野球２００年構想」と並行して打ち上げ、木製化へ向けた新たな機構をつくり、植林、メンテナンスの資金を、クラウドファウンディングをはじめ高校野球ファンや企業からの寄付でも賄《まかな》い、その基金で木製バットを作り、高校へ安く提供してはどうか。プロ野球側も高校生が木製バットでプレーする方が、選手獲得の判断が正確になり、野球を仕事にすることを目指す高校生にとってもメリットがある。

新聞記者として33年間にわたり高校野球を追い続けた好村三郎は、自著『野球を学ぼう』（日刊スポーツ出版）で、

「経費節減で金属バットとなったために、本当の打撃の巧拙は余程の眼力がないと見抜けない。長く高校野球が発展するためにも、打撃向上のためにも金属より竹（合板）バットの方が役に立つ。金属バットを廃止して、高校球児が竹（合板）バットで打棒を発揮する時代が来ることを願っている」（要約）

と記している。甲子園で大活躍した選手が木製のプロで通用しない事例を裏付ける。

話は逸れるが、１９７５（昭和50）年にリーグ戦で春秋連覇をした記念に、実家が運動具店を営んでいた同期の小林千春（明治高）に頼んで、調布のグラウンドの監督室の裏にトネリコの木

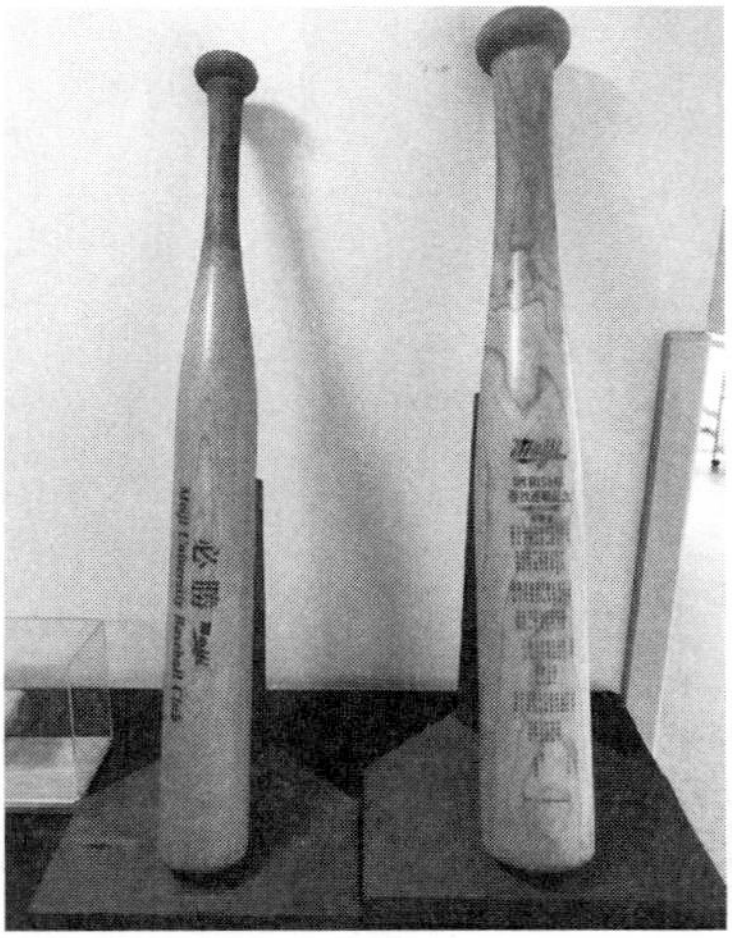

旧島岡球場で育ったトネリコで作ったバット
（島岡寮所蔵）

調布のグランドに植えた
トネリコの優勝記念樹

の苗を植えた。グラウンドが府中に移ることが決まったころには、トネリコの木は御大の背中を見ながら大きく成長し、その木で記念のバットをミズノ社に作ってもらった。現物が府中の島岡寮に展示してある。

高校野球の木製バットを復活させたら、練習内容も変わり、かつての高校野球が再来する。高校野球100年の歴史で半世紀前までは、木製で試合をしており、工夫を重ねれば木製化は十分に可能だ。高校の世界大会では木製バット使用の大会があり、急ごしらえの木製練習をして試合に臨むのでは結果が出にくい。2019年の世界大会を観て痛感した。隣の韓国は金属を廃止しているそうだ。野球先進国を自負する日本が遅れを取ってはいけない。バットはバッターにとって唯一の道具だ。いつも手元に置き、手に馴染ませておかなければ結果がついてこない。それに急に金属から木で成績を上げろというのは酷だ。甲子園にかつての木の打球音が復活することを夢見てノスタルジアに浸っている場合ではない、時代遅れだと言われそうだが、元々中等学校野球からの木製が高校野球の原点だ。原点に返り、プレーする方も観る方も「本物」を味わうことが高校野球の新たな進歩に結びつくのではないか。こうした中で、２０２２（令和４）年２月に日本高校野球連盟は２０２４年春から反発力を抑えた新基準の金属バットに完全移行することを決めたことを発表した（注４）。

また、高校野球は学校間格差も問題となっている。入学環境、チームの部員数、設備の格差のほかに、練習時間の格差は技術向上の面で大きな差となって現れている。筆者の世代は、練習時間の制限はない時代で、終了は夜８時を過ぎる日はざらで、それから自主練習もやった。現在は教育委員会の指示で、公立高校は夜７時までには終了しなければならない県もあるようだ。私立高校はこの制限はなく、年間で練習時間は公立と私立では１００時間単位の差になっているという。球数制限も力のあるピッチャーを揃えられるチームが有利だ。世の中、働き方改革で働く基準の公平さは叫ばれるが、高校野球のチーム間格差については声が上がらないようだ。優秀な選手を集め、高度な設備を整え、筋トレと金属バットとマシンを駆使して甲子園の常連校を目指す野球が、高校野球ファンから飽きられる時が来ないか心配だ。バットの木製化はその格差を縮めることに少なからず寄与すると思う。心から「国民的行事」と言われる大会を目指して欲しい。恵まれた環境の中で、格差の野球を論ずることは場違いのような気もする。物資も食料もない時代でも、球児のはつらつとしたプレーに心を躍らした歴史をふり返るのもいい。

さらに、野球界全体には組織の問題も生まれてこよう。高校野球は朝日新聞が創設した中等学校野球大会を起源とし、高校野球連盟が運営母体となり、春と夏に甲子園大会が開催されている。大学野球は東京六大学野球を創始とした歴史があり、プロ野球は読売巨人軍の前身を発祥として発展してきた経緯がある。それに社会人野球、中学生の硬式野球が加わる。野球の場合、これらを総合してJリーグを見本とした大きなピラミッドをつくることは、発展の歴史、経緯をそれぞれが引きずっているので容易ではないだろう。また、大学スポーツでは全米大学体育協会（NCAA）を参考にした大学スポーツ協会（UNIVAS）(注5)が2019（平成31）年に発足したが、一部の大学が参加を見合わせるなど、足踏み状態が続いている。

一方で野球競技人口が減り続け、スポーツの多様化が進み野球を取り巻く環境は厳しい。高校野球、大学野球、社会人野球、プロ野球のそれぞれが約100年の歴史を刻んだ今、世紀を超えた改革を行い、「ジャパン野球200年構想」を打ち上げ、野球好きの日本人を次のステージに導いて欲しい。

御大は自らプレーはしていないのに拘わらず、高校、大学の監督まで務め、前述した重要な節目で多くの改革に汗を流し、高校ばかりでなく応援団にも新たな風を送った。その御大が発揮した突破力が欲しい。

本著の初稿の執筆中に新型コロナウイルスの影響で、2020年は選抜大会に続き選手権大会も戦時下を除き史上初めて中止される事態となった。無念というしかなかった。そして、本稿の校正中に仙台育英高（宮城）が東北に初めて真紅の優勝旗を持ち帰り、忘れられない夏となった。

朝日新聞
8月22日
号外

仙台育英 初優勝

下関国際	0	0	0	0	0	1	0	0	0	1
仙台育英	0	0	0	1	2	0	5	0	X	8

東北勢初 下関国際破り

決勝（第14日）阪神甲子園球場

第104回全国高校野球選手権大会（朝日新聞社、日本高校野球連盟主催、毎日新聞社後援、阪神甲子園球場特別協力）第14日の22日、兵庫県西宮市の阪神甲子園球場で決勝があり、仙台育英（宮城）が下関国際（山口）を8―1で破り、出場29回目で初の全国制覇を果たした。これまで第71回（1989年）と第97回（2015年）の2回、決勝に進んだことはあったが、東北勢としても悲願だった初の頂点に輝いた。

3年ぶりの出場となった仙台育英は、準決勝までの4試合で58安打、39得点と打線が絶好調。投手陣も層が厚く、宮城大会から継投を貫いた。今大会は決勝進出2校のどちらが勝っても初優勝だった。

仙台育英が東北勢初の全国制覇
（2022年8月22日発行朝日新聞号外）

（注1）スウィートスポット

テニスのラケットやゴルフのクラブでボールを打つのに最適の部分をいう。野球のバットも同様で、ボールがバットに当たる時に振動が起こらない部分をいう。バットの「芯」という。木製バットは振動が起こらない部分が狭く、芯がバットのヘッド（先端）寄りになり、金属バットよりインコースが詰まりやすい。金属バットは芯がグリップ寄りで広いためインコースでも詰まらずに打撃ができるのでヒットが出やすくなる。

（注2）木製バットの原料

木製バットの原料の条件は、140キロ以上の球速に耐えられる「堅さ」と、ボールを飛ばす「しなり」、折れにくい「丈夫さ」の3点。バットの材質は、アオダモ（別名トネリコ）、ホワイトアッシュ、メイプル、竹等。アオダモはバットの材質では優秀とされるが量産が難しい。ホワイトアッシュは材質が堅いが折れやすい。メイプルはアオダモとホワイトアッシュの中間でプロ・アマ問わず広く使われている。竹は薄く切って張り合わせて作り、正確には「合竹バット」という。しなりと丈夫さがある反面、芯を外すと痺れが強いが、練習用には優れている。

（注3）バットの木の植林運動

２００２（平成14）年に内閣府より特定非営利活動法人（ＮＰＯ）として認可された「アオダモ資源育成の会」がある。定期的に北海道で植林活動を続けている。植林を通じて学生への教育啓蒙活動も行っている。同法人のホームページによれば、１年間にプロ野球、学生野球で10万本以上の木製バットが使われているという。バット材を安定供給するために、定期的な植林キャンペーンを行っている。

（注4）低反発の金属バット

日本高校野球連盟は２０２２年2月に飛びにくい新基準の金属バットの導入を発表した。新基準では、バットの最大直径は64ミリ（従来比マイナス３ミリ）、打球部の肉厚は4ミリ以上（従来比プラス１ミリ）、重量は９００グラム以上（変更なし）となり、現行モデルと比較して打球の平均速度は96・３％、初速は96・４％に抑えられる。２０２４年の春の選抜大会から適用。

（注5）大学スポーツ協会（ＵＮＩＶＡＳ）

正式名称は一般社団法人大学スポーツ協会。日本の大学スポーツの振興を目的に２０１９（平成31）年に設立された大学スポーツを横断的に統括する組織。全米大学体育協会（ＮＣＡＡ）の日本版を想定。加盟大学は２１９大学、加盟スポーツ団体は32団体（共に２０２１年7月時点）。東京六大学では早稲田以外は未加盟。全日本大学野球連盟は加盟。

番外編　一球入魂から「一事入魂」へ

▽社会に出てもなお生き続ける銘言
▽大事も小事も魂を込めて事にあたれ
▽政治家より監督、御大の遺言

一事入魂と「スロー、アンド、シュア」

御大は色紙への揮毫を求められると、

「一事入魂　島岡吉郎」

とよく書いた。4年間の「一球入魂」の次は、社会で「一事入魂」ということだ。

「一事が大事でも小事でも、魂を込めて事にあたれ。どんなことも気持ちを込めてあたれば相手に通ずる」

と説いた。そして、

「大事も小事も自分で決めるな、それを決めるのは周りの人だ」

と付け加えた。仕事に手抜きは禁物だ、そして相手によって態度を変えるな、ということだろう。

優勝枡への一事入魂の揮毫

（写真：『熱球三十年』講談社）

社会に出てから、このひと言も役に立った。

御大は、短気で感情の起伏が激しい性格と思われていた。ユニフォームの袖の猪マークにも現れていると言われた。信州から旧制中学の受験で上京し、最初に入学したのは豊山《ぶざん》中（現日大豊山高）で卒業したのが荏原中（現日体大荏原高）らしいが、成城中（現成城高）だと言う人もいる。詳しくはわからないと言うOBは多い。通算で7つの旧制中学を渡り歩いたというエピソードがあった。すべて喧嘩が原因だったという。

この気性の激しさは、選手と監督室で歓談している時は微塵も感じられなかった。孫にも近い選手の前では、何ともいえない笑顔で接し、まるで好々爺《こうこうや》だった。筆者は、気性の激しさは表の顔で、裏には用意周到で冷静な一面が潜んでいたと考える。そうでなければ、37年もの間、100名を超す選手を抱える野球部の監督が務まるわけがない。志していた政治家になっていたらどんな代議士になっていただろうか。

「1時間のトスバッティング」「1000球ピッチング」そして「グラウンドの神様に謝れ」も御大はすべて一事入魂だった。それが理不尽なことでも、選手に納得させる独特の「魔力」があった。そして、社会人になってから納得することがあった。「打倒！」「挑戦！」「元気！」と選手を鼓舞する御大が、練習中にシートノックで発した言葉だった。ゆっくりとボールを上げ、集中した眼でボールを見つめ、一歩踏み込みながら、ゆったりとしたスイングで緩いゴロを野手の正面に転がした。まるでスローモーションを見ているようだった。ゆったりとしているがこれほ

ゆったりとした御大のノック、守る選手には「スロー、アンド、シュア」が口癖
旧島岡球場にて（写真：「明治大学野球部 90 年の歩み」）

ど気合いの入ったノックを見たことがなかった。筆者が4年の時、御大は64歳だ。守備練習のシートノックで最後のひと回りのノックが御大の出番だった。野手側から御大に催促することも屡々《しばしば》で、「御大、もうひと回り！」と選手から掛け声も上がった。その日の練習の締め括りを盛り上げる仕上げのノックだった。緩いゴロの方が捕るタイミングを合わすのが難しいことを御大はわかっていたかもしれない。御大は守る選手に、「スロー、アンド、シュア（Slow and Sure・ゆっくり確実に）」と口を酸っぱくして言いながらゴロを転がした。緩いゴロを「確実」に捕り、「ゆっくり」と「確実」に送球することを習慣化させようとした。「簡単なゴロ（事）を甘く見るな」、と選手に言っているようだった。社会に出てから息を切らして前に進む中で、「焦らず」、「ゆっくり」、「確実に」と立ち止まって考えることは大事だ。御大の仕上げのノックの「スロー、アンド、シュア」が人間の営みの中で大切なことは、仕事で失敗する時ほど考えさせられた。「スロー、アンド、シュア」、御大の掛け声が蘇った。

御大の野球は、データを駆使して「科学」する現代の野球からはほど遠く、むしろ対極にあった。野球を通して他の大学では経験できない人間を「化学《ばけがく》」する野球を学んだ。唯一無二の大学野球生活だったと振り返る。明治中を皮切りに、大学の監督、総監督時代を含めて、甲子園出場3回、優勝を15回も重ね、7度の大学日本一を経ても、その姿勢は変わらなかった。野球を通して人間を育てることで、選手が成長していく「化学反応」を楽しんでいたかも知れない。毎年1年生を受け入れ、4年後に世に送り出すことを37年間も続けた御大にとって、神宮球場で優勝することより、学生が育つ（化ける）ことの方が嬉しかったかもしれない。優勝した自慢話を聞いたことはなかった。勝った時は常に選手を褒《ほ》めた。記してきた「吉郎語録」の一つひとつに選手を化学するエッセンスが潜んでいた。御大の「人間力野球」は「人間化学野球」「一事入魂野球」と置き換えてもいい。他の野球部では間違いなく経験できない4年間だった。明和寮を離れてからも「明治でよかった」と思う卒業生は多い。

新聞も「なんとかせい！」

筆者は2年の秋、和泉校舎での授業が終わって、京王線・明大前のホームのベンチに腰掛けて

朝日新聞

特別号外

田中前首相を逮捕

ロッキード疑獄、一気に核心

桧山から五億円

外為法違反容疑 現金を四回受領

首相、厳しい表情

予想上回る急進展

政界パニック状況

田中前首相を逮捕
（1976年7月27日発行朝日新聞号外）

電車を待っていた。

「おい、丸山、授業か、ご苦労」

声を掛けたのは御大だった。びっくりして、すぐに直立不動で挨拶すると、駅売りで買った読売新聞を見て、

「めずらしいな。一般紙を読んどるとは」

と言われ、

「はい」

と答えるしかなかった。当時も新聞記事から入試問題が数多く出題されていた。受験では天声人語や社説の切り抜きをしていたので、一般紙を手に取ることには違和感はなかった。明和寮では、一般紙は朝日、読売、毎日、スポーツ紙は日刊、スポニチ、報知、英字紙のアサヒウイークリーも食堂で読むことができた。これだけ新聞を揃えていたのも、御大の「人間修養」の場づくりのひとつだった。


筆者は明和寮を離れた後、１９７６（昭和51）年に朝日新聞社に入社した。朝日がロッキード事件をスクープし、中国では第一次天安門事件で鄧小平が追放され、国内では7月に田中角栄前首相が逮捕され、12月に三木武夫首相が退陣した年だった。田中逮捕の号外配布では、筆者は国鉄（現ＪＲ）の新宿駅西口改札前で、あっという間に４０００部をひとりで捌《さば》いた。今ではすぐに駅員に排除されるだろうが、いい時代だった。号外配布はその後何度も立ち会ったが、この号外ほど人が飛びついた号外はなかった。新聞の活況時代の思い出だ。

配属部門は販売局だった。ちょうど全国で発行部数700万部を達成した年で、販売部数を伸ばすことができたいい時代だった。しかし、半世紀近くが経った今、部数の減少が続き業界の地盤沈下が止まらない。お世話になった新聞業界に、「なんとかせい!」の一心で、応援歌を贈りたい。

全国で販売部数第1位の座を死守してきた朝日を、ライバル社の読売が猛追している真っ最中の入社だった。入社前の昭和40年代までは「朝毎読3社鼎立《ていりつ》」時代が続いたが、入社時は「朝読対立」時代の渦中だった。販売部数を巡る過当競争を正常化させることが業界の喫緊の課題だった。その年の12月に初めて読売に首位を明け渡した。マラソンでは、2位のランナーがトップを行くランナーを抜き去る時が最もスピードが出て、一気に高揚感が漲《みなぎ》るという。そんな感じだった。当時の読売の首位奪取への執念、あからさまな覇権主義は、他社を寄せ付けない異様な鬼気迫るものがあり、白紙《しらがみ》でも売ってやると豪語し、「販売の神様」といわれ、社長を務めた務台《むたい》光雄の魂が乗り移っていた。対する朝日のトップは、御大が有楽町の編集局長室で時折懇談していた東大OBの廣岡知男だった。廣岡は社長、新聞協会長として業界の先頭に立ち、過当競争の鎮静化に努めたが、読売の執拗な攻勢は続いた。御大は新聞業界の過当競争など知るよしもなかった。

その後、読売が首位奪取に追い打ちをかけるための価格差政策を仕掛け、仕事を覚える前にあっという間にその差は広がり、退社するまでその差が縮まることはなかった。首位の味を知る最後の年代となってしまった。この読売が仕掛けた定価据え置き「事件」は、入社2年目の1978（昭和53）年2月に起きた。朝日は3月から値上げをする社告を打ったが、読売は同調せず7ヶ月先まで定価を据え置いた。読売に不意をつかれた。予め用意していた他社を中傷するチラシ攻勢が横行し、被害を受けた販売店が営業妨害として告訴するケースまで出た。まともな販売競争からはほど遠いもので、一生涯忘れようがない。

昭和50年代中盤に、当時の朝日の販売担当役員が、戦線を整備しようと、読売との乱売の後遺症として残った配達されていない過剰な部数を一気に減量し、本来の実売主義に徹する政策に転じた。業界で先駆けての朝日の大英断だった。まさに自ら自社の「陋習」となっていたダブついていた過剰部数を排除した。先を読み決断ができるリーダーの成せる技だった。

朝日はこの後も約30年間にわたり実売主義を守った。今でも「それは正しかった」という販売人としての自負がある。新聞販売業は、再販制度[注1]で販売価格が守られ、専売制という他業界にない流通体制ができあがり、販売エリアが全国に網の目のように張り巡らされている。価格とエリアを決められているので楽な商売のようだが、機械化ができない生命線の配達業務を担う配達員の労務不足が時折襲い、さらに読者獲得競争に費やす販売経費が嵩《かさ》んだ。そして平成の終わりから、頼りにしてきた折込広告の流通量の減少が始まった。

昭和40年代からの過当競争による販売経費が昭和50年代に一気に増え、販売店、新聞社の経営を圧迫した。契約時に使う景品の費用は、運用ルールを遥かに上回り、販売店経営を圧迫していった。新聞社が投下する販売経費も相当な額となり、ライバル社の部数第1位への施策に引きずられた。度重なる新聞代の値上げと、急増した新聞広告、折込広告の売上増で凌《しの》いできた。販売部数は順調に増えたが、過度な景品使用は麻薬と同じで正常な競争感覚を麻痺させた。

昭和60年代にかけて、朝日は過度な景品使用の縮小をライバル社に執拗に迫ったが、根絶はできなかった。景品使用を沈静化させる会議が夜中に及ぶこともしばしばだった。大型景品を積極的に使うライバル社と相手に制止を迫りながら使う社の違いは、如実に部数差に現れ続けた。公取委の指導もあったが、著作物の代表である新聞を売るのに、過度な景品使用を止《や》める原点に戻せなかった。業界に「第1の悪貨」が蔓延してしまい駆逐できなかった。朝日の力が及ばず、業界全体に大きな反省点が残った。朝日は昭和の終盤に800万部を達成したが、ライバル社と比較し、販売予算、販売店への卸価格、景品使用量、折込広告量で大きな差がある流通環境のなかで健闘したといえる。

平成に入ると販売部数は伸長が止まり次第に減少を始めた。100%前後あった対世帯購読率の低下が始まり、今では実質50%を遥かに割り、エリアによっては30%を下回り止まる気配はない。そして、実売を上回る過剰な販売部数が大きな障壁となり、販売店の経営を悪化させていった。ダブついている販売部数をカットしても、すぐに実売部数も減るというイタチごっこ状態が続いている。原因はもちろん読者の「新聞離れ」もあるが、最も大きな理由は新聞社の都合で自社経営に「欠かせない」部数を発行本社も承知で過度に販売店に滞留させたことだった。この販売店に滞留した過剰な部数が常識を遥かに超える規模になっていることは業界内では常識であり、各社五十歩百歩の状況だ。「第2の悪貨」としよう。

新聞業界には新聞社の力で販売店に販売部数を押しつける世に言う「押し紙」という販売手法が歴史的にあった。これは独禁法で禁止されている。販売店が自主的に販売部数を注文している形にして、販売店に滞留した部数の原価は補助金などでカバーする。同じ著作物でも出版業界とは異なり、返品制度がないことを利用した在庫を販売店に置く販売手法ともいえる。在庫とは聞こえはいいが、発行したその日に賞味期限が切れ古紙と化す。この手法は新聞社経営の屋台骨である新聞売上を確保するには都合のいい手法だ。反面、長く続けると安易な商取引であるため、営業社員はもとより、販売には精通していない経営陣もいつのまにか実態とは違う数字を鵜呑みにし、取引感覚が麻痺してしまう。この「麻痺」が「悪貨」と「陋習」となり改善意欲がない経営体質を生んでしまった。朝日は昭和50年代に、業界で先駆けてこの悪弊を是正し、実売主義に徹してきたはずだが、平成の中盤に逆に舵を切ってしまった。陋習の始まりだった。

平成も深まると、新聞社も販売店も広告収入、折込収入がピーク時と比べて半減した。過剰な販売部数の根絶ができないことで、販売店の経営は悪化の一途を辿った。部数に対する緊張感が薄れ、新聞社の営業社員の営業スキルが低下をきたした。新聞社にとって部数が減ること以上に大きな損失だ。築き上げたスキルは財産であり、スキルが低下するのはあっという間だ。朝日でさえ、30代以下の営業社員は実売時代を知らない。再び戻すことは難しいだろう。その前に新聞社の存続を危ぶむ勢いで発行部数が減っている。過剰部数の放置は、言論を売り、社会の不合理・不公正を斬ることのできる新聞社の社内風土を気づかないうちに退化させている。新聞社、販売店の商いへの感覚が鈍り、毎日廃棄されている大量の過剰部数は資源のムダ遣い、環境問題にも及んでいる。紙面での主張との乖離は新聞社として許されない。新聞活況の時代はすでに過ぎ、社員の半数を越す編集の社員の中にもようやく新聞流通の実態を知ろうとする社員が出てきたようだが遅すぎた。

一方で、売れていない新聞の滞留状態が販売店の営業意欲を低下させてしまった。一度落ちた営業意欲を戻すのは至難の業だ。志の高い多くの販売店経営者が業界の現状を憂え廃業した。「新聞社は人が命」とよく言われたが、新聞販売は販売店でもっている。かつては、新聞社と販売店は「車の両輪」と言われ、新聞社の幹部は販売会議の挨拶でよく口にした。今では死語となった。新聞社と販売店の間のロイヤリティーが崩れても過剰な部数に耐えている販売店には頭が下がるが、限界を疾《と》うに超えてしまった。

新聞社は、公取委の指摘にも拘わらず、新聞の正常な取引への是正を怠ってきた。「陋習」が上塗りされてきた。２０１９（令和元）年10月からの消費増税では、新聞は食料品と肩を並べて、軽減税率が適用された。軽減税率が適用される生活必需品として、適用返上も覚悟してまともな流通状態に戻すのが、公器を自負するなら新聞社の責務のはずだが……。

この「第2の悪貨」の排除を断行できないのは、新聞社の社内実情を物語っている。販売店に滞留している販売部数の売上で会社の経営を回すことを常態化してしまった。長期化したこの問題は、販売部門を越えた経営の問題であり、社内風土と化した。2019年に公開された日本アカデミー賞作品賞受賞作、映画「新聞記者」の劇中で女性記者吉岡エリカが発した「このままでいいんですか。私たち、このままでいいんですか」の台詞《セリフ》が重く響いた。正常な取引状態を一刻も早く回復させる決断をできないまま時が過ぎた。「第1の悪貨」も「第2の悪貨」も新聞社に自浄能力があれば排除できた。時のトップの判断が修復できない「陋習」となってしまった。社運をかけて「悪貨の駆逐」を行い、新聞業界を代表する気概で、「旧来の陋習を破り」、斬り込む、まだまだ先のある社員の是正意欲を初稿で期待したが、業界には根本的な改善の気配は生まれないままだ。

宅配による新聞流通は、近代日本への日本人の骨格を形成し、明治、大正、昭和、平成を通して150年にわたって大きな貢献をしてきた。毎日、新聞と接して、こんな香り高い「文化的日用品」はない。しかし、最盛期には全国で5000万部を誇った新聞発行部数はこの四半世紀に1700万部以上も減少し、デジタル化の波の影響も受け、令和に入っても減少傾向に歯止めがかからない。2020年以降、全国の発行部数は年間で200万部単位のペースで減り、毎日新聞社（発行部数約２００万部）が毎年無くなる規模にまで達している。「第２の悪貨」を放置したままなので実売部数の減少量はさらに不透明だ。また、お世話になったスポーツ新聞は四半世紀で６割以上も減り、一般紙の減少ペースを遥かに上回っている。

企業の風土は築くのは容易でないが、崩すのはあっという間だ。昨今は全国で複数の系統で販売店が押し紙を理由として新聞社を相手取った訴訟もみられる。こんな状況では、新聞社と販売店との絆であった信頼関係は有名無実に等しい。法人とは法の下で人格を持った組織をいう。そこに集う人がより良い人格、風土を作るしかない。新聞社も言論機関と自負する企業法人だ。企業の命運は、大会社も中小企業もトップの経営手腕で決まる。御大のいう「人間力」が必要だ。そして、「旧来の陋習を破り」、「悪貨を駆逐」する勇気のある肝の据わったリーダーが求められる。覚悟とビジョンを持つ社員がどうアクションを起こすかで決まる。昭和50年半ばに、意を決して過剰部数の大修正を断行

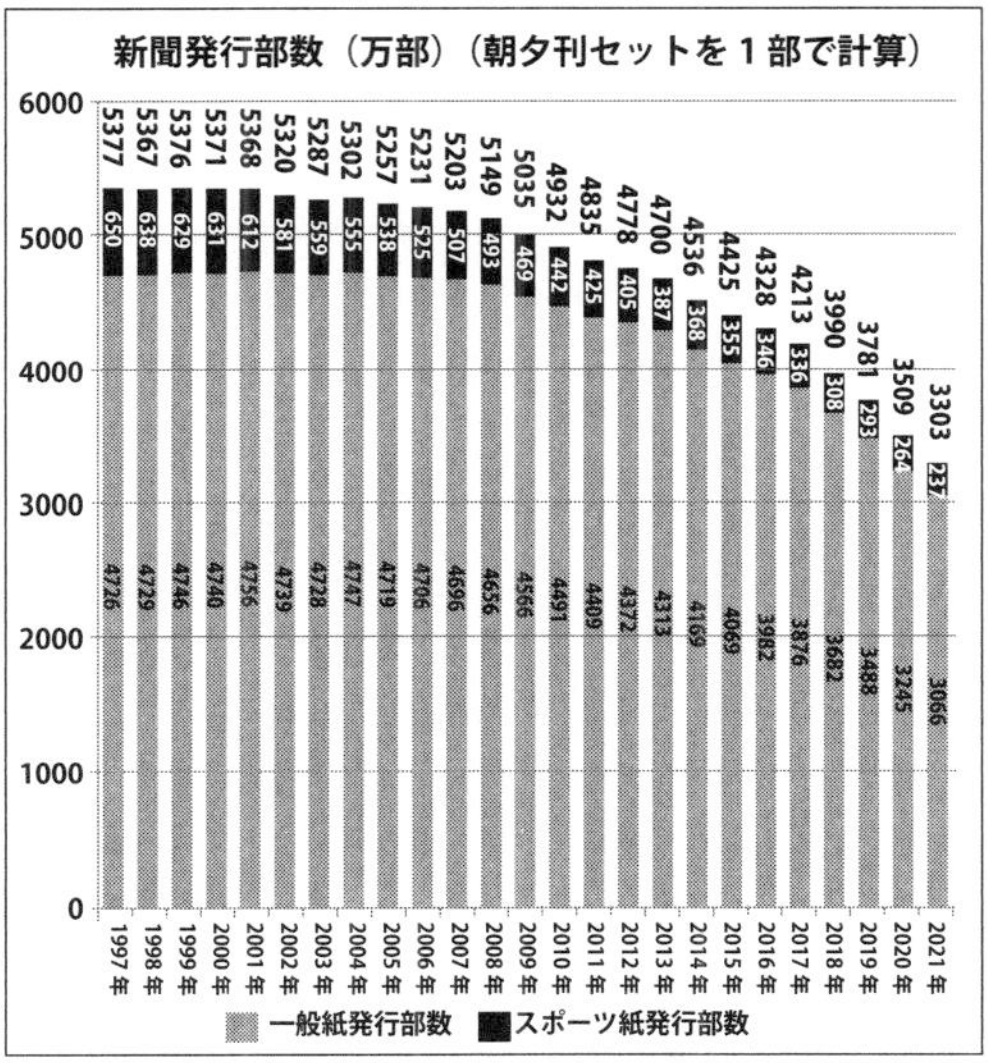

全国の新聞発行部数の推移

（出典：「ガベージニュース」の記事を元に作成）

新聞発行部数と折込広告費の推移（出典：リテールガイド）

した朝日には、業界刷新へ動くリーダーが出てくることを期待したが……。

　新聞には折込広告が入る。折込広告が入ることで新聞の価値が増す。それ自体が日々の生活への貴重な情報となる一方、折込広告の裏白を利用してメモ用紙にもした時代が懐かしい。今では裏白のチラシを見つけるのは難しい。日本経済と新聞発行部数の伸びと同時に、折込広告の流通量も増えた。折込広告抜きの販売店経営、新聞社経営は考えられない時代となって久しい。

　新聞折込を語るには、流通業界を抜きには語れない。朝日新聞の中間管理職のころ、販売局有志で流通業界のトップ、イトーヨーカ堂の鈴木敏文社長と、2度も懇談をする機会に恵まれた。

　セッティングしてくれた高校時代の同級生の青木繁忠（イトーヨーカ堂元常務取締役）に、

「うちの鈴木はこういう席は90分で切り上げるのでよろしく。あまり高級な席は好まないので」と言われ、青山にあった厚生寮「青山倶楽部」にお招きした。いまや6万店に及ぶといわれるコンビニの話題で、鈴木社長の独演会になった。コンビニの神様が、日本でのセブン‐イレブンの創設から、アメリカのサウスランド社の買収に至るまで「セブン」の展開を熱く語り、時間は3時間を超えた。経済部の幹部もいたので、つい熱く語ったのかもしれない。コンビニの出現で百貨店、スーパーマーケットの地図が変わることを予測していた話しぶりだった。鈴木社長は、スーパー、百貨店、コンビニの経営をすべて経験していた。そのコンビニも、今日では働き方改革の波にもまれ、統廃合の時代に入った。時の流れの速さにあらためて驚く。

青木によると、鈴木社長はとにかく決断が早く、役員会でも役員が目を回すことが、度々あったという。セブン‐イレブンの立ち上げ、セブン&アイ・ホールディングスの発表、そして、セブン銀行の設立など、その決断の速さに舌を巻いたという。

2回目は新聞業界の話題になり、鈴木社長に部数を聞かれ、800万部と答えると、鈴木社長は、

「900万部、1000部を目指しているだろうが、残念だがそれは無理だろう」

と返された。逆に、

「この先、500万部、400万部がいいところだ。そういう事態を想定して経営を考えている部署はあるかね」

と問われた。新聞の発行部数は鈴木社長の指摘した通りになり、さらにその予測を上回り400

万部を割る事態に至った。あらためて先を読む慧眼には恐れ入った。

折込広告の話になり、鈴木社長は、

「うち（イトーヨーカ堂）のように年間100回以上出稿する流通業界と、年に1回しか出さない学習塾と、折込料金の単価が同じなのはおかしい。料金体系を変えた方が業界のためになる」と指摘された。グウの音も出なかった。流通過程が異なる新聞と折込広告は、読者の元には販売店から「セット商品」で届けられ、折込広告の同一料金制は、再販制で定価が維持できる新聞業界の副産物ともいえた。鈴木社長はイトーヨーカ堂に入る前は、出版業界の取次大手のトーハンにいて、同じ再販制の著作物でも返品がある出版業界から見たら、新聞業界は甘いと言いたかったのかもしれない。

折込広告は、広告主と折込広告代理店の間で、営業プロセスはすべて決まる。新聞社と販売店の営業関与はない。販売店は、折込広告を新聞に差し込み、その手数料が粗利となる。新聞社の関与がないことは、装置産業で参入障壁の高い新聞業をふり返ると不思議なことだった。「第2の悪貨」による折込枚数の基準となる新聞流通部数で不透明な問題も燻《くすぶ》り続けた。

新聞と折込広告は「セット商品」で、新聞がなければ折込広告は広告機能として成立しない。新聞購読者にとっては生活必需品だ。しかし、新聞の到達が高齢層に極端に偏ってしまった状況が広告媒体としての価値を低下させ、新聞の発行部数の激減と共に流通量も大きく落ち込んだ。発行本社が広告代理店と直接連携し折込広告の効果を最大限に生かす手法、新聞社が折込広告代理店から折込商品を一括で取引し適正に販売店に流通させる方法、各系統が共同で行う流通行程を共有する施策、これらも急激な折込流通量の減少で対応策を阻まれてしまった。新聞産業を後世に残すには、折込広告流通業界も、「旧来の陋習」を打ち破り、縮小傾向にある中でも大胆な業界の刷新が必要だ。しかし、急激な部数の減少、折込流通量の減少で大胆な改革に着手できないのが現状だ。

話は逸れるが、部数の伸びに陰りがみえてきた頃、筆者は東京都（販売第1部）の販売責任者だった。２００４（平成16）年に東京都ＡＳＡ（販売店の組織）連合会と販売第1部が発行した朝日新聞ＰＲ版の中で、新聞記者出身で『半落ち』『クライマーズ・ハイ』で作家としてブレイクした横山秀夫が当時の販売第1部次長の岡崎哲也のインタビューに答えて、新聞への思いを述べている。

「アナログであり不経済ともいえる宅配が維持されているのは奇跡だと思います。記者が書き、デスクが目を通し、新聞が作られ、販売店に届き、新聞少年までつながっている。このいくつもの点の意識にズレが生じて、線のどこかが切れたら、新聞は死を迎えるだろうなと常々思っている」

奥深い言葉だ。切れかかっている線を修復するのも新聞人の力だ。そして、「新聞の品位もまた商品価値には違いありませんが、必要以上に体裁にこだわらず、『面白さ』に向けてのさらなる一歩を踏み出すことを望みます。(中略) うちの家族はよく新聞を読みます。テレビにはない『めくる快感』や『切り抜く楽しみ』がそうさせています。紙は今後も絶対になくならないんだと、新聞の作り手の方々に確固たる思いを持って欲しい」

と、新聞づくりへ応援歌を贈った。

筆者は東京都の販売責任者の後、入社して31年目の2006(平成18)年に関連企業に出向した。サラリーマン生活44年間のなかで、社長業を2社、12年もさせていただいた。本体から離れる時に、部下に文句はないのか聞かれたが、教員になることを諦め、サラリーマン(教員も給与所得者であるが)になるにあたり、自分の人事異動には絶対に不平不満を言わないこと、組織の中で徒党を組まないこと、常に下の者のことを思って働くこと、の3つを心に決めた。これは、御大が就職の決まった4年生に、「社会に出たら労働基準法などないと思え、ひたすら働け」と言って送り出したこと、「悪貨は良貨を駆逐する」、「実るほど頭を垂れる稲穂かな」と選手に諭していたのが頭にあった。その頃から本体では「第2の悪貨」が広まりはじめ「陋習」となっていった。

最初の関連企業では、会社の規模を拡大することを命ぜられ、営業社員(正社員)数を赤字を覚悟して短期間で150名から倍の300名にした。採用の面接は、採用担当役員、現場の営業責任者、社長の3名で行い、履歴書(エントリーシートに相当)をもとに20分前後の面接で合否を決めた。短期間で600名もの面接を行い、A、B、Cで判定し、3名ともAの場合は採用、逆に3名ともCの場合は不採用、評価が割れた時は面接終了後に3名で協議をし、結論が出ない時は社長判断、というルールだった。1日で20名近い採用もあり、200名近い採用となった。150名の純増で、その時に採用した社員が今、会社の中心にいると聞いて、嬉しい限りだ。

面接で判断するのが「人間力」の有無だった。営業社員を採用するには、営業力が判断の基準になる。履歴書だけではわからない。応募者は転職組が多く、履歴書の内容は本人の書き様によって変わる。面接時間内で、簡単な経歴、家族状況、職歴等を聞き、質疑応答をする。合否の判断基準は、身だしなみ、挨拶の仕方を見て、相手の目を見て話せるか、過去の仕事を正確に話せるか、面接者に媚《こ》びない抱負を話せるかなど、応募者から滲み出る人間性、その人の持つ総合的な人間の力を判断する。採用後は、社内独自の研修システムに乗せ、営業現場で活躍してもらう流れだった。

採用した150名の営業社員が、営業成績を上げるまでは、人件費、諸経費が嵩む。予想を上回る欠損が生じた。どこから矢が飛んでくるか、わからないのが大きな組織だ。たいがい後ろから飛んでくる。後ろから飛んでくる矢はやっかいだ。親会社の役員が、社員増強は社長が独断で行い、子会社に欠損を生じさせたのは問題だ、と言っているとの情報を摑んだ。直属の担当役員のフォローがあると思っていたら、援護射撃がない。

当時の政府は、資本金1億円以下の中小企業向けに、欠損の約半分を国が補塡する短期の税制対策を講じていた。当時は民主党が躍進し、選挙情勢が厳しい時の自民党・政府の集票対策といえた。会社の顧問税理士に教えられて、当期欠損の半分近くが翌前期に還付され、翌期以降は採用した営業社員のがんばりで売上が伸び、利益を確保した。短期間で営業社員を養成する社員研修システムの優秀さに舌を巻いた。

後ろから飛んできた矢の対応をした。営業担当役員がライバル社の施策に対抗した増強策であり、本社の役員会では、議論は済んで了承事項だった。増強人数まで明記してある役員会の議事録情報を手に入れ、それを示した直後からこの話題は遠のいた。後ろから飛んでくる矢とはこんなもんか、と気が抜けた。人間の修養は若い時ばかりでなく、社会人になってからの方が必要なのを実感した。御大の言った「野球の前に人間の修養を積め」は、「組織の管理職に就くなら仕事、立場の前にまず己の修養を積め」と置き換えられ、自分の戒めのひとつとした。

もうひとつ苦い思い出があった。筆者は後で記す映画製作や高校野球のPRなどを担当する宣伝部の責任者だった時があった。社内で持ち上がった宣伝部の移管問題だった。新聞社の商品は新聞だけと言っていい。その新聞の販売を担当する販売局に新聞営業をサポートする宣伝部があるのは自然な姿だった。1964（昭和39）年の東京オリンピックの年から本格的な宣伝業務を始めた歴史があり、半世紀にわたり新聞営業を支え、800万部達成への裏方を担当してきた。一見華やかなようだが地味な作業が続き、販売部門にとって重要な部署だった。その宣伝部を機構改編で、編集記者出身中心の部署に移管する問題が起こり、壮烈な社内議論を重ね、責任者の筆者は外堀が埋められているのを承知で、販売局内に宣伝部が必要なことを広報担当役員相手に執拗に迫った。その役員が「販売は下克上か」と言ったことは、外堀が埋められているとはいえ、議論を第一にする新聞社で忘れられない思い出だ。

その後、宣伝部は販売局から離れ、販売と宣伝は遊離し、組織、名称を変えながら筆者が関連会社にいたころに、予算も人材も見る影もない姿になって一部の機能が販売局に戻されたと聞いた。機構改革の失敗のいい例だった。組織もノウハウも、壊れてしまうと戻すのにまた時間と手間がかかる。運動部も企業も同じだ。その間の企業の損失は計り知れない。

販売部数は著しく縮小したが、まだ１００万部単位の部数を抱える。その新聞が経営の屋台骨となっているのに変わりはない。物を売るのに宣伝部門が重要なのはいずれの企業も同様だ。従来とは違う販促機能と宣伝機能に折込広告機能も加え、デジタル新聞の流通とも一体化した新たな新聞プロモーションを販売部門の力で再生することだ。昭和40年代まで続いた全国紙第1位の座を、まともな流通環境の下で取り戻すことを願って止まない。それには、「旧来の陋習」を打ち破ることを徹底できるリーダーの存在が必要だ。

話は逸れたが、人類は、紙に文字を書き、文字を書物にして、それを「捲《めく》り」ながら、知識を蓄積してきた。古代、中世、近世にわたり形態を進化させ、紙縒《こより》で綴った書物が本になり、瓦版が新聞になり、紙の文化が人間の生活を豊かにしてきた。１９００年代はじめにラジオが出現し、テレビが実用化されたのが1950年だった。テレビの出現が新聞の流通への危機が叫ばれたが、新聞はテレビ、ラジオともに人々の情報手段を担ってきた。新聞の建てページは、東京オリンピックを契機に16ページ体制になり、その後は24ページ時代が続き、好景気を背景にして全国紙も地方紙も40ページ印刷体制へ設備増強を進めて行った。

1995年にWindows95が発売され、情報手段の加速化が進み、再度新聞への影響が心配されたが、テレビも新聞も伸び続けた。電話も肩掛けの携帯電話から手の中に収まる形に変わり、通話から通信手段と変わっていった。しかし、2000年代初頭のスマートフォンの出現で、一気に新聞文化に異変が起こった。人々の情報手段の選択肢が紙から画面へと変わる速さは、新聞時代を謳歌した新聞人にはついていけない速さとなり、今日に至っている。新聞の販売業務から離れた筆者にとっても同様だった。

新聞業界はウェブタイプの新聞ツールを各社各様に取り組んできたが、急激な新聞部数の減少をカバーする有料ツールの開発に試行錯誤しているうちに、新聞読者が無料ニュースサイトにアクセスする時代に成り代わってしまった。全国の新聞発行部数が最盛期より2000万部以上も減り、有料の紙へのアクセスが無料ニュースサイトへ変わったといえる。新聞を購読していないスマホユーザーの9割が無料のニュースサイトにはアクセスしているという調査もある。

新聞がウェブの時代に入ったといっても、ウェブタイプの新聞だけで社員の給料が賄えるとは、どの新聞社の社員も思っていない。相変わらず新聞社の経営の主力は紙の新聞だ。朝日の場合、紙の発行部数は最盛期より半減し450万部も減っている。フルタイプ（月額3800円）のデジタル新聞の有料契約者は1万数千件弱に留まり、紙の新聞との併読タイプ（月額1000円円・500円）、シンプルプラン（月額980円）、スタンダードプラン（月額1980円）の契約者を含めても有料契約者は20万件に届かず、伸長は止まっているという。計算上は紙の購読を止めた読者の1％もフルタイプのデジタル新聞へ移行しなかったことになる。一方で、紙の新聞との併読タイプではウェブには課金しない新聞社は全国で数多い。紙の新聞を購読してもらう無料の「おまけ」となっている。ウェブ単独で契約料を払ってウェブの新聞を読む購読者は極めて少ないという結果がすでに出ている。

無料のニュースサイトへの配信を氾濫させてしまった現在、新聞が生き残るにはどうしたらいいか。紙の新聞で生きた筆者には、急激な勢いで変わっている現状への対策を語りようがない。新聞を守りながら、ウェブの時代に生き、新聞社の将来を憂えている現役の社員の意見を総括してみる。

社員の意見は、経営意識と経営手法の刷新の必要性に集約される。成長を期待したはずのデジタル部門が新聞部門の不振をとてもカバーできないことがわかった今、旧来の新聞社の経営構造を遅まきながら根本的に変えることが急務だ、という意見が多い。ある社員は、「当面は、新聞、デジタル、不動産に出版会社を加えた複数の事業会社を傘下に置く持株会社体制をつくり、すべての事業会社の単体での黒字化を目指すことだ」と言う。各事業会社の社員が本来の新聞社が持つ独自性、創造性を重んじ、4事業会社の黒字化と同時に次の収益を求める新事業を立ち上げていく。新聞型の「アメーバ経営」の実践だ。紙への印刷で生きてきた大手の印刷会社は、印刷の売上が半減することを予測して、もはや商社ともいえる幅の広い業態を作り上げて成功している。「すべてを突破する。TOPPA!!!TOPPAN」に象徴される。第2の創業へ本気で「旧来の陋習を破り」、「不得手に挑戦」し、「なんとかする」強い志を持つことだ。しかし、現役の新聞社の社員と語る機会が時折あるが、危機感が感じられないことが歯痒い。縦割り構造と装置産業の代表格の新聞社が本気で構造改革に舵を切れないことを象徴している。新たなコンテンツ開発や経費・給与削減、要員カットのダウンサイジングばかり社内で叫んでも、売上の8割近くを占める新聞流通実態の真実を根本から見据えない限り「絵に描いた餅」であり、いつまで経っても改革の原点に至らない。

新聞社の本来業務ではない不動産部門の収益で最終利益を取り敢えず確保するこの十年来の手法が続く限り、今後も主力の新聞部門の刷新は図れない。そして再販制度に守られた上に、先述した販売店を介しての過剰部数で売上高を構成しているうちは新聞社の構造刷新は程遠い。新機軸よりまず「旧来の陋習を打ち破る」ことが先決だが、「陋習」に気づいていない、気づいても放置せざるを得ない状況を露呈している。「悪貨」が覆う企業病の根は深いと言わざるを得ない。

現在のフェイクニュースが溢れ過ぎる現象は、真実を見誤るばかりでなく、人間形成をするにあたり目に見えない障害が蓄積されるのが怖い。真実を知り正しい道を拓くには、人々が頼れる拠り所を示す道具は必要だ。その役割は新聞でしかない。メディアが萎縮したと言われる中で、批判を恐れず、果敢に斬り込み、読み手に常に清涼感を与える新聞であって欲しい。そして、新聞がなくてはならない「文化的日用必需品」として、形が変わっても人々に再び手に取ってもらう日が来ることを祈って止まない。御大の「なんとかせい！」の一言を贈りたい。

しかし、この原稿を執筆中に新型コロナウイルスの度重なる感染の波の影響で、人々の生活と経済は計り知れない影響を受け、一気に復活する気配がない状況だ。新聞社の広告出稿も販売店経営の柱の新聞折込も扱い量が激減し、コロナが新聞社、販売店の限界状況を一気に打ち破り、経営規模は一気に萎《しぼ》んだ。新聞の流通問題も含めて、業界刷新が進むことも予想できる。国もこれまで根本的な行財政改革を進めなかったツケがこの有事に浮き彫りとなった。新聞業界も同じことがいえる。負の清算を怠ると、国も新聞業界も一気に歯車が狂ってしまい、有事に大きな決断ができなくなってしまう。いずれ近い将来、新聞業界も社会も従来の枠組みを取っ払わなければ生きていけない選択を迫られることになる。まさに「旧来の陋習を破れ」「不得手に挑戦」を不断に実践することが生き残りにつながる

今朝も定時に新聞が配達された。当たり前の日常だ。しかし、新聞配達員の足音は１００年を遥かに超える歴史を語っている。東京六大学野球創始時代の早慶の野球部創部より前に近代新聞

は産声を上げている。250年間の国を閉ざした幕藩体制から、明治維新で新時代が幕を開け、維新後に生まれ日本に豊かさをもたらした企業や事業は1世紀を超し、200年に向かおうとしている。「撞《つ》くや時代の暁《あけ》の鐘」から「刻苦研鑽《こっくけんさん》、文化の潮《うしお》みちびきて」を経て、環境変化、制度疲労を果敢に乗り越え、進取の精神をもう一度呼び戻し、「個」の成長の時代から、「個」の共生の時代へ智恵を絞るしかない。新聞配達員の足音を絶やさないために。

御大と政治と「なんとかせい！」

御大は、監督になる前、国会議員になり赤絨毯《あかじゅうたん》を踏むと決めていたという。そのために貯めた資金を、明治高、大学の野球部のために費やしたという話も聞いた。その資金が調布のグラウンドの土、明和寮の柱になったと思うと、ますます御大の人物の大きさが偲ばれる。監督室で、

「当時は150万（円）あれば、赤絨毯を踏むことができた」

と話していたことを思い出した。岸信介、池田勇人がいた時代の自民党の党人派の重鎮であった明治出身の大野伴睦《ばんぼく》（順天中—明治）の話を監督室でよく聞いた。

「大野さんが総理になっていたら、日本は変わっていたよ。政界は野球界と違って、正統派が勝つという世界ではない。俺は野球でよかったよ」

と楽しそうに話した。そして、

「読売のナベツネが大野番で、大野さんを総理大臣にしたかった。大野さんが病で倒れた時は悔しかったろう。今は中曾根番で中曾根を総理大臣にするよ。みておれ」

と言ったのを覚えている。その7年後に中曾根内閣が誕生している。


先の好村三郎が送ってくれた書物の中に、2005（平成17）年8月1日付朝日新聞夕刊のコピーが入っていた。シリーズ記事の「ニッポン人・脈・記　国家再建の思想⑥」だった。当時の読売新聞グループ本社会長・主筆の渡辺恒雄へのインタビューを元にした記事だった。その中に、

「読売の渡辺、朝日新聞の三浦甲子二（朝日新聞―テレビ朝日）……。当時の政治記者は派閥のボスに深く食い込み、政治の観察者でありながら政治の動かし手としても活動した。……渡辺は三浦甲子二とともに『何とか中曾根を首相に』と田中角栄に頼んだり……」

とあり、御大から聞いた話と符合した。同時に、2019年に放映されたNHKの大河ドラマ「いだてん」の主人公、政治記者の傍ら東京オリンピック実現に奔走した田畑政治《まさじ》が思い浮かんだ。好村がこのコピーを何故送ってきたか、今では謎だ。


好村に甲子園にまつわる思い出話を聞いた。筆者が朝日新聞社で次長のころ、当時の社長は志半ばで任期中に病に倒れた松下宗之だった。当時はまだ部数は伸びていたが、かつての勢いに陰りが出始めたころだった。1996（平成8）年だったと思う。政治部上がりの松下は販売現場の次長を東京・青山にあった会社の厚生寮に集めて懇談会を行った。販売について現場の次長から生の情報を得るのが目的だったと思う。懇談会の席で偶然にも松下の向かいとなった。凜とし

た人だった。そして謙虚さが滲み出ていた。シルバーグレイの髪をきれいに整えていた松下は、ショートホープを旨そうに燻《くゆ》らせて話した。

「丸山君は明治の野球部だったよな。僕は島岡さんの故郷にいたことがあるよ。甲子園も経験しているよ」

島岡、甲子園と聞いて驚いた。東京深川生まれの松下は、終戦の年の3月10日の東京下町の大空襲で家を焼かれ、歯科医師の父親を失い信州に疎開し、終戦は両親の故郷の飯田で迎えた。下伊那地方事務所勤務と印刷会社のアルバイトをしながら飯田長姫《おさひめ》高校定時制で学び、東京大学に進んだ。高校卒業と同時に母校が春の選抜大会で優勝を遂げた。優勝の立て役者は光澤毅《たけし》だった。明治大学野球部を経て、故郷信州の三協精機（現日本電産サンキョー）を強豪チームに導いた「小さな大投手」と甲子園で話題になった光澤は、浪華商、高知商、熊本工、小倉高を4試合で1点に抑え、初出場で信州に初の紫紺の優勝旗をもたらした。松下が卒業した1954（昭和29）年3月の翌月7日のことだ。信州に大優勝旗が来たのは、1928（昭和3）年の中島治康（松本商—早稲田）を擁した松本商業（現松商学園高）がもたらした深紅の優勝旗と飯田長姫だけだ。

松下は懇談会では母校の甲子園制覇の思い出話を嬉しそうに話した。母校が甲子園で優勝したことを昨日のことのように喜び頬を崩して語った。ショートホープの煙の向こうで目に涙が滲んでいるように見えた。この人は心のある人だな、と直感した。朝日新聞社は本当に惜しい社長を亡くしたと今でも思う。松下が健在だったら、先の過剰な販売部数問題には至らなかったと思うと、悔しい思いでいっぱいだった。

好村三郎から貴重な話を聞いた。松下は亡くなる前年の夏の甲子園の開会式で大会会長として挨拶をしている。松坂大輔を擁する横浜高が春夏連覇をした年だ。開会式の前にネット裏のスタンド席にいた松下に、好村は交通事故で失明した「小さな大投手」の手を引き松下に会わせた。好村が松下に、「松下さん、長姫の光澤を連れて来たよ」と言い、光澤には「光澤、同窓の朝日の松下社長だよ」と、光澤の手を取り二人を握手させた。その瞬間、松下の目から大粒の涙が溢れた。長姫時代の思いが一気に胸を詰まらせ、好村も目頭が熱くなったという。1998（平成10）年の8月6日午前9時前のことだ。病を押して甲子園で挨拶をする松下を思う好村の配慮だった。

話しは逸れたが、御大は明治出身で後に総理大臣になった三木武夫（旧制徳島県立商業学校―中外商業―明治）と睦子夫人の話もよくした。三木は筆者が3年の1974（昭和49）年12月に総理大臣になっている。監督室で、

「三木さんほど清廉潔白な政治家はいない。政治家はまず、こうでなくてはいけない。だから、金脈問題で退いた田中角栄の後は、三木さんしか選択肢はなかった。自民党が生き伸びる術《すべ》だった」

と話す時は、政治家島岡吉郎の顔になっていた。

優勝祝勝会で挨拶する三木武夫元首相　右から２人目が御大、1978年７月（写真：『熱球三十年』講談社）

そして、

「三木さんは雄弁部で有名だが、野球も好きなんだ。高校時代は選手ではないが、徳商（徳島商野球部）を強くするために裏方で奮闘した」

とも話し、１９７８（昭和53）年春のリーグ戦と全日本大学選手権大会、日米大学野球選手権大会の優勝祝勝会には、総理大臣を2年で退任した三木を会場のホテルニューオータニに招いた。平身低頭で壇上の三木と握手をする御大の背中は、政治家になっていたら、こんな至福の時はなかったと語っているようだった。在職中は一貫して政治改革、軍備拡張への反対を訴え、権力に媚びず、群れを嫌い、理想に向かって進む三木の生き方に、御大は自らを三木に投影し、若い選手にお手本を見せていたと言える。

政治の劣化が叫ばれて久しい。言いたいことが尽きないのは筆者だけではないだろう。政治家の見苦しい言い逃れには呆れてしまう。聞かれたことにまともに答えず、他人事のような答弁姿勢は、子供には見せられまい。何年、国民はその光景に付き合わされるのだろう。「３００議席があれば何でもできる」という浅ましさが劣化をさらに深めている。年間で議員歳費をはじめ11

項目にわたり、1億2000万円もの国税が国会議員1人に費やされる。問題になった国会議員の旧文通費（文書通信交通滞在費・現調査研究広報滞在費）の使途公開、領収書の添付強化さえも決められない与野党ともに情けない。取ってつけた名称変更、日割り支給でお茶を濁し、肝心な改革は先送り。納税者を置き去りにしている。こんな光景が続くようでは、国会議員は何のためにあるのか考えさせられてしまう。現状を憂える気骨のある政治家は自民党の中でも探すのが難しくなってしまった。心ある議員の政権中枢への批判を時折聞いたが、最近では皆無といっていい。日本の政治家は気骨も誠も失くしてまったのか。寂しい限りだ。

野党の弱体化にも一因があるが、国政選挙へは有権者の半分も投票所に行かない。かつては政敵であった公明党と組む自民党の集票対策が、両党が都合のいい「ウィン・ウィン」の関係を生み、低い投票率が結果的に政権を維持させている。3年余りの民主党政権を挟み、自公政権は21年も続いている。政権を維持することはできたが自民党の劣化は逆に進み、世論調査の「支持する政党は」の問いに「支持する政党がない」がトップに座る結果が続いている。125年前の1898（明治31）の大隈重信内閣から戦前の一時期を除いて続いている政党政治が壊れている。二大政党化を目指すための小選挙区制が活かされず、逆に少数野党化して自民党を利することにしてしまったのは日本の政治の性か。自民党の成長も止まり、公明党もかつての魅力がなくなってしまった。責任政党の停滞は国の停滞を意味する。

55年体制の崩壊後、政権を野党の連立政権（新生、社会、日本新、公明ほか）に渡した自民党は、次に連立政権から離脱した社会党（現社民党）を担ぎ自社さ政権で復帰した。その後は民主党政権を挟み、社民・さきがけ、自由・公明、公明との連立で政権を維持してきた。その時々の都合のいい他党を利用しながら生きてきた様は、政党の生き残りだけが先行し、国民目線とは乖離が生じてしまった。

日本人の「あきらめ」現象が国政にも及んでいることをどう捉えるか。説明をしない政治、責任を取れない政治のツケは、最後は国民の姿となって返ってくる。それが今の政治だ。もう一度、自民党に取って代わるまともな討論ができる「誠」のある国民目線の政権政党を国民がつくるしかない。しかし、自民党の対立軸となるはずの野党は、再編を繰り返すごとに弱体化し、新党をつくっても国民の支持は一向に上がらない。これでは3度目の政権奪取どころではない。55年体制の社会党、民社党の方がマシに見えてくる。野党の埋没が自民党の停滞を生み、緊張感のない政治はますます国民から離れていく。国民から「なんとかせい！」と言われているうちに野党の復活を望みたいが……。

御大だったら、今の政治にどう檄を飛ばすだろうか。御大になったつもりで言いたい。

「政治家は嘘をついてはいけない＝グラウンドの神様（国民）に謝れ・実るほど頭を垂れる稲穂かな」

「国税を費やす政治家は、謙虚で誠実でなければいけない＝悪貨は良貨を駆逐する・実るほど頭を垂れる稲穂かな」

「国民の心に響かなければ、流暢な言葉でも虚しく響く＝人間の修養を積め・実るほど頭を垂れる稲穂かな」

政界へのキーワードは「実るほど頭を垂れる稲穂かな」のようだ。言い換えれば「政治家ほど頭を垂れる僕《しもべ》かな」となる。政治家を目指した御大の「なんとかせい！」が政界にも届くことを祈って止まない。

「ぽっぽや」と北の鉄路と北海道

富良野・美瑛から南富良野にかけては、北海道の観光地では群を抜く人気エリアだ。南富良野に「幌舞《ほろまい》」という駅がある。正式な駅名は幾寅《いくとら》（JR根室本線）で、この駅舎に高倉健主演の映画「鉄道員」（ぽっぽや・降旗康男監督）で使われた小道具が展示してある。筆者はこの駅に25年前に、この映画のロケで2度訪れている。朝日新聞社が製作委員会のメンバーで、筆者は実務代表者で参加していた。新聞社が映画に出資するケースは多い。社内で出資をする部署を探していて、筆者が部長をしていた販売局の宣伝部にお鉢が回ってきた。経済部長から宣伝部担当の販売局次長できていた東大野球部ＯＢの稲村隆二（開成高）に、「面白そうだ。販売で受けたらどうか。君が決めろ」ということになり、とりあえず東映本社に出向いた。主幹事でプロデューサーだったテレビ朝日の木村純一に会い、「出資金は６０００万円、読売が１億５０００万円で控えている、明日までに返答して欲しい」と言われ、期日も迫っているので、帰社して上に相談した。出資割れしたら、責任はどうやって取るのか、退職金で穴埋めするのか、ド素人に妄想が駆け巡り、再度、東映に出向き、２０００万円の出資で落ち着き、製作参加が決まった。東映の企画担当取締役の坂上順から、「この映画は朝日向きで、朝日さんに参加してもらって本当によかった」と言われ、理由もわからず嬉しくなった。

この映画は、浅田次郎の短編小説が原作で、出資が決まると坂上から台本を渡され、「3回は目を通して欲しい」と言われ、生まれて初めての映画の台本を真面目に3回読み終えた。この台本は一生の宝物だ。しかも健さん主演である。駅長・佐藤乙松の台詞《セリフ》が映像とともに今でも浮かび上がる。決定稿の台本のシーン42を抜粋する。

42　幌舞駅・正面［夕］

門灯に明りが入り、乙松が出てきて空を仰ぐ。郵便集配車が止まっていて集配人が丁度集配を終えて車に乗るところ……。

乙　松「しばれるのに大変だね」

集配人「なーんも。こっちはもう仕舞。一風呂浴びて一杯だ。七時の終列車まで、お茶引いてなきゃなんねえ駅長の方が大変だべ」

乙松の苦笑いにエンジンの唸りをかぶせて集配車は去っていく。

〔右〕映画「鉄道員」の最終稿の台本
〔上〕新聞配達員・板東英二から夕刊を受け取る乙松・高倉健（映画「鉄道員（ぽっぽや）」シーン42、1999年、©1999「鉄道員（ぽっぽや）」製作委員会、提供：東映）

乙松、見送る先のだるま食堂は灯が消えたままだ。
乙松は駅舎の中へ戻る。

このシーンを読んだ後で、「郵便物を新聞の夕刊に、集配人を新聞の配達員に、郵便集配車を配達用バイクに変えたら面白い」と、映画の素人はひらめき、坂上に相談した。すると、「面白い、やりましょう」とすぐ決まり、南富良野には夕刊が配達されていたのか聞かれたので、「原作はフィクションなので、夕刊があったことにしては」とポンポンと決まり、映画の面白さに触れた。

新聞配達用のバイク、ヘルメット、朝日新聞のジャンパー、器財を東京から送り、配達員役は旭川の販売店の店長に決まった。しばらくして、東映のプロデューサーから、「健さんが配達員は俳優を使うと言っている」と連絡が入り、ふたつ返事で了解すると、俳優は健さん推薦の甲子園を沸かし中日ドラゴンズで活躍した板東英二

（徳島商）に決まった。板東配達員が朝日新聞の「夕刊」を駅長の健さんに手渡すシーンが誕生した。健さんは板東配達員から受け取った朝日新聞を駅舎に持ち込み、机の上に題字を表にして置いてくれた。板東配達員が使ったヘルメット、ジャンパーは今でも幾寅駅に展示されている。

健さんからの要請で出演した役者がもう一人いた。炭坑員役「吉岡」の志村けんだった。本著の初稿執筆中に新型コロナ禍で帰らぬ人となってしまった。残念でならない。駅前のだるま食堂で酔っ払い同士の迫力ある乱闘シーンで志村の台詞、

「北海道やったら死ぬまでスミ掘らるー思うて筑豊から来たったい。いっちょんも働かんうちに閉山てや。おめえらが根性無しやけんたい！この根性なしが！」

が蘇った。健さんに抱えられて坂道を宿舎に帰る志村の千鳥足のシーンが「ヒゲダンス」とダブった。この坂道は現地では「志村坂」と呼ばれているそうだ。宿舎のちゃぶ台には、栗山町にある小林酒造の「北の錦」の一升瓶があった。ロケ隊に同行していた東映のスタッフは、「氷点下の寒さの中で出番を待っていた志村さんは、禁煙の現場で構わずタバコを吸っていた。本番前で緊張しているようだった。タバコの火で暖を取っていたようにも見えた。タバコ嫌いの健さんの目に留まらないかひやひやした」と回想した。また、ロケに立ち会った多田憲之（現東映取締役相談役）は「宿泊先のホテルでひとり静かに朝食をとっている姿が印象的だった。本当に残念だ」と悔やんだ。まさか、初稿執筆中に志村の最後の出演を朝ドラ（ＮＨＫ総合「エール」）で観ることになるとは思わなかった。健さんが自ら出演を要請した幾寅でのシーンが再び蘇った。

「幌舞」駅で行われた真冬のロケは、スタッフ、俳優、報道陣の吐く息は白く、いまにも凍りそうだった。スタッフ、報道陣が待つ幌舞駅前に健さんが現れると、サッと空気が変わり何ともいえない緊張感が周囲を包んだ。ロケが終わると、町民ホールで健さんは暖を取り、町の婦人会メンバーが作った北海道の郷土料理「いももち」がお気に入りとなり、毎日いももちを頬張ったという。その婦人部隊の1人に先の星澤幸子の母上がいて、ここで星澤とは縁がつながった。

映画の編集も進み、ラッシュ（音声の入っていない未編集の映画プリント）を観て泣けた。音声がないのに泣けるのか。映像の力を実感した。編集と同時に、映画のプロモーションも進み、ここからが新聞社が製作参加している本領を発揮しなければならない。しかし、素人である上に、新聞社の販売部門が映画を手がけるのは例がなく、暗中模索だった。新聞販売で培《つちか》ったノウハウを映画の宣伝に活用し、チラシ、広告、ノベルティー、活用できるものは「ぽっぽや化」した。6月の公開の映画に合わせ、6月から始まる「鉄道員《ぽっぽや》カレンダー10万作戦」を提案した。映画フィルムの中のスチール7枚で制作するつもりでいたら、担当した部下の高比良美穂は、幾寅駅をロケ地に決めた撮影担当の木村大作キャメラマンと侃々諤々《かんかんがくがく》の折衝の末、木村の「10万も作るんならカレンダー用に絵を撮る。おれがみんなを動かすよ」のひと言で、オリジナルで撮影して貰い、台詞入りのカレンダーを徹夜で仕上げ、全国で10万セットを消化した。高比良は撮影してくれた木村が喜んでくれたのが嬉しかったと懐かしむ。

公開初日に舞台挨拶があり、丸の内ＴＯＥＩに着くと、初回の上映前にチケットを求める人の列が、東映本社から数寄屋橋交差点前を左折し、プランタン方面に折り返した長蛇の列ができていた。東映宣伝部の担当が、こんなことはまずないと言うので、築地の社会部に電話を入れ、「長蛇の列」の取材を依頼した。夕刊社会面に写真付きで『「鉄道員」わくわく』が出て、夕刊2梱包をタクシーで東映本社に運び配布した。映画館で新聞を配布するのは前代未聞だったという。

公開後は順調に入場者が増え、東映の宣伝担当から、映画会社の東映を一大娯楽会社にのし上げた岡田茂会長(注4)が丸山はどんなやつだ、と言っているので挨拶に行って欲しい、と言われ、会長室に出向いた。

「君が朝日の丸山君かね。だいぶこの映画に協力してくれているがお陰で好調だ。君は朝日らしくないね」

褒められたのか、皮肉を言われたのか、迷ったが嬉しかった。東映宣伝部の協力もあり、ド素人の宣伝方法が、それまでにない宣伝協力だったので、東映側からみると新鮮だったのだろう。映画は企画から製作、宣伝に至るまですべて人と人の「キャッチボール」の連続で、出資社も含めて途切れない気持ちの通ったキャッチボールが成功に繋がることを学んだ。

この映画は、東映の幹部にとっては特別な映画だった。健さんとの間で、あるトラブルがあり、健さんとの断絶が続き、『動乱』以来19年ぶりの東映復帰の映画だった。映画の企画が決まり、帝国ホテルで製作発表会があり、ひな壇で健さんの挨拶が始まり、長年の断絶からの復帰の想いを語り始めた。1分間以上の健さんの沈黙が続いた。健さんはうつむき、目には涙が滲んだ。

その瞬間、東映の高岩淡社長をはじめ古参の関係者から嗚咽《おえつ》が漏れ、頬に涙が伝った。男泣きだった。それだけ、健さんの復帰は東映にとって復活劇だった。加えて、東映の任侠路線を完全に転換する映画でもあった。

映画の興行も終わりに近づいたころ、東映のプロデューサーから、高岩社長が朝日の箱島社長に挨拶に伺いたい、と連絡が入り、築地まで出向いてもらった。高岩社長から、

「この映画は朝日さんのお陰で大入りになり大成功だった。今後もぜひよろしく」

と賛辞が贈られ、健さんはじめ俳優と製作スタッフの力の結果なのに、赤面させられた。両社長は、修猷館《しゅうゆうかん》高、九州大出身で、健さんは同じ福岡の東筑高、そして明治の商学部出身で、縁を感じた。セット撮影、ロケを通じて、健さんのいつも周りを思いやる態度、頭を下げる様子は、まさしく「実るほど頭を垂れる稲穂かな」そのものだった。その一挙手一投足が周りの人を痺れさせた。

また、21世紀フォックスはじめ世界の大手メディアを所有していたルパート・マードックが孫正義と組み、旺文社の所有するテレビ朝日の全株式を買収し、筆頭株主となる「事件」が起きた。会長の岡田茂はマードックに掛け合い、電波業界への参入を引き揚げさせた。その株式を朝日新聞社がすべて買い取り事件を落着させた。その時の朝日新聞社の社長は就任間もない前出の松下宗之だった。テレビ朝日の大株主の朝日新聞社にとっては大きな決断だった。ここで、岡田と松下が繋がった。１９９６（平成８）年のことだった。

映画「鉄道員」で「幌舞駅」の舞台となった根室線幾寅駅（北海道南富良野町）、現在は不通となっていて廃線が危ぶまれる

映画のド素人が、ここまでやれたのは、御大に「不得手に挑戦」「旧来の陋習を破れ」と言われたことが、身体に染みついていたお陰だ。出資額の4倍を越す配当があった忘れられない映画参加となった。御大に感謝であった。これが縁で映画への製作参加は10本を数えた。

その思い出の「幌舞」も今は、２０１６（平成28）年の水害の影響でいまだに不通になっている。キハ（注5）では行けない。復旧できないまま廃線という噂もある。北の鉄路の現状を物語っている。東映の幹部から、「鉄道員」の主役は健さんと「キハ」であり、JR北海道の無償の協力がなければ、この映画はできなかった、と聞かされた。

8年間の札幌生活で、JR北海道の全路線に2回以上は乗り込んだ。乗り込めば乗り込むほど、北の鉄路への郷愁は深まるばかりだった。しかし、現実は、キハの箱車には筆者ひとりが乗車しているというシーンも多く、深刻さを身に刻まれた。旧国鉄で道内全域に敷いた鉄路は、最盛期の４０００キロから、廃線の歴史が続き、現在は２５００キロとなり、寂しい限りだ。２０１６（平成28）年にJR北海道は、維持困難な路線を廃止すると、１２００キロまで落ち込むと発表した。新幹線が函館から札幌に延伸されても、その先の鉄路がない状態では、本州や九州と比べて新幹線効果も薄れることは間違いない。札幌一極集中が進む現状が北の鉄路にも影を落としている。札幌だけが太り、周辺の過度な過疎化は、存立不可能な自治体増加につながり、北海道にとって危機が訪れる。北海道命名から150年が過ぎ、発想を変えたアイデアがなかなか生まれていない。全道の人口の約40%が住む札幌に住んでしまうと、あまりにも便利な街で、危機感が鈍ってしまう。その札幌も出生率の低下が続き、50年後には人口は50万人も減少し、65歳以上の高齢者が5割に迫り、高齢者とマンション群の道都となる。

日本は小さい。
北海道は大きい。
平成28年度 北海道広告業協会 PR広告 最優秀賞
北海道ＰＲ広告「日本は小さい。北海道は大きい」
（提供：一般社団法人北海道広告業協会）

札幌には199万人（2022年現在）が住み、ミニ東京と言われるが、街を歩いていると知っている人にほんとうによく出くわした。筆者は札幌を「偉大なる田舎」と表現した。個人的にはこう思う。なかなか議論が進まない道州制を北海道にパイロット版として導入し、札幌一極集中を一刻も早く転換し、札幌に加えてもう一つの核（道都）をつくる。まさに、1950年代に導入した根釧台地対策の「パイロットファーム」の国家行政版だ。

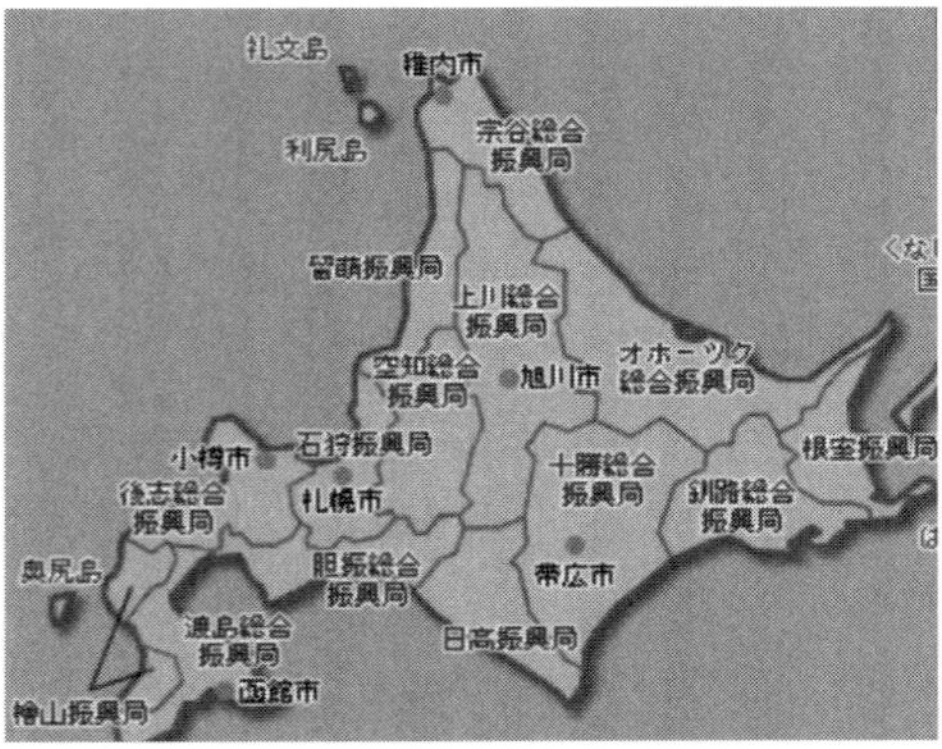

14の振興局で構成される北海道、南から日高、十勝、釧路、根室、オホーツクの5振興局で人口約100万人

北海道は面積では、東北以南の都府県平均の12県分の広さがある。東北6県と新潟県を合わせた広さだ。道州制での「北海道」には札幌圏を中心とする県と、道内では元気があり札幌になびかないといわれている十勝を中心とする道東県をつくり、州知事と2県知事を置く2県制とする。州知事はかつての北海道開発庁長官を「北海道州知事」として閣内で復活させる。北海道には14の振興局（かつての支庁）があり、仮に十勝、日高、釧路、根室、オホーツクの5振興局を「道東オホーツク県」とすると、人口はちょうど１００万人となり、最も少ない鳥取県の約2倍の人口規模となる。ジェット機が利用できる空港はとかち帯広、釧路、根室中標津《なかしべつ》、女満別《めまんべつ》、オホーツク紋別があり、ひとつの県でジェット機が離発着できる空港が5つもあるのは日本でこの県だけになる。この5つの空港と千歳、丘珠、函館の空港をリモートし、さらに全国の空港とつなげれば「北の観光県」として売り出せる。北海道新幹線が札幌、新千歳空港経由で帯広まで延伸すれば完璧だ。

また、太平洋とオホーツク海に面し、近年は水揚げ量が落ちているが、釧路、根室の大漁港を抱え、北方領土の玄関県となる。日本を代表する「畑作」「酪農」と「水産」「観光」を売りにして、札幌圏とは違った北海道の色を出せる。本州からみても札幌圏と道東圏の2つの顔が魅力となる。半年は雪に埋もれる緯度の高い北の大地、北海道の成功が日本再生のモデルとなる。経済が活性化すれば、懸案の出生率が上がってくる。

今から141年前に北海道開拓使を廃止し、函館県、札幌県、根室県の3県を設置した。そして、4年後の1886（明治19）年に3県を廃止し、北海道庁を設置して本庁（札幌）と支庁（函館、根室）が置かれた。それ以来14の支庁（現在の振興局）体制となったが、今は衰退の一途を辿っている。100年以上経た制度を変える構想が乏しい。「選挙区が一致しない」「北海道を分断してどうする」など既存を守れの声がすぐ出るが、「旧来の陋習を打ち破る」かつての「開拓の地」を「再開拓」する挑戦が欲しい。ロシアのウクライナ侵攻を端に、北海道周辺海域へロシアの軍艦の出没が急に増えた。牽制が予想もしない実戦に変わった悲惨な現実を毎日テレビで見せられた。北方を守るには北海道を総合的に強くしておくことは必要だ。

道州制の他にもアイデアは生まれるはずだ。札幌一極集中化、少子高齢化が一段と進む中で、時間との戦いに入っている。北海道を愛するものとして、北海道が立ち行かない時は、

幌舞駅ＰＲチラシと記念切符
（提供:NPO 法人南富良野まちづくり観光協会、JR 北海道）

日本に危機が訪れる時と思っている。北の大地は試されている。

新型コロナウイルス感染が全国に進行する中で、日本に道州制があったら、州に権限を持たせた緊急事態や経済緩和への対応が可能になり、北海道、東北圏、関東圏、中部北陸圏、近畿圏、中国四国圏、九州圏といった実態に合わせた広域での対応がもっと早くできた、と思った。その点、179の自治体を抱える北海道知事のいち早い緊急事態宣言は、ひときわ注目を浴びたが、道州制の利点を先取りしているように思えた。緊急事態宣言が出てからの対策は政府も都府県も県境に固執して混乱を招いた。国の方策よりも都道府県の対応の方が先を行った事例も多く見られた。コロナウイルスに対し県境で競い合っている場合ではなかった。このあり様は250年以上続いた幕藩体制が廃藩置県(注6)で府県制へ移行し、150年続いた現行の都道府県制の制度疲労を暗示している。

また、リゾート業界をリードする星野リゾート代表の星野佳路《よしはる》が唱えた、GW（ゴールデンウィーク）の混雑解消と雇用創出をするために、日本列島の南から順に1カ月かけてGWをスライドする分散化案があった。個人的には賛成だった。ボツになったが、道州制を導入していたら実現したかもしれない。例えば、4月の最終週から5週間かけて九州、中国・近畿、中部北陸、関東、東北・北海道と「スライド式ＧＷ」とすれば、混雑が少ない旅行が可能となり、日本人のバカンス意識が変わる。

コロナ対策は「密集解消」がキーワードとなり、感染者が多い東京圏、近畿圏、札幌はじめ大都市圏の分散化が必要となるのは今後の感染症対策でも避けて通れないだろう。人の密な接触を避けるためには、コロナが一極集中解消の必要性を教えてくれたのは皮肉だが、それを成し遂げるビジョン策定と行政力がこれから問われる。そのためにも地方分散を本気で議論し、道州制、連邦制も視野に入れた「令和維新」ともいえる一極集中を解消する大構想としなければならない。国民にとって夢のある行政体制に変えることが必要だ。経済を優先するかどうかで、国と都のトップが自分の立場を優先し、互いに物言いをする場面を見せられた時は、未曾有の危機に対し国と首都東京がひとつになれない政治の限界を感じた。そして、再びコロナウイルスの感染が進む中で、野党はじめ各方面から要請のあった臨時国会の開催を拒否する様は当たり前の光景になってしまい、度量のない最近の政治に脱力感を覚えた。国民目線を離れた自己の生き残りのための駆け引き中心の政治とはおさらばしなければ実現はほど遠い。ここでも「旧来の陋習を破る」ことが求められる。

2019年11月10日に「鉄道員」の公開20周年を記念して、特別上映会が東京・丸の内TOEIで開催された。この日は健さんの5回目の命日だった。原作の浅田次郎、撮影の木村大作、乙松の妻に扮した大竹しのぶ、娘役の広末涼子、親友・仙次役の小林稔侍らがゲストで参加し、当時のフルキャストの様相だった。それぞれに健さんの思い出を語った。健さんの命日だったが、監督の降旗康男、企画の責任者だった坂上順が鬼籍に入ったのは残念だった。この日の収益の一部がロケ地の南富良野町に寄付された。来場者には「幌舞駅」の記念切符が配られた。南富良野町役場によると、今でも「幌舞駅」には2万人を超える人が訪れるという。不通が続く根室本線でキハの汽笛が再び響くことを祈るしかない。

さらに、2022(令和4)年2月12日には、コロナ禍の中で、映画の上映と東京フィルハーモニー交響楽団がコラボしたシネマコンサートが開催され、息の長い「鉄道員」を実証した。

鉄道員「ぽっぽや」は、駅長乙松の棺を運ぶキハの運転席で、乙松の後輩の仙次(小林稔侍)が、駅長・乙松の完帽型の制帽を被り、笛を鳴らしながら運転士と交わした台詞の後、3分間のエンディングロールに変わる。

「おやじさん、キハはいい声で泣くしょ! 新幹線の笛も、北斗星の笛もいい声だけど、キハの笛は、聞いてなかさるもね! わけもないけど、おれ聞いてて涙が出るんだわ!」

「まだまだっ。聞いて泣かされるうちは、ポッポヤもまだまだっ!」

3分間でも涙は乾かなかった。

「観て泣かされるうちは、人間修養もまだまだ。なんとかせい!」

と、御大がダブった。自分の周りにも、日本の社会にもまだまだ何とかしなくてはならないことが山積し脳裏を駆け巡る。御大の残した「銘言」を遺言として心に刻み、「一事入魂」で前へ進みたい。

（注1）再販制度

再販売価格維持制度の略称。再販行為とも言う。商品の供給者が小売業者に対して販売価格を指示して遵守させる行為をいう。日本ではこの再販行為は独占禁止法で、不公正な取引方法として禁止されているが、例外として公正取引委員会から指定を受けた「書籍」「新聞」「雑誌」などの著作物ほかの業種が適用除外となっている。新聞の場合は、再版制度に加えて新聞特殊指定によって差別定価、定価割引が原則的に禁止されていることから全国一律価格で販売が可能となっている。

（注2）映画会社

２０１９（令和元）年の日本の映画産業の実勢は、映画館のスクリーン数は３５８３、公開本数は１２７８本、入場者数は1億９５００万人、興行収入は２６００億円となっている。入場者数は映画絶頂期の１９６０（昭和35）年の10億１４００万人には及ばないが、最近20年間は維持している。スクリーン数、公開本数、平均料金、興行収入はともに伸び、２０１９年の興行収入は過去最大だった。しかし、コロナウィルスの影響で、２０２１年の興行収入は１６１８億円と２０２０年に続き大きく落ち込んだ。（参考・日本国勢図会 長期統計版・数字でみる日本の１００年ほか）

（注3）キハ

電化設備のない路線で走ることのできる気動車（ディーゼルカー）の形式を「きどうしゃ」の「き」を「キ」と表示。「ハ」はイロハのハで、１等車がイ、２等車がロ、３

等車（普通車）が「ハ」となる。鉄道員に出演していた「キハ１２２３」は、現役のキハ４０７６４を改造したもの。現在は幾寅駅前に展示されている。北海道の電化路線は全路線の２割に留まり、キハでの営業路線が主力となっている。

（注４）廃藩置県

１８７１（明治４）年に明治政府が行った行政改革。それまでの藩を廃止し、府と県に一元化した。目的は軍制の統一と財政の健全化を行うことにあった。それまでの３府３０２県を３府72県としてから６回の統廃合を行い、１８８９（明治22）年に３府42県で落ち着いた。その後廃藩置県の対象外だった北海道と沖縄を加え、東京府が都制になり、現在の１都１道２府43県体制となっている。

御大に捧ぐ

1975（昭和50）年。この年の明治大学野球部はいろんなことが起きた。霜解けに挑戦した「畑作業」から始まって、ハワイ遠征、江川対策、春の完全優勝、オブストラクションでの中断、秋の東大戦2連敗、戦後初の春秋連覇、東京六大学として初の明治神宮大会の優勝と、目まぐるしい1年だった。翻《ひるがえ》ってみると、御大と「格闘」した1年でもあった。あれから半世紀を経て、改めて御大の情熱と精神力には敬服するしかない。

復活した猪マークとストッキング

2019（平成31）年の春から、明治のユニフォームは御大時代の「左袖の猪マーク」と「太い一本白ラインのストッキング」が復活した。涙が出るほど嬉しかった。善波達也（桐蔭学園高）前監督はじめ、OB会である駿台倶楽部の幹部の方々の英断と聞いた。デザインを担当したイソノ運動具店の鎌田範行（松山高）は野球部から渡された当時のユニフォームの猪マークをどう再現するか苦悩したという。御大の下で戦ったユニフォームが復活し、まわりの仲間は異口同音に喜んだ。懇意にしている応援団のOBも喜んでくれた。その春の神宮観戦の後、応援団OBも含めて駿河台で復活の祝杯を上げた。復活したシーズンにリーグ戦優勝、さらに御大以来の38年ぶりの大学選手権制覇、加えて亥年に復活したことを、一番喜んだのは高森町に眠る御大に違いない。

御大が亡くなった1989（平成元）年4月11日の翌日のスポーツ新聞は、全紙大見出しで報じ、一般紙の朝日は御大の教え子の中山司朗（掛川西高）が「情熱と信念の『人間野球』、毎日は早稲田OBの六車護（高松一高）が「偉大な素人監督、采配より人間力」として、両記者が御大の評伝を記した。各紙が「島岡明治」の終わりを報じるなかで、スポーツニッポンの1面に、明治大学OBで作詞家・作家の阿久悠が、「永遠の素人」と題して御大に寄せた追悼文が34年前の新聞スクラップ帳にはさみこまれていた。

「僕が明治大学の出身で、この大学の性格を語る時の一つのシンボル的存在が島岡監督であった（略）。功利的、機能的、何が便利かだけを問われる時代の流れの中で、（監督で）ありつづけたことに敬意をはらう（中略）。信念、一途、頑固、浪漫、滑稽、男、魂、それらの文字が、薄っぺらな感覚の向うに消えそうになっている。もはや、それらを思う人はあっても、演じる人はいないのではなかろうか」

と書き記し、詩を贈っている。引用させていただく。

あなたが偉大なのは
たぶん
永遠の素人を貫いたことでしょう
三十年もその場にあって
なお素人でありつづけることは
並の芸では出来ないことです
おそらく
玄人のつまらなさ
説得力のなさを感じて
そして
素人の美学を信じて
そのように振舞いつづけたのでしょう
上手になると丸くなり
慣れると鮮度を失い
技を誇るとどこかで奢り

巧みを思うと臆病になり
だから
永遠の素人であろうと
あなたは思ったのではないか
たぶん　たぶん

（1989年4月12日付スポーツニッポンより）

御大が再び現れたら、
「おれは素人ではない。でも、素人でいい。上手になろうと思ったら、こんなに長く監督はできなかった」
と、素直に阿久悠に返したのではないか。

御大が鬼籍に入って34年が経つ。光陰は矢よりも迅《すみや》かなり、身命《しんめい》は露よりも脆《もろ》し（修証《しゅしょう》義《ぎ》第五章）。1000球ピッチングで球を捕ってくれた宮本聡（高鍋高）、ロングティーで復活した伊藤裕啓（日大一高）、打倒江川で決勝打を放った小林千春（明治高）、マネージャーの大塚登（小倉高）の同期4人、さらに1年下の5番バッターの羽田国雄（吉田高）が御大の後を追った。寂しい限りだ。

「人間力野球」神宮の御大

島岡明大総監督逝く

ユニホーム姿 遺言通り安置

情熱と信念の「人間野球」

素人監督から代表的指導者に

故島岡吉郎さん

最期まで「偉大な素人監督」

島岡さん〝御大〟と慕われて…

さい配より〝人間力〟

控え選手優先の就職あっせん…

御大の逝去を伝える各新聞

〔右上〕読売新聞より抜粋

〔左上〕朝日新聞、〔下〕毎日新聞

共に 1989 年 4 月 12 日付

２０１９年10月に、筆者のひとつ下の１９７７（昭和52）年卒組が中心になり、筆者の代も含めて３代にわたるメンバー総勢22名で、信州・高森町の御大の墓参りをし、「御大の館」を訪ねた。その夜は、筆者の５年先輩の明治、三協精機（現日本電産サンキョー）に在籍して強打でならした鈴木一比古（伊那北高）の実家「割烹海老屋」（伊那市）で御大を偲《しの》んで大宴会となった。その席で、もう皆60の半ばとなり、毎年、御大を記憶に留めようと、翌年は鹿児島でやろうということになった。その中で、御大の本を出したらどうだろう、「吉郎語録」は山ほどあるという話が出た。その時は酒の席で盛り上がって終わった。その翌月に不覚にも、入院を強いられ、ふと病院のベッドで、パソコンに向かい、原稿用紙に御大のことを打ち始めると、あっという間に原稿用紙１００枚を超えた。御大と接したのは、たった４年間（正確には３年９カ月）だけなのに、なぜこんなにいろいろと御大が出てくるのかと、改めて御大が選手に与えた影響の大きさを痛感した。鹿児島での再会はコロナの影響で３年間も延期された。その間に当時の仲間を失った。時の流れは早過ぎる。

筆者が御大と接したのは昭和47年から昭和50年だ。筆者が３年生の１９７４（昭和49）年10月14日、幼少時代からの憧れの長嶋茂雄が幾多のドラマを刻んだ後楽園球場で野球選手から身を引いた。神宮球場で８号ホームランを記録してから17年後のことだ。その年に沢村賞を受賞した星野仙一（倉敷商）を擁して、巨人のＶ10を阻み20年ぶりのリーグ優勝を果たした中日との最終戦がダブルヘッダーで行われた。第1試合で長嶋が444本目の最後のホームランを後楽園のレフトスタンドへ放ったころ、筆者は神宮球場で早稲田戦のマウンドにいた。原稿を読み返していて文中に「長嶋茂雄（佐倉一高―立教）」が目立つのに記した自分が驚いた。この人の存在が野球へ導いてくれた。筆者だけではないと思う。背番号3の三塁での守備、バッターボックスへ入る動作に魅せられ、塁上の走者を必ずと言っていいほど返し、期待を感動に変えてくれた。父親はキリンビールを飲みながら、長嶋が打席に入ると、手に汗を握り一緒にテレビにかじりついた昭和の光景が蘇る。父親が信濃毎日新聞の運動面で前日の「長嶋」「巨人」の結果を活字で確認し日経に移った後、ようやく新聞を手に取ることができた。六大学野球はそれ以前の勃興期から日本人を野球の虜にしたが、戦後の復興から急成長していた時代に、日本人をテレビ中継に釘付けにした張本人が長嶋茂雄だった。最終戦の第1試合が終了した直後、目にタオルを当てながら外野席のファンに挨拶に歩いたシーンは忘れられない。筆者は2015（平成27）年に行われた東京六大学野球連盟結成90周年記念祝賀会のパーティーで思い切って会場舞台の袖に出

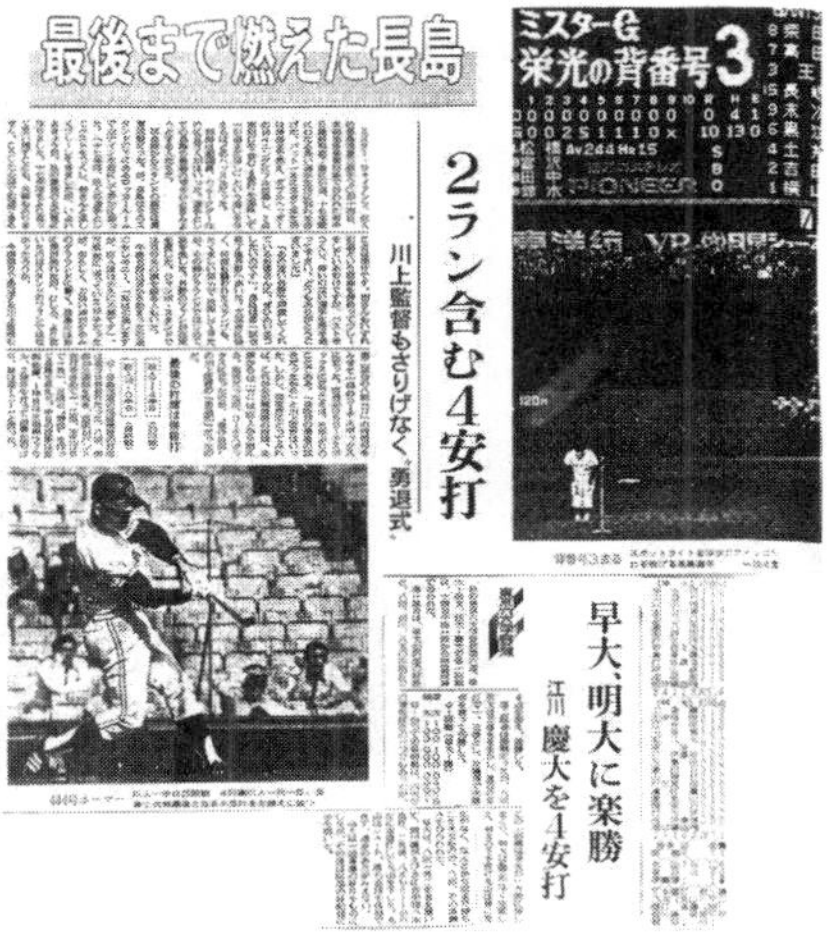
最後まで燃えた長島
ミスターG 栄光の背番号3
2ラン含む4安打
川上監督もさりげなく"勇退式"
早大、明大に楽勝
江川 慶大を4安打

長嶋茂雄の現役最後の試合を伝える新聞
（1974年10月15日付朝日新聞）

東京六大学野球連盟結成 90 周年記念祝賀パーティーでインタビューを受ける長嶋茂雄
2015 年 12 月 16 日、東京・グランドプリンスホテル新高輪

向き、長嶋に握手を求めた。握手をしてもらった左手の力強さは忘れられない。自身にとって心の宝だ。まだまだ日本野球の宝でいて欲しいのは筆者だけではない。

六大学野球98年の歴史には数知れないドラマが詰まっている。そのうち37年間にわたり監督、総監督を務めた御大には、昭和27年に御大が監督に就任して以来の先輩の方々から、晩年御大が体調を崩し車椅子で指揮を執っていたころの後輩の皆さんまで、２０００名近い島岡門下生がいる。筆者が選手時代の4年間に御大と接して、実際に起きたこと、経験したことを元に記憶を辿って記し、御大の遺した吉郎語録を「御大の遺言」として10にまとめた。年代ごとにチームの置かれている状況も違う中で、この表現は自分の時代とは異なる、ということもあろうかと思うが、ご理解いただきたい。

今では、御大の選手への接し方は古くさいと考える人はいると思う。しかし、指揮官の御大が情熱を持って全身全霊で若い選手に接したことを直接経験して思う。「情熱より勝るものはなし」、そして、何事も「一事入魂」だった。古い時代も、新しい時代もない。人の道は、これに尽きる。社会でも家庭でも同じだ。

御大の「愛のムチ」も今の時代では通用しないだろう。現在のスポーツ界では、「選手の自立」ということが、話題、課題となっている。2018（平成30）年5月に、自立では先進をいっていると思っていたアメリカンフットボールの試合で、大学では最強といわれる日大を舞台に指導者も巻き込んだ、信じられない悪質タックルが社会問題となった。その後、監督を変え選手の自立を旗に掲げて、部の再建を行ってもなかなか難しい、という論評をテレビで見た。日本のスポーツ界では、選手の自立が難しいことを浮き彫りにした。

この自立について、朝日新聞のオピニオン欄（2019年11月22日付）に載った元サッカー日本代表監督の岡田武史（天王寺高―早稲田）へのインタビュー記事「『自立』なき国の五輪・自ら決めて行動を スポーツも社会もおかしなこと多い」が目に留まり、的を射ていると思い、引用させていただく。

岡田はインタビューの中で、「スポーツの祭典に求めたいのは、競技場の建設でも、日本選手の金メダルでもない」と前置きし、記者のインタビューに心に響く言葉をいくつも残している。

東京五輪開催をめぐる混乱については、

「東京都や大会組織委員会は、自分たちの意思をはっきりと言うべきだったと思うけどね。アスリートも主体的に自分の意見をほとんど言わなかった。それこそ自立していないというか」

と答え、なぜ日本人は自立できないのかに対しては、

「一度も市民革命を経験していないから、とはよく言われるね。『お上に従っていたら間違いない』というのが染みついている。自分たちで勝ち取った民主主義とか、自由とかという発想がないから（中略）自分たちで何かをやっているという実感を持てる人って少ないんじゃないかなあ」

と思いを述べている。そして、スポーツ界のパワハラについては、

「スポーツ界でパワハラがなくならないのも、選手が自立していないからだと思う。コーチの言いなりのほうが短期的にはいい結果が出る。社会でも、どう考えてもおかしなことがまかり通るくらい、人が自立していないんだよ」

と答え、他にも相照らすことがたくさんあった。そして、早稲田大ア式蹴球部（サッカー部）の岡田の後輩の中山尚英が、２０２０（令和２）年４月２日付の朝日新聞オピニオン欄の「私の視点」に、

「どうすれば良い立ち居振る舞いができるようになるのか、私たちは考えてきた。（中略）アメリカンフットボールでの危険タックル問題のときも全部員で話し合った。（中略）今、大学で部活動の改革が叫ばれている。部活の目的は、人間として成長することにあるから、『文武両道』だけでなく、社会とつながりを持つ活動も重視していいと思う」

と投稿し提言している。

1964（昭和39）年に東京五輪で掘り起こした都内のインフラを、2回目の東京のために巨額の税金を投下して再整備した。地方創生、首都機能分散、道州制は叫ばれるだけで、首都東京への一極集中はまだ続いている。福島の原発事故が「アンダーコントロールされている」で誘致が始まり、新国立競技場建て替えやエンブレムをめぐるトラブル、招致過程での金銭疑惑、唐突なマラソンコースの変更、異例の開催時期1年延期、延期による追加経費負担など開催前からトラブル続きと莫大な予算超過だ。納税者である国民への「素直」な説明がないのは国会の景色と同様だった。せめてスポーツの世界だけでも国民の腑にストンと落ちる説明が欲しい。内閣、東京都、大会組織委員会のトップが説明する度に、リーダーの器量の大事さを痛感させられた。つい、御大と比較してしまう。

一方で、オリンピックが巨額な放映権料に組み込まれた商業イベントと化し、IOC（国際オリンピック委員会）はじめ運営側が巨大テレビメディアへの配慮に引きずられている。本来のオリンピアードの精神が薄まっているのは自明の理だ。岡田の言う「経済的な豊かさだけではなく、心の豊かさのように、目に見えないものを社会にもたらそう」という純粋な役割がオリンピックにはあることを思い起こした。岡田の発言で噛みしめた。

その五輪はコロナ禍で1年延期を決定し、開催の賛否で揺れる中で翌年に無観客で実施した。オリンピックの世界も商業主義の裏にある巨額の運営費を放置してきたツケが襲う。ここにも

「悪貨」「旧来の陋習」が蔓延《はびこ》る。人間の力で原点に戻せるか、商業主義を排除した純粋なスポーツの祭典のオリンピックを復活できるか、まさに岐路にある。

さらに、この稿の校正中に、冬季北京オリンピック・パラリンピックの開催中にも拘らず、ロシアのウクライナへの侵攻が始まった。一昨年12月に国連総会で採択された、オリンピックの7日前からパラリンピック終了後7日後の間は、世界のあらゆる紛争の休戦を呼びかける「オリンピック休戦決議」を全く無視したものだ。この採択には法的拘束力はないが、国連加盟国193カ国のうちロシアを含む173カ国が共同提案国になっている。日本、アメリカは提案国になっていないという。西側諸国は「外交的ボイコット」といって中国への制裁をかけ、招待されたプーチンは習近平とIOC会長のバッハと笑顔で挨拶し、帰国後に戦争を仕掛けた。スポーツの祭典のオリンピックと戦争が同居しては何のための平和の祭典か理解に苦しむ。

2030年の冬季オリンピックの招致を進めている札幌で市民の意識調査（2022年6月）が発表され、賛成派が52%という結果が出た。大会を招致する側のトップは、一定の支持が得られたとしながら、「札幌はネガティブな情報は出てくるがポジティブな情報が出てこない」と苦言を呈した。市民の半分しか支持を得られない現実を直視できない姿勢は相変わらずだ。不祥事続きの東京五輪、北京五輪のあり方をどう変えて、オリンピックの本来の姿を2回目の札幌で世界に示すビジョンを市民に示していないことの結果だ。市民の危機感の方が優っている。諸問題が噴出するオリンピックも原点回帰へ「なんとかせい！」だ。と、締めたいが本著の下版が迫る頃、大手広告会社ＯＢのオリンピック組織委員会元理事に絡む巨額の贈収賄事件が報じられ、関係者が次々と逮捕され、際限のない泥沼状態に至った。東京五輪は地に落ちた。「アンダーコントロール」、「おもてなし」から一連の不祥事、贈収賄事件まで真摯な検証が求められる。思い返せば、冬季長野五輪の時もＩＯＣ委員への過剰接待や多額の使途不明金の疑惑が表面化した際に、当局が会計帳簿を焼却したことが報じられた。もう日本にはオリンピックはいらない。

令和の時代も、早いもので4年目に入り、時の移り変わりの速さを感じる。東京六大学野球も明治大学野球部も、明治、大正、昭和、平成、令和と繋がり、それぞれ98年、１１３年の年輪を重ねる。

神宮外苑周辺も、国立競技場が2回目の東京オリンピックを機に新装され、神宮球場を含めた神宮外苑の再開発計画も固まり、秩父宮ラグビー場も含めて神宮の杜《もり》がどう変わっていくのか、郷愁もあり、期待も膨らむ。

１００年以上続いている高校野球も変革の時を迎えている。国も高度成長が止まり、人口減が続き、大きな復活ができない中で、働き方改革が叫ばれ、社会の仕組みを大胆に変えていかなければならない時に差し掛かっている。

御大に出会ってから半世紀近くが過ぎ、世相は大きく変わった。アナログの世界が遠のき、ＩＴに操られる人間社会が急激に進み、時流の速さについて行けない現象が起こっている。そして、人間社会における格差化も一層進んでいる。この中でも、人間は成長しなくてはならない。御大の象徴であった精神力、人間力、愛のムチを古くさいと片付けることが、困難に立ち向かう人間の持つ突破力を削《そ》ぐような気がする。

人として底知れない器量があった御大が令和の時代にいたら、難問に直面する私たちにどう発信するか。「なんとかせい！」ではすべて済まないが、やはり鬼気迫る表情と情熱溢れる声で「なんとかせい！」と叱咤しているに違いない。

御大にとって最後の優勝は1986（昭和61）年秋のシーズンだった。筆者はその年の年末に最初の札幌勤務を終え調布市のアパートに引っ越し、翌春に札幌で生まれた長女を連れて調布のグラウンドへ出向いた。御大はライトの入り口付近で、車椅子に乗りマネージャーに付き添われてグラウンドの選手を追っていた。御大はだいぶ弱っているように見えたが、1歳になった長女を見ると、

「そうか、お前も父親になったか。よかった、よかった」

と長女の頭に手をやり、涙を浮かべで喜んでくれた。何とも言えない優しい笑顔を返してくれた。

御大には選手に見せた厳しさとともに、人を包み込む人間味溢れる優しさがあった。この優しさこそ御大の真髄であり、社会で最も必要なものだと思うのは卒業してからだった。社会の格差

化が一層進み、経済の成長だけでは価値観が見いだせない時代が来ている。そして、経験したことのない困難や災害が起き、人々がひとつにならなければならない時に人の持つ優しさが救いになる。御大が発した銘言の実践は、最後には人の優しさをつくることにつながる。松任谷由実の「やさしさに包まれたならきっと……」の歌詞が思い浮かんだ。常に全身全霊を振り絞って若い選手に向き合い、自らの家庭も犠牲にしてまで、選手教育をひたすら実践した御大に捧げたい。

「御大の優しさは永遠です」

終わりに、本著は2020年8月に文藝春秋企画出版部より刊行した『なんとかせい！　島岡御大の置き手紙』を、加筆、修正し増補版とした。御大の故郷、信州の株式会社鳥影社（本社・諏訪市）より電子書籍のお勧めもいただき、発行に至ったことに改めて御礼申し上げる。

なお、署名を丸山龍光（清光）としているのは、信州の田舎の菩提寺より、13年前の春に故あっていただいた生前戒名「龍光院豊岳修禅清道居士」から当てたことをご理解いただきたい。

本著の初稿が校了したのは3年前の7月末だった。日本を襲い始めた新型コロナウィルスによって春のリーグ戦が延期になっていた。六大学野球が中止になった年は、太平洋戦争の3年間（1943年春～1945年秋）の中断があるのみだ。終戦の8月から9カ月後にはリーグ戦が1回戦制で復活し、3回戦制、2回戦制を経て5シーズン目には勝ち点制が復活した。コロナ

応援団席が外野席に移動、2020年9月

はすべての人が初経験と感じている間に瞬く間に拡がり、スポーツの世界にも影響が及んだ。多くのスポーツの開催が中止に追い込まれる中で、六大学野球の開催も同様になると諦めた六大学野球ファンも多かったに違いない。しかし、連盟は3年前の春は無観客ながら1回戦制の「夏のリーグ戦」開催に踏み切り、秋からは2回戦制、何と応援団を外野席の「定位置」に据え、六大学野球の伝統を維持してくれた。そして、5シーズン目のこの春には勝ち点制が復活した。戦後の六大学野球復活と同様のことが令和の時代に起きた。六大学野球連盟、応援団連盟の6校の皆さまの伝統を守る努力には感謝しかない。

最後に、明治大学野球部のますますの発展と、東京六大学野球が100年の歴史を越えても、入れ替え戦のない6校によって母校の名誉をかけて営々と戦い続けることを祈念する。そして、一般の学生では経験できない島岡寮の生活を通じて、これからも多くの学生が「明治大学野球部卒」と胸を張って巣立ち、社会で有用な人材として活躍することを願う。そのために「誠実に勝るものはなし」「日々鍛練」、そしてアスリートとしての自立も考え精進して欲しい。三十三回忌が過ぎた今、御大の記憶がこれから先、人々の心に留まることを夢見て御礼の挨拶とする。

丸山龍光（清光）

２０２３年１月

御大の監督時代の選手・マネージャー

（注）「明治大学野球部創部100年史」在籍者名簿を基に作成
年次は入学年、カッコ内は出身高校、◎は主将、○はマネージャー
太字はプロ野球入団選手、☆は後に監督就任

1952（昭和27）年　監督1年目　＊春4位　＊秋3位
【主将】三橋全（青山学院）【主務】牛島孚（明治）

1949（昭和24）年入部　27名

【北海道】
【東北】高木茂（岩手福岡）佐野善平（釜石）石川（石巻）
【関東】◎三橋全（青山学院）橋爪一衛（明治）○牛島孚（明治）美山誠（明治）
【中部・北陸】前沢晃（松商学園）清英雄（富士）近藤禎三（岡崎中）本間鉄和（岡崎北）鈴木（愛知工）
【近畿】**井上安雄**（海南）中道博司（海南）
【中国・四国】森富滋雄（市広島）高本和夫（下関）亀田清（下関商）福田義弘（大川）長野（大川）

【九州・沖縄】**原勝彦**（小倉）野々村雄幸（小倉）池上七郎（若松商）二宮忠弘（大分商）堂園悦男（宮崎大宮）
尾崎義久（　）工藤政治（　）武藤亨義（　）

1950（昭和25）年入部　24名

【北海道】
【東北】
【関東】山本浩（熊谷）◎岩崎岩夫（明治）野瀬昌三（明治）白井実（明治）坂本哲郎（明治）白井令央（明治）○郷司裕（明治）大橋基二（日本橋）井垣五夫（城南）船橋充（八王子）兼本全吉（小田原）
【中部・北陸】西野一郎（浜松興誠）辻陽一（静岡）福永武司（岐阜商）
【近畿】松本正己（海南）
【中国・四国】岡田英津也（関西）吉田和之（関西）**渡辺礼次郎**（広島府中）北岡徳市（下関商）奥野節男（基町）山口八寿男（徳島商）荒谷義弘（徳島商）香西誠一（高知）
【九州・沖縄】
【海外】アブロ・ハンナ・サファァ（トルコスクール）

1951（昭和26）年入部　66名

【北海道】中村晋三（札幌）

【東北】村田弘志（湯沢）黒沢善一（岩手福岡）小野寺正芳（築館）

【関東】佐藤芳三（大田原）河内三郎（桐生）周東潔（桐生）大熊千房（川口商）村山建一（国府台）志村勝義（千葉商）広田（市川）橋本直樹（成田）大崎三男（明治）滝沢重政（明治）◎岩崎亘利（明治）伏見朔（明治）吉仲宣雄（明治）前田安二（明治）○杉本正太郎（明治）○澤田幸夫（明治）当麻恵廉（都二商）松本章（小山台）須山一夫（東京学園）横山秀志（明大中野）清水良裕（青山学院）小笠原康二（久我山）五十嵐茂（早稲田実）浜野好夫（東都）柳田勝（錦城）大塚武男（川崎）北條巌（橘）大沼洸（三浦）野末函（三浦）滝沢淳（横須賀）鈴木春雄（逗子開成）奥津恵三（小田原）

【中部・北陸】菊田武男（長岡）阿部健一（柏崎）鈴木武次（掛川西）二之湯秀松（愛知）宇野勇（長良）早川（桑名）佐原義雄（桑名）

【近畿】中村恒夫（平安）万田睦夫（大鉄）由井喬（都島工）林正治（布施）西脇慎（神戸村野工）松本臣司（海南）谷口茂（田辺）寺本圭一郎（新宮）小野久（新宮）

【中国・四国】丹羽聡（関西）中西哲郎（三原）佐野匡司（三次）野久保輝時（下関商）本田修三（徳山）土居国彦（松山商）

【九州・沖縄】森康彦（朝倉）井上聡（三池）渡辺勝利（佐世保南）清家威（別府一）岡本和弘

（済々黌）安藤喜四郎（熊本）用害三次（高鍋）林田章三（鶴丸）＊66名

1952（昭和27）年

入部 91名

【北海道】大谷信也（札幌西）加藤良一（伊達）斎藤弘孝（函館中部）

【東北】上野正三（盛岡一）大場紀雄（佐沼）海老名平内（平商）

【関東】小泉寛一郎（水戸一）柴崎行雄（足利工）金子謙三（今市）覚足欣一（桐生）池永作治）☆松田竜太郎（明治）竹田正幸（明治）片木茂幸（明治）岡本圭司（明治）**沖山光利**（明

（渋川）栗原貞夫（鴻巣）小倉修（鴻巣）飯沼政宣（長狭）佐久間（銚子商）○松尾豊（明

治）○石井克也（明治）松尾悠二郎（青山学院）木沢良彦（巣鴨）堂島正昭（桐朋）石井照雄

（帝京商）原田茂美（早稲田実）小山弘（早稲田実）高橋（城東）小島宏（荏原）斎藤力一

（都五商）鈴木啓二（都化工）鈴木隆（本郷）岩渕義郎（本郷）鹿原文雄（城南）荒井実（横

浜商）井上正一（横浜一）徳田智（希望丘）梶川健司（橘）

【中部・北陸】宮坂操人（松本深志）井原義照（下伊那）山口善弘（飯田長姫）大塚昭郎（長

岡）寺田憲行（市静岡）海老名和也（伊東）森田和也（伊東）内田康哉（韮山）川口利夫（愛

知）清水清吉（愛知）高橋利男（市岡崎）佐野一夫（愛知工）村瀬清（岐阜商）山口富市（長

良）

【近畿】橘信行（桃山）谷村保彦（洛陽）谷昇（平安）鎌谷貞男（平安）尾田吉弘（立命館）松岡一郎（浪華商）水沼満佐夫（布施）増田善治（明星）長尾雅史（灘）西岡保（兵庫工）霞本公義（南部）田中督三（海南）谷井昭三（海南）
【中国・四国】瀬尾良彦（米子西）**秋山登**（岡山東）◎**土井淳**（岡山東）田林稔（笠岡）吉岡洋介（笠岡）八木基（呉阿賀）**土屋弘光**（盈進）岸崎英夫（三次）藤本良竜（下関商）東和夫（尽誠学園）中川正雄（尽誠学園）山田友郎（高知）
【九州・沖縄】隅三次（三瀦）赤尾正洋（小倉工）佐藤創一郎（小倉）中原明昭（伊万里）中牟田勲（鳥栖）一番ケ瀬久芳（長崎海星）吉川清（臼杵）大塩一記（大分上野丘）**黒木弘重**（高鍋）**岩岡保宏**（高鍋）
吉村一十九（鹿島）松下圭助（山崎）中尾公彦（大成）

1953（昭和28）年 監督2年目 ＊春4位 ＊秋優勝
【主将】岩崎岩夫（明治）【主務】杉本正太郎（明治）
入部 66名
【北海道】高橋教夫（士別）
【東北】野田広（安積）
【関東】村井利安（水戸商）大野平（烏山）水田浩（太田）卯木滋哉（高崎商）梶原邦弘（浦和

商）村井文夫（熊谷）穴沢健一（成田）**佐々木重徳**（千葉一）関口一郎（明治）上柿勝巳（明治）堀岡清見（明治）梅沢真理生（上野）山本博敏（田園調布）○島崎光雄（青山学院）鈴木茂利（早稲田実）○久保田高義（早稲田実）長沼啓二（明大中野）田代栄（明大中野）田中政雄（広尾）渋谷幸夫（独協）渡辺基治（横浜商）

【中部・北陸】角田義臣（甲府商）河崎倫治（大町南）池田政雄（松商学園）上坂元祐（七尾）荒井貞夫（勝山南）山崎順次郎（清水）加藤孝作（静岡）横山昌弘（静岡商）**田村満**（富士）百瀬義一（富士）磯谷釟夫（名古屋西）杉山茂夫（岐阜商）

【近畿】前田健次（洛陽）水野正雄（宇治山田商）瀬川秀夫（大谷）松田矩保（泉大津）◎杉本和喜代（新宮）川崎啓之助（新宮）大地清文（南部）鈴木哲（田辺）

【中国・四国】林顕（関西）鴨井俊夫（南海）滝沢精一（玉島）原田文雄（広陵）山田義昭（広陵）山本忠男（広陵）藤井正幸（崇徳）大本伸郎（三原）半田圭次郎（三原）栗原慶三（岩国）木村功（下関商）吉田久男（下関商）篠崎治郎（松山東商）樫原進（高松商）南卓（池田）高島茂博（鳴門）梶原弘道（鳴門）

【九州・沖縄】宮本平八（筑紫丘）津村学（伝習館）野上佳成（久留米商）**荻孝雄**（久留米商）堀田和由（八代）高田知明（済々黌）

1954（昭和29）年　監督3年目　＊春優勝（大学選手権優勝）　＊秋5位

【主将】岩崎亘利（明治）【主務】杉本正太郎（明治）

入部　51名

【北海道】

【東北】北田一平（岩手）鈴木文夫（仙台二）

【関東】小林久男（熊谷）小林将浩（銚子商）浮貝文夫（明治）小川庸向（明治）塚本廣（明治）山本晃裕（明治）植木哲也（明治）松原義隆（明治）◯宮崎昌美（明治）相沢芳夫（早稲田実）小出敏造（早稲田実）小島俊美（早稲田実）星野久（早稲田実）布施勝久（日大三）井上弘美（中央商）石井俊雄（明大中野）◯吉田秀男（明大中野）柏木耕治（竹台）野口輝之（平沼）相沢康正（鎌倉学園）田中啓司（三浦）

【中部・北陸】高山久男（身延）上条弘人（松商学園）中清寿（飯田長姫）能口進（金沢桜ケ丘）中山司朗（掛川西）足立良朗（相良）相田豪美（榛原）伊藤琢哉（岡崎北）小見山豊（岐阜工）

【近畿】石塚正徳（平安）**近藤和彦**（平安）◎日下部嘉彦（平安）広沢直彦（浪華商）松村博之（扇町）岡田豊（神戸）森喜良（串本）

【中国・四国】江原強（倉吉東）斎藤親通（倉敷青陵）**八名信夫**（岡山東）鴨下千里（関西）枯木憲二（関西）関藤篤志（笠岡商工）日浦信彦（基町）西谷陽甫（下関商）梅本得正（下関

商）松田高明（土佐）
【九州・沖縄】河原畑雅保（三池）森田韶郎（加世田）

1955（昭和30）年　監督4年目　＊春優勝（大学選手権優勝）＊秋4位
【主将】土井淳（岡山東）【主務】石井克也（明治）

入部　72名
【北海道】中村正彦（小樽潮陵）
【東北】太田久（能代）菅野蕃（仙台商）阿久津英幸（仙台二）一條倖正（安積）
【関東】茂木俊夫（浦和）安西宏之（関東商）斎藤理（国学院久我山）遠藤哀（都四商）大久保孝夫（日大三）宗像博（日大三）三原正二（早稲田実）池場秀夫（成城）高野周（明大中野）小河原一郎（明大中野）○秋元隆（明治）八十川明（明治）八木哲之（明治）辻敬司（攻玉社）佐々木雅弘（大成）小出泰和（横浜）水沢守（鎌倉学園）
【中部・北陸】窪田美之（甲府一）石原忠（石和）☆光沢毅（飯田長姫）桜井常治（飯田長姫）坂牧政男（飯田高松）東本彰（松本県ケ丘）細川康彦（松本商）北谷栄一（松商学園）深沢正頼（松商学園）中島庄吉（滑川）木村郁夫（福野）佐々木清（魚津）岸本泰明（小松実）橋本浩太郎（清水東）加藤吉朗（伊東）野田浅雄（伊東）岩田佑一郎（伊東）久恒良明（中津南）
【近畿】◎西村博司（平安）田島元（平安）北村富生（宇治山田商）小西敏夫（布施）辻野荘一

（岸和田）野村憲三（大手前）米田和男（神戸）石田昌信（蘆屋）岩本英樹（田辺）長嶋秀和（新宮）栗栖規（新宮）椎崎雄次（和歌山商）富吉剛（桐蔭）
【中国・四国】高尾章（松江）石橋洋二（松江）原幹雄（広陵）山地克己（広陵）田中元（盈進商）吉原毅（尾道）岡克明（山口）沖田敦義（松山商）池内一博（松山商）本田哲朗（松山商）吉川和夫（池田）杭原茂春（池田）山崎清文（徳島商）浜田明毅（高知丸の内）
【九州・沖縄】宗網一（博多）○木下博介（小倉）馬場伸一（久留米）熊谷恒（久留米商）五島雅徳（鹿児島商）

1956（昭和31）年　監督5年目　＊春3位　＊秋4位
【主将】杉本和喜代（新宮）【主務】松尾豊（明治）

入部　85名
【北海道】貝森典夫（留萌）近藤千裕（札幌東）
【東北】菅野嘉源（安積）
【関東】生田目貢（水戸商）☆栗崎武久（水戸商）杉山幸弘（水戸一）深澤栄蔵（水戸一）木村通良（水戸一）村尾実（高崎商）伊藤豊次（伊勢崎）高野敏明（川越商）松元豊治（国分）上野菊一郎（早稲田実）林健吉（早稲田実）須川和己（早稲田実）高田勉（明大中野）深井昭政（明大中野）高田康雄（明大中野）鈴木秀夫（明大中野）星野金蔵（明大中野）田中周一（二

松学舎大付）宮崎恵介（日大三）山下雪男（日大三）松本賢輔（明治）植木茂（明治）浦井正一（明治）木村幹雄（明治）木沢敏明（聖学院）平林幸雄（高輪）橋本宗司（海城）高野昭夫（城北）伊藤頼男（立川）伊藤幸治（横須賀）

【中部・北陸】角田由和（甲府一）塚田清文（長野北）土橋善之（野沢北）○篠田敏（飯田長姫）唐沢洋一（伊那北）金山他八郎（富山中部）岩崎樹義（沼津商）吉原昌男（愛知明和）

【近畿】中林大（平安）木村大進（大谷）菅原宏（天理）谷口敏三（大阪勝山）座間健次（市大阪西）田中泰生（桐蔭）仮谷正三（串本）石畑実（新宮）山本浩史（尾鷲）東田範久（日高）小森忠秋（日高）

【中国・四国】矢吹悟一（倉敷商）浜野良造（広陵）天方立身（広陵）村上俊次（呉宮原）沖泰雄（三原）山瀬弘明（基町）児玉利晶（基町）◎**佐々木勲**（下関商）重田力（下関商）一色俊作（松山商）久米孝一（高松商）山科清彦（坂出商）川添雄弘（高知商）岡村公温（高知）竹村行夫（高知中芸）

【九州・沖縄】**池田英俊**（福岡）宮本義之（鞍手）中村浩（八幡商）古海正敏（小倉）渡勉（小倉）久良木博道（伝習館）富安俊雄（三潴）松木広樹（久留米商）三島正義（糸島）原万治（伊万里）野崎基義（大分舞鶴）武内将照（大分舞鶴）佐々木寛（日田）早瀬清（熊本）斎藤光郎（高鍋）堀北享（高鍋）柄本昌徳（高鍋）松野国重（鶴丸）

1957（昭和32）年　監督6年目　＊春6位　＊秋2位

【主将】日下部嘉彦（平安）【主務】吉田秀男（明大中野）

入部　85名

【北海道】

【東北】佐藤英哉（能代）平善二（米沢工）鳥村恒憲（新庄北）李海治（山形東）

【関東】野中起夫（日立一）佐藤迪（日立一）石井武（茨城）桜井一美（竜ケ崎一）**岡野義光**（土浦一）間中三次郎（不動岡）田中昇（市浦和）小林一朗（大宮）古市満（長狭）光山正男（成東）鈴木行雄（成東）根本博司（成田）鈴木孝男（旭農）宮崎雅道（千葉商）宮川一郎（船橋）菅野文雄（南葛飾）大野彰一（石神井）久保庄平（京華商）高野拓也（日大三）安田治夫（明治）岡庭秀出男（明治）大川玩久（明治）○多田正三郎（明治）手塚弘樹（早稲田実）白石好伸（大泉）高谷貞範（国立）山野勇（横浜）横沢俊二（鎌倉学園）

【中部・北陸】栗林茂（長野北）清水巌（軽井沢）仲田十三（阿智）佐野竜一（阿智）小島喜英（新発田農）野坂均（富山中部）高田征夫（富山中部）宮城三幸（島田商）実石勝夫（田子浦）谷吉雄（豊川）岡本宏満（東海）福永克己（岐阜）西脇友彦（海津）北出立善（松阪）

【近畿】能瀬康男（彦根西）岩井善治（平安）川口幸彦（平安）奥田英夫（平安）道願正道（大手前）中西巌（四条畷）竹中宣（住吉）中川永和（興国）高橋貞雄（浪華商）金川俊之（育英）五十井孝安（神戸商）新保和信（姫路商）松崎健次郎（南部）濱中功（田辺）小林弘治

（海南）
【中国・四国】高木輝男（尾道商工）村上光正（尾道商）藤原恒茂（尾道東）夏井宏（防府）金井修（岩国工）交野賢也（下関西）大原章（土居）◎松田満（宇和島南）橋本義弘（高松商）
【九州・沖縄】畑間孝道（小倉）安西敬昌（小倉）三好一人（東筑）野口一男（大濠）張本泰治（香椎）今村健二（久留米）伊藤岩男（唐津）林輿四郎（佐世保商）財前昌之（済々黌）増永征三（済々黌）杉尾庄三（宮崎大宮）松本和美（宮崎大宮）立光泰章（高鍋）原口忠（加治木）上間長勇（那覇）

1958（昭和33）年　監督7年目　＊春5位　＊秋3位
【主将】西村博司（平安）【主務】木下博介（小倉）

入部　101名
【北海道】前川修一（歌志内）森川勲（北海）
【東北】水木厚美（弘前）今井和雄（弘前）安部正悌（大河原）加藤成之（新庄北）
【関東】沢畠浩（茨城）柳田良之（石橋）上野靖雄（石橋）富田昇吾（宇都宮商）菊田武雄（黒磯）藤巻靖三（高崎商）◎田口兼三（桐生）上田重寿（常盤）陶山瑛（常盤）上田勝正（成田）福原勇（銚子商）大川征一（印旛）嶋田輝夫（安房一）中村秀三郎（船橋）小松弘道（海城）嶋田嘉明（桜町）佐野泰雄（日大一）石渡和重（日大一）前田義蔵（日大一）井上均（日

大一）○秋枝大陸（日大一）飯田和弘（明治）太田泰雄（明治）澤田睦夫（明治）岸正浩（明大中野）笹森慶文（明大中野）山田洋（大森）三好勝（東京）鈴木俊成（立正）目黒芳弘（三鷹）高坂亀雄（錦城）青柳治平（関東学院）豊島照勝（橘）高橋征克（橘）

【中部・北陸】根津武雄（甲府商）深沢正夫（甲府一）飯島宏治（伊那北）岡庭巌（阿智）伊倉成章（直江津）高橋宏治（新津商）浅野雅喜（村上）東肇（高田商）渡部常雄（佐渡農）武内富士夫（富山商）白川俊明（三国）川嶋正孝（清水東）**漆畑勝久**（清水東）青木和雄（清水東）松下聖（静岡）海野誠治郎（静岡）高橋克己（沼津東）高嶋秀国（沼津東）鈴木亨（沼津）三澤健一（富士）奥山勝（享栄商）小野田康二（中京商）野中計介（半田）間宮泉（関）木下賢治（中津）恩田豊美（岐阜商）小倉克明（津）

【近畿】赤田清洋（平安）☆大渓弘文（平安）肘井康浩（浪速商）藤山住男（浪速商）坪田賢一（明星）○飯田豊（北野）相原俊彦（八鹿）松平一郎（蘆屋）西村一夫（滝川）米田稔（姫路）高木俊和（桐蔭）橋詰洋（新宮）山口俊郎（新宮）土山弘孝（海南）栗林茂夫（田辺）

【中国・四国】新崎克義（浜田）小野純夫（倉敷工）高畑鷹千代（呉港）井山義彦（呉阿賀）原健一郎（三原）矢倉久介（徳島商）西村安久（高知商）

【九州・沖縄】神山平八郎（若松商）中尾義和（八幡）金子武彦（福岡）甲本勝彦（福岡）廣田英文（東筑）弓削喜代太（八女）宮本佳宣（城南）池田和裕（香椎）福地武彦（小城）小森幹夫（高鍋）隙司朝永（那覇）

安田和夫（浅川）

1959（昭和34）年 監督8年目 ＊春5位 ＊秋4位

【主将】佐々木勲（下関商）【主務】春・篠田敏（飯田長姫）秋・多田正三郎（明治）

入部 79名

【北海道】竹田俊政（稚内）橋本弘巳（天塩）高茂之（美唄）篠田武（北海）串秀夫（函館）

【東北】山口広一（青森）今井和雄（弘前）佐々木三寿（岩出山）星義治（相馬）

【関東】菅田譲（竜ケ崎一）○正木英雄（大田原）篠沢靖雄（熊谷）鈴木喬（川越）塚原猛（常盤）諸角孝雄（船橋）村山忠三郎（千葉敬愛）赤尾俊男（成田）小林豊（銚子商）渡辺幹之（専修大付）大河原辰雄（久我山）西村一郎（久我山）友常正（明大中野）桜井利一（明大中野）◎宮澤政信（明治）羽鳥勝己（明治）金子衛（明治）河村和夫（日大二）須賀勝次（日大二）桜井紀夫（多摩）内山茂（川崎）湊允昭（横須賀）

【中部・北陸】山崎紀典（上田松尾）北村英男（長野）十見紀男（小千谷）松本秋夫（滑川）川越邦男（小松実）◎**辻佳紀**（敦賀）清水立良（伊東）飯塚祐司（伊東）山田茂利（清水東）後藤晃吾（掛川西）渡辺紀（掛川西）細谷勝朗（静岡商）古池靖男（犬山）丹羽徹（岡崎北）見尾谷融（岐阜）田口友信（船津）今井健（関）森川洋（四日市）

【近畿】平尾彰宏（桃山学院）広谷宏幸（平安）奥村千秋（平安）谷浦保（日新）奥井正博（花

園）一**枝修平**（上宮）大芝需（蘆屋）藤村忠純（尼崎北）伊藤進（鳴尾）米田修三（郡山）平野洋司（海南）上山和一（日高）西川和良（日高）
【中国・四国】大竹泰彦（鳥取商）松原武雄（倉敷商）小島章裕（関西）三原新二郎（広陵）松山政明（尾道東）宇佐美宏（豊浦）**別部捷夫**（鳴門）筒井洋介（高知）
【九州・沖縄】松本雄作（福岡工）鬼木恰勇（三潴）松吉孝（糸島）木下一義（糸島）平山正国（長崎）**八木孝**（佐伯鶴城）本田光盛（熊本工）新盛康弘（鹿児島）嘉納功（首里）

1960（昭和35）年　監督9年目　＊春4位　＊秋6位
【主将】松田満（宇和島南）【主務】多田正三郎（明治）

入部　50名
【北海道】玉田修一（旭川西）
【東北】後藤宏平（寒河江）
【関東】高畑忠信（水戸商）飯島弘道（水戸商）阿部文男（作新学院）広兼弘一（高崎商）庄司豊（与野）**石岡康**三（千葉一宮商）野老修（千葉一）大里昌平（千葉敬愛）山口多喜雄（銚子商）中田良好（久我山）萩原幸雄（駒場学園）戸島照雄（早稲田実）大久保弘文（早稲田実）
○高森啓介（早稲田実）平松香和（専修大付）成島和久（明治）島田幸雄（明治）渡辺直（明治）吉田孜（明大中野）島田城治（明大中野）長田宇功（日大一）

【中部・北陸】◎**倉島今朝徳**（上田松尾）辻沢泰文（富山）松本高志（掛川西）金岡康男（掛川西）伊藤雅之（成章）国井恒男（県岐阜商）今尾亮治（岐阜）岡田研一（白子）

【近畿】桜井一夫（東山）佐藤邦彦（平安）糟野信夫（平安）村尾勝（福知山商）高須賀俊彦（浪商）本田浩祐（姫路南）榎本擴（新宮）芝靖司（串本）羽根功（海南）森本裕之（御坊商）

【中国・四国】三浦和美（広陵）広津法義（光）城戸辰雄（大洲）千島武（高知）

【九州・沖縄】清水敬一（筑紫丘）徳永孝光（佐賀）川浪忠義（佐世保）平川宏司（佐伯鶴城）岩岡正裕（高鍋）

1961（昭和36）年　監督10年目（秋総監督）＊春優勝　＊秋5位

【主将】田口兼三（桐生）【主務】秋枝大陸（日大一）

入部　54名

【北海道】林正一（函館）

【東北】王子裕（白河）小黒興三（喜多方）

【関東】関口昇（竜ケ崎一）小林卓司（桐生）舘野芳平（桐生）平川剛也（佐倉一）大林容三（明治）岡崎正雄（明治）○田中確正（明治）○平井陸久（明治）小野勝宏（久我山）円山直樹（専修大付）蘆田尚武（日大一）南悠治（川崎）山口芳樹（逗子開成）

【中部・北陸】塚本勝（都留）岩崎正登（上田）相澤敏夫（上田）黒川巖（中野実）上田浩（小

千谷）松井登（掛川西）松浦靖雄（掛川西）山田耕三（豊田西）久米昭宣（刈谷）榊原茂（享栄商）吉田明弘（岐阜商）
【近畿】大西均（東山）西川繁一（浪商）平塚武己（浪商）福島寿夫（関西一）中西孝昌（寝屋川）藤野静志（星光学園）疋田祐三（花園）田尻豊治（ＰＬ学園）堂上武久（海南）松田禎普（海南）
【中国・四国】上野山善三（吉備）西尾雅晴（芸南）縄本清（広島商）右田正教（山口）河上弘次（山口鴻城）中矢修（松山商）福西昭夫（宇和島東）久野真之（宇和島東）原田雅文（坂出商）大矢根捷人（観音寺一）◎市原数男（徳島商）大崎征一郎（高知商）大坪弘親（高知）
【九州・沖縄】竹永耕作（小倉）**松岡功祐**（九州学院）尾島一平（宮崎大淀）加治屋富聖（鹿児島商）

1962（昭和37）年　監督11年目（総監督）　＊春5位　＊秋2位
【主将】春・辻佳紀（敦賀）秋・宮澤政信（明治）【主務】正木英雄（大田原）
入部　93名
【北海道】小森章（岩見沢西）
【東北】佐野祐二（田名部）谷藤弘（盛岡商）渡辺政幸（東北）鈴木陸奥正（東北）上竹豊（福島）

【関東】長山洋三（多賀）大谷保宏（茨城）佐々木正博（土浦三）浜誠次郎（土浦三）鴨志田貞夫（土浦三）箕輪年行（作新学院）松代敏夫（富岡）森谷邦夫（深谷）加藤順（八街）能弾寛之（習志野）鈴木秀次（電機大付）宮田勝巳（明治）田島敬久（明治）沢田輝夫（明治）鈴木誠（明治）金子剛一（明治）朝倉洋治（明治）依田豊隆（明治）大野衛（国学院）吉岡俊夫（昭和第一）松井靖夫（早稲田実）後藤一（早稲田実）芝本滝二（早稲田実）西形隆明（帝京商）松沢正弘（日大二）飯田雅彦（日大三）笠間則雄（日大三）渡辺英夫（明大中野）高橋宏之（八王子工）高橋恒夫（多摩）小林正和（緑ケ丘）馬場伸幸（浅野）高橋正夫（逗子開成）

【中部・北陸】石原珠雄（甲府商）中村智男（甲府商）勝山義博（須坂商）清水功（塚原天竜）飯田久雄（新潟明訓）小林宏（長岡）鈴木幸弘（石川）奥山源二（清水東）杉浦誠（豊田西）松岡勝久（大垣北）清水十三男（大垣商）西松征雄（県岐阜商）菊山征二（津商）

【近畿】宮階利雄（平安）上田律夫（平安）竹中幹雄（山城商）**住友平**（浪華商）藤下弘樹（花園）松永弘（近大付）酒井癸三夫（報徳学園）高橋尤二（報徳学園）清井浩三（報徳学園）内藤善郎（報徳学園）○西川軍二（報徳学園）福島裕茂（尼崎）上田輝朗（尼崎）上原光紀（神港）金原茂夫（神港）松生吉勝（市西宮）高橋宏輔（育英）山崎隆一（和歌山工）中川善一（田辺）

【中国・四国】大石正美（益田）田沼功三（境）平井耕士（笠岡商）長谷川勝利（倉敷商）菊地史郎（関西）杉之原寛（尾道商）柏原源吾（尾道商）大杉俊夫（柳井商）宮原周一（下関商）

勝島徹（豊浦）泉誠二（大洲）村井俊夫（多度津工）松下利夫（高松商）◎米沢武（高松商）
七星正臣（高松商）中山泰三（高松商）中井豊（徳島商）谷井勉（徳島商）
【九州・沖縄】古屋英征（福岡工）野口俊二（大牟田）山崎康興（島原）
前田勝治（鹿谷商）

1963（昭和38）年　監督12年目（総監督）＊春4位　＊秋4位
【主将】倉島今朝徳（上田松尾）【主務】高森啓介（早稲田実）
入部　45名
【北海道】三崎茂充（網走南ケ丘）田中尚二（北見北斗）
【東北】東本芳徳（弘前）吉田伸介（秋田商）佐藤善昭（安積）鈴木征治（白河）
【関東】山口伸弘（水戸商）栃木一訓（今市）螺良武夫（宇都宮工）◎森村晃一（桐生）穂積節夫（安房）豊永邦男（日大三）山越章好（都五商）富安悠一（日大鶴ヶ丘）直井繁治（明治）
○前田昌彦（明治）須藤恭良（桜美林）小林伸行（鎌倉学園）
【中部・北陸】笠原弘之（岡谷南）徳竹一夫（飯田北）飯島義之（飯田）西居康造（小松実）森島靖夫（岐阜商）
【近畿】○中塚伊三郎（明星）新谷剛之（市岡）吉川芳登（島上）仲谷勝（島上）海老根瞳（太子）倉本昌康（洲本）中山正俊（海南）

【中国・四国】荒木征二（関西）江西伸郎（岡山東商）岡本進三（久賀）木下尭智（豊浦）後藤益巳（宇和島南）○宮瀬豊成（宇和島南）田中一祥（宇和島東）松崎紘（松山北）別部公司（鳴門）

【九州・沖縄】松崎武士（佐伯鶴城）堤正喜（大分）井上和彦（高鍋）串間孝雄（宮崎大淀）中川昭信（熊本工）溝口幹啓（出水）

1964（昭和39）年 監督13年目（総監督）　*春4位　*秋3位

【主将】市原数男（徳島商）【主務】田中確正（明治）

入部　77名

【北海道】則末御民（名寄）木本登（木古内）

【東北】田中杲（秋田商）田口修（秋田）松本洋一（盛岡商）佐藤国雄（気仙沼）木幡忠憲（双葉）

【関東】久保田建男（水戸農）海老原一臣（水戸）沢幡雅信（水戸商）岩瀬達（石岡一）池田雅夫（宇都宮商）田代馨（氏家）伊藤勉（川口）鈴木充（成東）吉田祐裕（明治）月岡恒夫（明治）増田雄太郎（明治）○豊田洋（明治）松本博和（日大鶴ケ丘）永井一博（佼成学園）市原正二（城南）長谷川昇（錦城）石河勝也（浅野）渡辺良成（逗子開成）

【中部・北陸】野沢宏泰（日川）中原英孝（松商学園）西猛図（飯田）田中正俊（飯田）上条巌

（飯田長姫）中川久輝（高田商）竹内圏（高田商）五十嵐秀雄（長岡）金森健二（高岡商）湊靖征（新湊）牧亭（伏木）小森勝範（泉丘）増田正蔵（静岡商）松永和美（清水東）深沢政人（清水東）宮澤勝久（三島南）星屋明喜好（木曾川）松本誠之助（中津東）川戸充（亀山）

【近畿】奥井正司（平安）首藤篤信（舞鶴）高松康夫（PL学園）堀尾勝久（浪商）◎**高田繁**（浪商）松村文雄（明星）松本哲弥（寝屋川）長江正嗣（島上）小峠智洋（島上）池田弘（洲本）桑原伸也（箕島）片原史人（南部）西垣宏（南部）

【中国・四国】森野勝直（江津）平山真巳（関西）徳毛公人（尾道東）林裕嗣（呉三原）楠田整秀（忠海）佐野芳徳（下関商）矢野鎮郎（今治西）住野康一朗（丸亀）植松勝太郎（高松商）中本武（宿毛）

【九州・沖縄】出川靖二（直方）岡本喜久生（嘉穂）岩崎益己（鞍手工）今任靖之（佐賀商）坂本竜起（唐津東）

1965（昭和40）年　監督14年目　＊春2位　＊秋4位

【主将】米沢武（高松商）【主務】西川軍二（報徳学園）

入部　41名

【北海道】花村幸彦（函館）斎藤実喜雄（北海）森義勝（北海）

【東北】○千葉洋一（弘前）大沢輝男（弘前）堤喜一郎（三沢）原淳一（山形南）

【関東】小菅隆夫（渋川）岡芹充英（熊谷商工）矢部新（川越）露崎正由（成東）加藤聡一郎（千葉商）千葉功（帝京）杉山邦昌（明治）小泉孝一（明治）山野エミール（早稲田実）舘野勝彦（佼成学園）増淵道夫（専修大京王）仙石雅樹（桜美林）

【中部・北陸】滝沢公夫（松本県ケ丘）丹呉正平（中条）岸晴夫（伏木）望月幸雄（静岡）大澤明夫（藤枝東）駒田富士雄（東邦）名田良幸（岐山）

【近畿】時松達哉（浪華商）大角慶治（浪商）**池島和彦**（島上）山本隆雄（島上）

【中国・四国】◎**星野仙一**（倉敷商）渡辺勝人（岩国）岩本茂（岩国）原忠賢（高水）外山隆司（西条）角田英夫（高知商）谷本啓輔（大洲）大谷隆一（中村）

【九州・沖縄】福島正文（九州学院）角英明（玉龍）倉町康一（桜木）

1966（昭和41）年 監督15年目 ＊春4位 ＊秋4位

【主将】森村晃一（桐生）【主務】前田昌彦（明治）

入部 29名

【北海道】

【東北】工藤守彦（青森）辻村実（青森）石岡昇（弘前）菅原和也（八戸）◎小野寺重之（気仙沼）渡辺次夫（古川工）

【関東】橋本公雄（キリスト教）早瀬浩（桐生）古川義弘（明治）大沢富次（明治）南良文（明治）小林滋（明治）○江連光明（明治）大塚健耀（日大三）安藤勝吉（専修大京王）角川行男（学芸大付）

【中部・北陸】古屋英雄（甲府商）百瀬俊夫（伊那北）杉浦派（愛知商）成瀬衛（長良）

【近畿】福井敬二（浪華）大野三郎（浪商）岡本奈津夫（島上）平川剛之（島上）藤原義則（布施）寺坂好明（海南）

【中国・四国】広沢渉（徳島商）

【九州・沖縄】**倉田晃**（博多工）川野融（川内）

1967（昭和42）年　監督16年目　＊春5位　＊秋3位

【主将】高田繁（浪商）【主務】豊田洋（明治）

入部　18名

【北海道】

【東北】

【関東】小川照明（水戸商）小林祥六（作新学院）星勝美（目黒）今井恒夫（明治）

【中部・北陸】鈴木一比古（伊那北）早貸正芳（高岡商）大橋誠（市静岡）

【近畿】山東孝好（明星）久保善久（ＰＬ学園）高田勇（浪商）◎**辻哲也**（浪商）

【中国・四国】和泉正廣（倉敷商）山田誠二（勝山）小西克善（徳島商）遠近博夫（中村）
【九州・沖縄】石田剛（福岡）○日高章吉（東筑）岩本勝司（大牟田南）

1968（昭和43）年 監督17年目 ＊春4位 ＊秋3位
【主将】星野仙一（倉敷商）【主務】千葉洋一（弘前）

入部 35名
【北海道】伴内正敏（札幌光星）
【東北】荒城正（弘前）松尾正（秋田）加賀谷孝志（秋田商）金野満（気仙沼）大和田進一（気仙沼）佐々木冨美夫（仙台商）磯上順美（磐城）
【関東】○春日明（桐生）佐藤幸雄（宇都宮学園）相澤重雄（成城学園）小柳達雄（都五商）石川秀隆（修徳）○岡田晴紀（明治）
【中部・北陸】河西雅志（岡谷工）松下寛二（松商学園）佐野明生（松商学園）神田彰夫（伊那北）虎石忍（有恒）小川守（星稜）横山信幸（羽咋）
【近畿】◎国分善俊（浪商）森本周示（明星）金田政幸（大鉄）月原眞司（大鉄）
【中国・四国】田尻達夫（呉港）坂井大志（戸手商）大段明（広）平山公博（徳島商）
【九州・沖縄】日高三吉（東筑）仲田泰三（小倉）中野賀友（八幡）釘宮卓司（大分舞鶴）温水和則（都城工）守川明徳（熊本二）

1969（昭和44）年　監督18年目　＊春優勝　＊秋4位

【主将】小野寺重之（気仙沼）【主務】江連光明（明治）

入部　16名

【北海道】

【東北】村山成幸（酒田東）

【関東】○岩城秀幸（大宮工）

【中部・北陸】原田孝成（長野工）◎宮脇茂（塚原天竜）小杉一則（松商学園）杉浦孝晴（浜松北）

【近畿】

【中国・四国】坂出直（倉吉東）**加藤安雄**（倉敷商）武渉（倉敷工）下瀬幸治（広島）内藤誉（池田）坂崎克実（徳島商）高橋啓泰（徳島商）

【九州・沖縄】○柴田幸嗣（東筑）○村山賢一（博多工）前保洋（玉龍）

1970（昭和45）年　監督19年目　＊春3位　＊秋2位

【主将】辻哲也（浪商）【主務】日高章吉（東筑）

入部　25名

【北海道】
【東北】
【関東】横須賀正洋（水戸商）◎鈴木雅道（竜ケ崎一）吉田秀文（熊谷）岩本満（明治）藤谷道秋（明治）○河田勇（明治）○榊原光一（明治）山崎奨（明治）布施隆（明大中野）高尾康平（早稲田実）
【中部・北陸】宇野幸伸（豊田西）佐藤広美（岐阜商）
【近畿】上田芳央（浪商）新名隆（桜塚）
【中国・四国】岡本良一（倉敷工）清水俊治（尾道商）福原都根夫（広陵）◎井上明（松山商）大森光生（松山商）樋野和寿（松山商）奥藤鉄身（北宇和）志摩輝夫（徳島商）
【九州・沖縄】隅倉光一（豊津）今久留主邦明（博多工）南政志（大濠）

1971（昭和46）年　監督20年目　＊春5位　＊秋5位
【主将】国分善俊（浪商）【主務】岡田晴紀（明治）
入部　20名
【北海道】
【東北】
【関東】八木勝彦（大宮）椎名健生（銚子商）渡部政勝（関東商工）唐沢伸（明治）○岡本弘昌

（明治）芳賀進（桐朋）
【中部・北陸】○土屋静治（伊東）平林辰郎（県岐阜商）○池田広明（長良）宮本幸一（関）
【近畿】奥田剛央（平安）永井志郎（浪商）●斎藤茂樹（ＰＬ学園）
【中国・四国】武田稔（西条）平石貴志（松山商）白石淳久（松山商）
【九州・沖縄】古賀清徳（博多工）◎井尾俊彦（大分舞鶴）蔵座龍夫（熊本二）土師利博（加治木工）

1972（昭和47）年　監督21年目　＊春3位　＊秋2位
【主将】宮脇茂（塚原天竜）【主務】柴田幸嗣（東筑）
入部　28名
【北海道】
【東北】
【関東】篠塚和彦（竜ヶ崎一）下村庄司（竜ケ崎一）秋山一三（大田一）田畠康男（桐生）丘野雅彦（大宮）☆荒井信久（成東）星山忠善（銚子商）渡辺裕啓（日大一）梁文輝（佼成学園）小林千春（明治）
【中部・北陸】田草川時夫（甲府商）**名取和彦**（甲府商）◎丸山清光（上田）鵜藤明彦（長岡）関弘巳（中京）市川孝久（長良）堀勝典（県岐阜商）梅田薫（県岐阜商）

【近畿】伊藤寿彦（平安）伊藤博之（高槻）
【中国・四国】森実章（岡山東）三好祐幸（松山商）
【九州・沖縄】○大塚登（小倉）浜武康司（東筑）占部嘉昭（筑紫工）立花泰賢（武雄）宮本聡（高鍋）久保信三（出水）

1973（昭和48）年 監督22年目 ＊春2位 ＊秋優勝

【主将】春・鈴木雅道（竜ヶ崎一）秋・井上明（松山商）【主務】榊原光一（明治）

入部 36名

【北海道】安藤裕之（北見柏陽）
【東北】坂本修（弘前）吉田光志（仙台育英）
【関東】伊藤隆（日立一）米井淳（竜ヶ崎一）椎名利秀（取手一）丸山桂之介（所沢）森田勉（明治）加藤和幸（明治）岩田満久（明治）浜田正二（明大中野）川上進（明大中野）☆川口啓太（日体荏原）井草義昭（桜美林）
【中部・北陸】伊藤不二夫（甲府商）羽田国雄（吉田）古谷健一（塚原天竜）丸茂恒幸（丸子実）森下昌弘（韮山）八木健二（浜松北）横井勲（中京）渡辺敦彦（市岐阜商）
【近畿】吉田昌義（天理）横山光宏（報徳学園）野尻和好（星林）
【中国・四国】眞野潔（世羅）塚本幸造（今治南）益永博之（高知商）◎安岡直記（高知商）岡

村和彦（高知商）
【九州・沖縄】佐藤俊則（小倉商）岩崎毅（大濠）松尾壮吾（東筑）○小笠原義治（東筑）三輪雄二（高鍋）敷根弘志（大口）

1974（昭和49）年　監督23年目　＊春2位　＊秋5位
【主将】井尾俊彦（大分舞鶴）【主務】土屋静治（伊東）
入部　31名
【北海道】伊藤隆（北見北斗）本間茂裕（岩見沢西）
【東北】
【関東】前田暢彦（茨城）蛭間鉄志（川越工）大澤道夫（大宮）田中康男（習志野）石部久康（関東一）森泉弘（明治）飯田邦夫（明治）星野泰久（日大一）◎吉原隆（日大一）
【中部・北陸】湯本和志（須坂）豊田恵一（須坂）○武内敬（伊那北）岡本和也（掛川西）○落合紳哉（掛川西）花村和彦（掛川西）増田志寿男（静岡商）山北芳敬（中京商）加藤完治（県岐阜商）三宅康博（県岐阜商）宮垣広人（市岐阜商）三井茂樹（市岐阜商）
【近畿】
【中国・四国】難波俊文（倉敷工）近藤国樹（三原）平石浩（松山商）片山直人（徳島商）
【九州・沖縄】石田義幸（東筑）重吉英男（東筑）宮脇敏治（大分舞鶴）都原昭彦（高鍋）

1975（昭和50）年　監督24年目　＊春優勝　＊秋優勝（明治神宮大会優勝）

【主将】丸山清光（上田）【主務】大塚登（小倉）

入部　40名

【北海道】堀田晴一（北海）

【東北】○柿崎政治（新庄北）奥山昌昭（仙台育英）橋間一彦（寒河江）鈴木宏二（双葉）鈴木薫（安積）

【関東】宮本清（日立一）海老沼英男（作新学院）野島勝（大宮商）大條寧敏（明大中野）橋本友嗣（明治）桑崎安弘（明治）小西弘之（海城）**豊田誠佑**（日大三）高橋勤（生田）朝山佳寿彦（法政二）

【中部・北陸】志村昌則（甲府工）細山清彦（巻）西部淳一（高岡商）宮前吉秀（高岡商）◎**高橋三千丈**（静岡商）吉田敏道（韮山）

【近畿】池永康幸（平安）渋谷渉（報徳学園）○建部正人（加古川東）佐々木美一（滝川）

【中国・四国】松原洋之（関西）武井千尋（倉敷工）中村直（廿日市）佐々木肇（廿日市）小坂哲郎（竹原）中川清（国泰寺）岩元啓二（岩国）黒本英二（高水）**鹿取義隆**（高知商）水野雄三（高知商）

【九州・沖縄】田原淳（若松）柏井幸憲（大分舞鶴）小川啓二（高鍋）竹田信介（出水）

1976（昭和51）年　監督25年目　＊春2位　＊秋4位

【主将】安岡直記（高知商）【主務】小笠原義治（東筑）

入部　44名

【北海道】

【東北】中村千春（弘前）桜庭修二（弘前）宮崎晃一（弘前）鎌田勝（秋田）猿田五知夫（秋田）大竹宏幸（仙台三）浦山直人（山形東）

【関東】○北原郎（水戸工）寺内正（緑岡）小林唯利（太田）○棚橋誠一郎（烏山）久保好文（豊岡）長島一顕（成東）加茂久男（佐倉）加賀谷文宣（都駒場）上條誠（堀越）仲村啓（明大中野）新保元（国学院久我山）荒川長二郎（明治）根本良夫（桜丘）

【中部・北陸】伊東和彦（甲府工）山口智之（佐久）前側佳邦（福井商）松本伸彦（掛川西）小栗弘光（焼津水産）中川時彦（四日市）

【近畿】藤井克己（福知山）百村茂樹（天理）岸田隆夫（島上）滝井康精（報徳学園）桑島壮一郎（洲本）湯川隆志（海南）

【中国・四国】沖田武（廿日市）下瀬栄治（下関商）村上博昭（新居浜商）富永誠司（池田）

【九州・沖縄】花見順二（小倉）瀧満（小倉）吉田雄二（東筑）末松一実（糸島商）外山衛（日南）◎柿木孝哉（宮崎商）河田啓吾（九州学院）尾堂栄一（鹿児島実）

1977（昭和52）年 監督26年目 ＊春2位 ＊秋4位

【主将】吉原隆（日大一）【主務】武内敬（伊那北）

入部 41名

【北海道】

【東北】堂本忠司（弘前工）太田守信（弘前工）千葉達佳（小坂）高屋敷博文（盛岡工）◎金野健（盛岡一）佐藤重文（石巻）松田三也（東北）芳賀正直（新庄北）○阿部浩悦（新庄北）大沼民之（白河）根本裕一（白河）太田雄弘（相馬）

【関東】大堂新一（君津）堀添弘和（我孫子）大野太郎（明治）仙士克博（明治）斎藤弘幸（明治）関口周司（石神井）城石淳（日大一）大和田博（日体荏原）豊田和泰（日大三）若山公一（暁星）松本吉啓（桜美林）栗林徹（浅野）

【中部・北陸】水野邦生（中京）三島雅明（県岐阜商）杉山雅人（市岐阜商）吉武建治（海星）

【近畿】松川晃司（明星）大谷陽三（明星）朝山晃司（桜宮）西邑佳乙（洲本）

【中国・四国】樋口真人（倉敷工）日川雅夫（徳島商）○廣沢保雄（徳島商）西原均（高知商）森正隆（高知商）

【九州・沖縄】田中浩二（東筑）平山一雄（柳川商）鈴木慎一郎（長崎海星）高田三八繁（大分舞鶴）

1978（昭和53）年　監督27年目（秋総監督）　*春優勝（大学選手権・日米大学野球選手権優勝）*秋4位

【主将】高橋三千丈（静岡商）【主務】建部正人（加古川東）

入部　56名

【北海道】

【東北】

【関東】芳賀裕邦（日立一）松井智幸（作新学院）宮原昌一（富岡西）小野瀬孝夫（太田一）登坂勤（大宮商）大久保盛義（川越工）須田光弥（小見川）中林伸人（日大）市川修（成城学園）森田雄一（早稲田）土肥誠（明治）浅見芳昭（明治）加藤和人（明治）大森広次（東工大付）松野徹（明大中野）五十住智（練馬）今井哲志（横浜平沼）伊藤成（逗子開成）

【中部・北陸】丸茂昭敏（野沢北）岡部勉（小出）三上頼邦（長岡）森岡真一（桜井）植野徹（若狭）幸池克美（若狭）沖島光男（福井商）吉田雅道（静岡）堀内敏男（掛川西）関谷弘美（県岐阜商）矢田恭裕（三重海星）水谷忠彦（桑名西）

【近畿】中島節郎（鴨沂）浜田昌毅（浪速）原田勝弘（明星）西村康生（北陽）安井浩二（東洋大姫路）福本陽一（神港学園）西村和裕（田辺）栗山和行（箕島）

【中国・四国】玉川顕（倉吉東）井上貫雄（岡山東商）木部好晃（柳井）白石享三（松山東）○

小野昭一（松山南）上田純郎（高知商）東出一茂（高知商）西弘顕（高知商）
【九州・沖縄】内野邦博（東筑）西村晋（田川）古賀慎一郎（嘉穂）◎**平田勝男**（長崎海星）○野田誠（諫早）日野康志（日田林工）寺敷浩徳（日田林工）後生川寛（熊本工）外山徹（日南）岩田三千生（枕崎）

1979（昭和54）年　監督28年目（総監督）　＊春5位　＊秋優勝（明治神宮大会優勝）
【主将】柿木孝哉（宮崎商）【主務】棚橋誠一郎（烏山）

入部　47名
【北海道】竹原正年（千歳）
【東北】市川基（能代）上総東司（仙台三）○皆川昌之（新庄北）
【関東】佐藤力（黒磯）関谷俊郎（大田原）藤田高夫（作新学院）大木仁（富岡西）山元潤（松山）長谷川誠（川口）菊池総（印旛）高瀬和徳（安房）熊井毅（市川学園）小島義則（海城）藤井眞澄（明大中野）島崎邦彦（明大中野）青木真一（明大中野）大川博久（明大中野）◎阿部正弘（堀越）石塚正信（日大一）森田敦（早稲田実）○津賀正晶（攻玉社）吉田秀樹（秋川）
【中部・北陸】高見沢高明（丸子実）柳沢博美（丸子実）千場英俊（松商学園）安部義弘（村松）三本聡（中越）荻原宏昭（静岡）○竹島規雄（掛川西）清浩優（清水東）武藤哲裕（中

京）

【近畿】田中健（明星）下村功（市新港）尾崎睦弥（田辺）**石井雅博**（箕島）

【中国・四国】仏円勝広（国泰寺）**沖泰司**（松山商）鄭秀敏（高松商）明神茂行（高知商）松浦実（高知商）

【九州・沖縄】大石浩正（小倉）諸藤克明（東筑）三輪毅（猷興館）久保田裕士（大分商）安藤誠一郎（宮崎西）太田輝文（鹿児島商）

1980（昭和55）年　監督29年目　＊春優勝（大学選手権優勝）　＊秋3位

【主将】金野健（盛岡一）【主務】廣沢保雄（徳島商）

入部　43名

【北海道】清水誠（深川西）

【東北】菱沼雅彦（日大山形）富樫修（酒田東）

【関東】野中正知（宇都宮東）山中哲夫（宇都宮商）石島克久（小山）荒武龍治（本庄）吉田英司（川口）角居公生（我孫子）坂上圭一（印旛）菱木正勝（成東）中島浩明（千葉商）二瓶満裕（日大二）川島敏春（日大二）石田宗樹（国学院久我山）松本英資（駒大）鈴木隆之（桜美林）因正文（東大和）勝呂哲也（桐蔭学園）中山剛（横浜商）○飯塚正行（横浜平沼）中本浩精（橋本）萩原光春（東海大相模）

【中部・北陸】柏木典之（吉田）樋口浩一（高岡第一）○塚本洋（高岡第一）小長井衛（清水東）田宮宣之（掛川西）
【近畿】木田大介（北大和）阿久根伸二（天理）☆田中武宏（舞子）曾我俊則（八尾東）赤堀俊文（田辺）
【中国・四国】大原章（境）野村克也（益田）奥田伸吾（日和佐）青木功（高知商）◎森田洋生（高知商）
【九州・沖縄】加茂浩将（柳川）的場仁志（宗像）寺敷則英（日田林工）鈴木慎一（宮崎西）大川武士（済々黌）

1981（昭和56）年 監督30年目 ＊春優勝（大学選手権・日米大学野球選手権優勝） ＊秋2位

【主将】平田勝男（長崎海星）【主務】野田誠（諫早）

入部 47名

【北海道】
【東北】菅原良一郎（千厩）菅原隆浩（黒沢尻工）遠藤正義（双葉）
【関東】**広澤克実**（小山）金敷雅彦（小山）堀江明彦（渋川西）佐藤一之（熊谷西）○関根洋一（市川）大場恭幸（国学院久我山）森神雄次（国学院久我山）**竹田光訓**（日大一）菅原洋

介（佼成学園）勝又弘之（明大中野）伊藤勇治（明大中野）篠原功（日大三）○卯木敏也（明治）田代典敬（桐蔭学園）◎☆善波達也（桐蔭学園）平川憲彦（横浜）小沢潤一（横浜商）小坂井秀勝（日大藤沢）

【中部・北陸】森義人（新湊）増山栄治（新湊）太田智之（静岡）坂本貴一（静岡）桜井郁也（清水東）宮本昌宣（清水東）加藤貴久（中京）

【近畿】福田義浩（天理）加藤太郎（明星）松本広正（PL学園）中村譲二（PL学園）木下薫（鳴尾）島智広（報徳学園）土井強（桐蔭）中園正信（新宮）嶋岡真志（向陽）

【中国・四国】藤田秀雄（関西）峰慎司（高水）三浦英之（西条）井貴史（丸亀商）

【九州・沖縄】大久保学（九州産業）渕上元博（修猷館）貴戸英幸（八幡大付）尾上浩司（諫早）坂井健二（諫早）

中沢雅彦（染谷）

1982（昭和57）年　監督31年目　＊春4位　＊秋3位

【主将】阿部正弘（堀越）【主務】津賀正晶（攻玉社）

入部　25名

【北海道】

【東北】小枝金一（弘前南）岸本憲坪（秋田南）千田潤（水沢）斎藤篤（酒田東）黒田浩和（鶴

商学園）峯田益宏（山形南）猪狩正弘（双葉）
【関東】河内実（足利）鈴木浩実（日大三）◎**福王昭仁**（日大三）富永祥史（筑波大付）向田実（小松川）今別府千寛（横浜商大）吉岡浩幸（横浜）藤田嘉（横浜）
【中部・北陸】輿石重弘（都留）上野達也（甲府東）○西沢志信（上田）伊藤彰彦（浜松商）佐々木正伸（静岡学園）
【近畿】
【中国・四国】大森卓二（高松商）久岡稔生（日和佐）浜田徹（高知商）横山真哉（中村）
【九州・沖縄】○福島豊（筑紫）

1983（昭和58）年　監督32年目　＊春優勝　＊秋3位
【主将】森田洋生（高知商）【主務】春・塚本洋（高岡第一）秋・飯塚正行（横浜平沼）

入部　28名
【北海道】八沢一裕（旭川東）
【東北】小野寺和人（水沢）片桐英明（楯岡）
【関東】檜山勝雄（水戸商）田代恭規（作新学院）岩崎優（春日部共栄）植田龍志（国学院久我山）棚橋利行（国学院久我山）◎戸塚俊美（明大中野）
【中部・北陸】岩佐錬太郎（吉田）石橋良孝（西稜）

【近畿】今久留主久成（平安）宮脇俊行（平安）久保直彦（明星）石井勝（明星）清水泰博（PL学園）中井良治（海南）
【中国・四国】山本素也（大社）○岩井俊樹（金光学園）門田茂（岡山大安寺）小野雄二（呉三津田）安岡靖晃（高知商）森田建司（高知商）
【九州・沖縄】芝康弘（戸畑商）熊岡宏典（高鍋）矢野幸夫（宮崎大宮）山内康信（宮崎大宮）真壁朝之（首里）

1984（昭和59）年　監督33年目　＊春2位　＊秋優勝

【主将】善波達也（桐蔭学園）【主務】春・関根洋一（市川）秋・卯木敏也（明治）

入部　53名

【北海道】
【東北】高橋清昭（黒沢尻工）伊藤裕治（黒沢尻北）長坂博行（秋田商）佐々木一夫（水沢）
【関東】岡野健（江戸川学園取手）小宮山直（宇都宮南）関口勝己（小山）引間勲（東農大二）大下風博之（富岡）大澤真憲（藤岡）**平塚克洋**（春日部共栄）林達郎（蕨）片岡裕司（成東）大熊研吾（市川）**武田一浩**（明大中野）岩瀬弘明（明大中野）佐伯勲（明大中野）松尾和憲（国学院久我山）一井滋信（国学院久我山）永光武志（明治）石原昌英（帝京大付）大前拓也（城西大城西）田口誠（桜美林）長谷部淳（桜美林）羽地健（武蔵村山東）宮本学（東大和）鈴木

嘉明（荏田）鳥倉秀樹（荏田）
【中部・北陸】小熊修（駿台甲府）高橋武司（長野商）林賢志（飯田）村田真（東海大一）漆畑誠（静岡）玉木裕二（白川）
【近畿】西田諭史（京都市紫野）丸田親政（阿倍野）山中勝己（ＰＬ学園）新井顕蔵（上宮）貫志哲也（島上）佐藤元信（智弁和歌山）石畑敦朗（新宮）田中元（日高）
【中国・四国】織原利久（玉野）久本勝己（八頭）石飛昌彦（大社）高橋智尚（松山商）真鍋憲三（丸亀）
【九州・沖縄】原一征（宗像）高島康（鳥栖）乙須大助（佐世保北）○久保芳久（長崎海星）◎坂口裕之（高鍋）鮎川隆徳（鹿児島南）

1985（昭和60）年　監督34年目　＊春4位　＊秋3位

【主将】福王昭仁（日大三）【主務】福島豊（筑紫）

入部　39名
【北海道】
【東北】金野正志（大船渡）清水丈二（大船渡）高橋和征（新庄北）鈴木啓之（鶴商学園）
【関東】鈴木勇（明野）高橋明義（江戸川学園取手）渡辺仁（烏山）鈴本隆（拓大紅陵）里川武（八千代東）中川博之（明大中野）溝井伸二（明大中野）本山一浩（明大中野）吉田暁男（明

大中野）渡辺喜一（明大中野）岸川正志（明大中野）渡辺茂夫（明治）○小原輝生（明治）下境茂（桜美林）根来真光（鎌倉）
【中部・北陸】◎飯島泰臣（松商学園）林宏道（長野）高橋雅之（十日町）山田政志（掛川西）袴田好昭（掛川西）小林司（静清工）成瀬裕二（名古屋学院）清水孝洋（県岐阜商）山本剛（四日市）
【近畿】瀧口英治（天理）坪田宏典（紀南）
【中国・四国】藤原茂留（尾道東）高木一義（柳井）仁井田卓也（高知商）
【九州・沖縄】西田弘康（小倉）山崎昭和（武蔵台）冨永匠（長崎海星）敷島太一（大分雄城台）三浦一利（大分商）天願英己（沖縄水産）

1986（昭和61）年　監督35年目　＊春3位　＊秋優勝
【主将】戸塚俊美（明大中野）【主務】岩井俊樹（金光学園）

入部　39名
【北海道】山田高志（札幌開成）
【東北】三浦道久（秋田南）平山瑞央（大船渡）佐藤文彦（仙台一）
【関東】國重義博（旭）○寺本孝子（匝瑳）**舟山恭史**（明大中野）岡本良雄（明大中野）鋤田耕一（日大二）佐野一志（日大三）田辺昭広（関東一）倉本朋幸（国学院久我山）鈴木文雄（二

松学舎大付）○上野葉月（千歳丘）高須清之（桐蔭学園）竹内俊也（桐蔭学園）鈴木秀幸（桐蔭学園）○堀井満美子（七里ケ浜）
【中部・北陸】赤羽根俊幸（岡谷南）堀内健二（伊那北）西藤洋二（丸子実）加藤正嗣（新潟江南）黒松昌博（掛川西）中原信広（中津北）
【近畿】関貴博（京都西）西島義之（平安）◎**今久留主成幸**（PL学園）田原伸吾（此花学院）和田田猛（郡山）
○稲田秀一（桐蔭）
【中国・四国】田中英守（倉敷商）○大下佳紀（広島工）平木覚（高松商）江田邦夫（明徳義塾）
【九州・沖縄】江藤淳一（福岡第一）姫野多久也（宮崎南）岡田祐二（高鍋）**東瀬耕太郎**（九州学院）奥村剛（熊本工）

1987（昭和62）年　監督36年目　＊春3位　＊秋4位
【主将】坂口裕之（高鍋）【主務】久保芳久（長崎海星）

入部　26名
【北海道】
【東北】後藤弘康（秋田南）佐藤天（秋田工）

【関東】飯塚強（日立一）人見勝則（大田原）佐々木賢二（八千代松蔭）菊池壮光（明大中野）
【中部・北陸】青柳信（甲府商）小平稔（佐久）○大島一生（大府）
【近畿】川井秀治（甲西）岡田敬介（浪商）北河清隆（報徳学園）森健（田辺）
【中国・四国】上田俊治（広島工）宮川鋭蔣（広島工）久山豊（広陵）植村公裕（下関商）藤岡雅樹（松山商）大野義光（松山商）井上利和（高知東）
【九州・沖縄】出納史晴（佐伯鶴城）山村晋一（大分商）◎黒木研二（高鍋）浜田健吾（鹿児島商）宮田仁志（玉龍）米須幸司（沖縄水産）

1988（昭和63）年 監督37年目 ＊春3位 ＊秋5位
【主将】飯島泰臣（松商学園）【主務】小原輝生（明治）

入部 31名
【北海道】
【東北】
【関東】堀江雅彦（烏山）小林武史（浦和学院）富川純一（千葉日大一）田中宏幸（中大付）星野晴敬（明大中野）松本武士（明大中野）神山賢一（明大中野）小笠原政親（明大中野）◎三輪隆（関東一）田畑博正（二松学舎大付）吉沢一雅（帝京）安斉俊仁（国立）
【中部・北陸】戸谷隆和（屋代）鎌倉健二（岡谷南）小口雄三（岡谷南）東本博孝（県岐阜商）

【近畿】大平幸治（天理）谷ケ久保芳弘（滝川二）長島淳二（東洋大姫路）鹿嶋大（桐蔭）大井憲治（智弁和歌山）○上野義孝（橋本）
【中国・四国】大梶英俊（大社）早川政徳（盈進）三井健悟（広島工）戸倉裕記（丸亀商）中山秀師（高松商）
【九州・沖縄】渡辺正健（大分舞鶴）杉野広樹（長崎海星）田中敏弘（九州学院）新垣隆雄（沖縄水産）

御大の生涯と世相

丸山清光作成

年号	御大と明治大学野球部の年譜	野球と世相（＊は東京六大学野球）
1886年（明治19）		＊旧制一高が創部（イギリス人教師によりべーすぼーる会創設）、北海道庁設置
1887年（明治25）		＊慶応が創部、鉄道敷設法公布、米で金融恐慌（1893年）
1901年（明治34）		＊早稲田が創部、東京専門学校が早稲田大学に改称、日英同盟調印（1902年）
1903年（明治36）		＊早慶対抗戦始まる（慶応綱町グランド、1906年から中断）メジャーリーグのワールドシリーズ始まる、日露戦争（1904年）
1909年（明治42）		＊立教が創部、度量衡法改正公布、伊藤博文が暗殺される
1910年（明治43）	＊明治が創部（柏木グラウンド）慶応と第1戦	種痘法施行、韓国併合
1911年（明治44）	御大誕生（信州・高森町に生まれる）	東京朝日新聞が「野球と其害毒」の連載開始、特別高等警察設置、清で辛亥革命
1914年（大正3）	＊明治が第1回渡米	＊三大学リーグ発足（早慶明）、第一次世界大戦始まる、発疹チフス蔓延
1915年（大正4）	＊明治が国際野球競技会（ハワイ）へ	＊法政が創部、第1回全国中等学校優勝野球大会（豊中グランド）、輸出超過で大戦景気
1916年（大正5）	下市田小学校入学 ＊明治が駒沢球場へ移転	コレラ大流行
1917年（大正6）		＊四大学リーグ発足（法政加入）、ロシア革命・ソビエト政権樹立
1919年（大正8）		＊東京帝大が創部
1920年（大正9）	木村頌一から野球を教わる（尋常小学校5年生） ＊明治が満支遠征	＊早慶戦復活を前提に三田・稲門戦を実施、慶応・早稲田・明治他が大学令で認可、第1回箱根駅伝、戦後恐慌、初のメーデー
1921年（大正10）	＊明治が第2回アメリカ遠征（1924年）	＊五大学リーグ発足（立教加入）、ワシントン会議で四カ国条約調印（日英同盟破棄）

1925年（大正14）	高等小学校卒業後、上京　旧制中学7校を転校　＊秋に六大学野球リーグ戦開始	＊東京六大学野球連盟発足（東京帝大が加入）、早慶戦復活、治安維持法公布、普通選挙法公布
1926年（大15・昭元）		明治神宮野球場落成、昭和天皇（裕仁親王）即位、日本ラグビーフットボール協会設立
1927年（昭和2）	＊明治が秋季リーグで初優勝	第1回都市対抗野球大会、NHKが東京六大学野球をラジオ中継、健康保険法施行
1929年（昭和4）	＊明治が世界一周遠征（米・欧・中を137日で35試合）	＊初の入場式、天覧試合（早慶戦）、スターリンの独裁体制始まる、共産党員一斉検挙、ニューヨーク株大暴落
1930年（昭和5）	明大予科へ入学、応援団へ入団　＊明治が和泉グラウンドに移転	第1回FIFAワールド杯、世界恐慌（昭和恐慌）
1931年（昭和6）	＊八十川ボーク事件で明治がリーグ戦出場辞退	神宮球場改装（5万5千人収容）、満州事変勃発、管理通貨制度、羽田飛行場開港
1932年（昭和7）	＊四大学でリーグ戦（春）	＊早稲田がリーグ脱退（秋復帰）、文部省から野球統制令、五・一五事件
1933年（昭和8）	＊文部省指令で1年シーズン制（～翌年）	＊リンゴ事件、大日本東京野球倶楽部（現読売巨人軍）結成（1934年）
1935年（昭和10）	明治大学応援団長に就任	大阪野球倶楽部（後の阪神タイガース）発足、ナチス・ドイツが国際連盟を脱退
1936年（昭和11）	政経学部を卒業、証券会社へ就職	日本職業野球連盟設立、二・二六事件、日独防共協定、盧溝橋事件（1937年）
1938年（昭和13）	＊明治が史上初の4連覇	国家総動員法施行、東京オリンピック開催権返上、第二次世界大戦勃発（1939年）
1940年（昭和15）	キヌ夫人と結婚	日独伊三国軍事同盟、大政翼賛会発足、世界で戦時体制進む、源泉徴収開始、＊入場券発売禁止
1943年（昭和18）	＊戦争でリーグ戦中止・野球部解散	＊出陣学徒壮行早慶戦、日本軍海外撤退強まる、大東亜共同宣言、米日本本土空襲開始
1944年（昭和19）	横須賀海兵団に招集・解除後、マカオの海軍特務機関へ　＊戦争でリーグ戦中止	サイパン島の日本軍玉砕、米B29爆撃機による本土空襲始まる、学童疎開始まる
1945年（昭和20）	マカオから帰還　明治大学と折衝　＊明治が活動開始（現役対駿台倶楽部）	＊GHQが神宮球場を接収、米東京大空襲・沖縄本島上陸・原爆投下、敗戦、ソ連北方領土占領、財閥解体
1946年（昭和21）	旧制明治中学（現明治高校）の野球部監督に就任（35歳）　＊リーグ戦が東明戦で復活	＊天皇杯を下賜、全国中等野球大会が再開、都市対抗野球復活、日本国憲法発布
1948年（昭和23）	三伸証券を興す　＊明治が優勝決定戦で早稲田に敗れる	＊勝ち点制を採用、新制高等学校発足、第一次中東戦争、全学連結成、日本体育協会（改称）、東京裁判死刑執行

1950年（昭和25）	選抜高校野球大会、高校選手権大会に出場	2リーグ分裂後初のプロ野球開幕、本格的にナイター開始、朝鮮戦争勃発
1951年（昭和26）	明治大学野球部助監督兼任で、選抜高校野球大会で4強（3大会連続出場）	＊全試合を神宮球場で実施、第1回プロ野球オールスター戦、日米安全保障条約締結
1952年（昭和27）	周囲の反対を乗り越え明治大学野球部監督に就任（41歳）	＊神宮球場の接収解除、琉球政府発足、警察予備隊が保安隊に改組、韓国李承晩ラインを設定
1953年（昭和28）	監督就任後、秋①初優勝　＊明治が通算10度目の優勝	NHKが初のテレビジョン放送開始、東京六大学野球の入場式と開幕戦を中継
1954年（昭和29）	春②優勝、全日本大学選手権で初出場、初優勝	自衛隊発足、アメリカNBC局でカラー放送開始、集団就職列車
1955年（昭和30）	春③優勝後、全日本大学選手権で初の連覇、台湾へ戦後初の遠征	ワルシャワ条約機構結成・冷戦激化、自民・社会の2大政党化、日ソ共同宣言（1956年）
1957年（昭和32）	初の最下位、秋季からユニフォームの左袖に猪マーク	砂川事件、茨城県東海村に「原子の火」ともる、東京の都の人口世界一に
1958年（昭和33）	東京都高野連副会長に就任	＊立教4連覇、夏の甲子園1県1校に沖縄を加え47校に、狩野川台風、皇太子（徳仁親王）の婚約決まる
1959年（昭和34）	ハワイ遠征で9戦全勝	＊背番号制開始、王貞治が第1号本塁打、野球博物体育館完成、キューバ革命、水俣病
1960年（昭和35）	調布市へグラウンド移転（後に島岡球場・明和寮）、2度目の最下位（秋）	＊早慶6連戦、新日米安保条約強行採決、安保闘争激化、カラーテレビ放送開始
1961年（昭和36）	春④優勝後、総監督に就任（秋）	神宮第2球場竣工、韓国で朴正煕らのクーデター発生、東京オリンピック開催、OECD加盟（1964年）
1965年（昭和40）	監督に復帰	＊神宮球場のラッキーゾーン固定、第1回ドラフト会議、日韓基本条約、米軍の北爆開始、中国で文化大革命
1969年（昭和44）	春⑤優勝（16シーズンぶり）	＊法政・山中投手48勝、夏の甲子園で初の決勝戦引き分け再試合、東大安田講堂攻防戦、沖縄返還実現（1972年）
1973年（昭和48）	秋⑥優勝	＊プロ退団OBのコーチ認可、日本赤軍による日航機ドバイハイジャック事件、為替変動制へ移行、第一次石油ショック
1974年（昭和49）	東京都代表校2校（夏の甲子園）決定に尽力	夏の甲子園・東京都代表2校制・金属バット採用、長嶋茂雄引退・監督に、田中角栄金脈事件で首相退陣（1976年に逮捕）
1975年（昭和50）	ハワイ遠征、春秋⑦⑧連覇（明治では37年ぶり戦後初、64歳）秋は東大にストレートで連敗後優勝、明治神宮野球大会で初優勝（東京六大学で初）、朝日体育賞（現朝日スポーツ賞）を受賞	プロ野球で指名打者制、巨人団史上初の最下位、広島カープが初優勝、ベトナム戦争終戦、アポロとソユーズが史上初の国際ドッキング、昭和天皇が史上初の訪米、国鉄スト権スト

1978年（昭和53）	春優勝⑨、全日本大学選手権で優勝（3度目）、日米大学野球選手権で初優勝、監督を勇退し総監督へ	日中平和友好条約調印、新東京国際空港（成田）、第二次石油ショック（1979年）
1979年（昭和54）	秋優勝、明治神宮大会優勝（ともに総監督）	江川が阪神入団後、小林繁と交換で巨人入団。初の国立大学共通一次試験、ソニーがウォークマンを発売
1980年（昭和55）	監督に復帰、春⑩優勝、全日本大学選手権で優勝（4度目） 日米大学野球選手権は1勝6敗 ＊明治大学創立100周年	王貞治868号本塁打・現役引退、日本のモスクワ五輪不参加決定、初の衆参同一選挙
1981年（昭和56）	春⑪優勝、全日本大学選手権で優勝（5度目）、日米大学野球選手権優勝（2度目）	神宮球場に人工芝施設、国鉄再建法施行令決定、中国残留孤児初来日
1983年（昭和58）	春⑫優勝	夏の甲子園に83万人の観衆、東京ディズニーランド開園、大韓航空機撃墜事件
1984年（昭和59）	秋⑬優勝	NHKが衛星放送を放映開始、三陸鉄道初の第3セクター、電電公社民営化法案成立
1986年（昭和61）	秋⑭優勝（74歳）、明治神宮大会で札幌大学に敗退	プロ野球の新ストライクゾーン開始、国鉄分割民営化（1987年）
1988年（昭和63）	総監督に就任、勲四等旭日小綬章受賞	東京ドーム開場、青函トンネル開通、リクルート事件発覚、株価初の3万円台
1989年（平成元）	御大死去（4月11日・77歳）、島岡球場室内練習場で葬儀	元号が平成へ、消費税法施行（3％）、連合発足、天安門事件、ベルリンの壁崩壊
1991年（平成3）	競技者表彰で野球殿堂入り	Jリーグ発足、湾岸戦争勃発、牛肉・オレンジ輸入自由化、PKO協力法成立（1992年）、55年体制に幕（1993年）、地下鉄サリン事件、windows95発売（1995年）
1996年（平成8）	御大の館（信州・高森町）がオープン ＊明治は初の全勝優勝	京都議定書採択（1997年）、通貨ユーロ発行（1998年）、同時多発テロ事件（2001年）、小泉首相が北朝鮮訪問（2002年）、SARSが大流行（2003年）
2004年（平成16）		駒大苫小牧高が夏全国制覇（翌年も優勝）、高校野球参加校減少始まる、イチローがメジャーリーグで最多安打、拉致被害者5名帰国、日本の人口減少始まる
2006年（平成18）	＊明治が府中市へグラウンド移転（内海・島岡ボールパーク）	第1回WBCで日本優勝、日本郵政㈱発足（2007年）、リーマンショック（2008年）
2010年（平成22）	＊明治が創部100年	北海道が14の総合振興局・振興局に再編、ねじれ国会、後継に金正恩氏（北朝鮮）
2011年（平成23）	御大生誕100年 ＊明治が明治神宮大会優勝（5度目）	東日本大地震、福島第一原子力発電所事故、なでしこジャパン優勝（W杯）、再び自公政権に（2012年）

2013年（平成25）	＊明治が38年ぶりの春秋連覇（4度目）	生産年齢人口8000万人割る、特定秘密保護法案可決、消費税8％へ（2014年）、マイナンバー制度開始（2016年）
2018年（平成28）	＊明治が春秋連覇（5度目・2016年）	高校野球がタイブレーク採用、日大アメフトで悪質タックル、胆振東部大地震、豪雨で被害
2019年（令和元）	御大没後30年 ＊猪マーク復活、明治が38年ぶりの大学選手権優勝（6度目）	皇太子徳仁親王が天皇即位、消費税10％へ、ラグビーW杯で日本躍進、新国立競技場完成
2020年（令和2）	＊明治が創部110年、春のリーグ戦が8月に延期（1回戦制）	選抜高校大会・選手権大会が中止、新型コロナウイルスが世界に蔓延・対応混乱、東京オリンピック開催延期決まる
2021年（令和3）		＊春秋リーグ戦をともに2回戦で実施、大谷翔平が2刀流で躍動、核兵器禁止条約発効、東京オリンピックが無観客で開催
2022年（令和4）	御大没後33年 ＊明治が春秋連覇（6度目）、明治神宮大会優勝（7度目）	＊勝ち点制復活、仙台育英が初の東北勢制覇（夏）、ロシアがウクライナへ侵攻開始、北朝鮮のミサイル発射相次ぐ、中国・習近平主席が3期目

参考文献・資料

『野球年鑑』各年度版　東京六大学野球連盟

『明治大学野球部史　第一巻』駿台倶楽部明治大学野球部史編集委員会編

『明治大学野球部創部１００年史』駿台倶楽部編　２０１０年

『應援團・六旗の下に　東京六大学応援団連盟36年の歩み』東京六大学応援団ＯＢ会編　シュバル　１９８４年

『明治大学応援団１００年史』明治大学応援団・明治大学応援団ＯＢ会　２０２１年

『慶應義塾野球部百年史・上・下巻』慶應義塾野球部史編集委員会編　１９８９年

『甲子園を目指す人々へ』好村三郎著　日刊スポーツ出版社　１９９９年

『写真で見る日本陸軍兵営の生活』藤田昌雄著　潮書房光人新社　２０１１年

『金足農業、燃ゆ』中村計著　文芸春秋　２０２０年

『スポーツ記者の視座　朝日新聞記者の証言２』朝日ソノラマ　１９８０年

『飯田の昭和を彩った人びと』塩澤実信著　一草舎出版　２００８年

『全球入魂！プロ野球審判の真実』山崎夏生著　北海道新聞社　２０２０年

『早慶戦全記録』堤哲編著　啓文社書房　２０１９年

『奇書の世界史』三崎律日著　ＫＡＤＯＫＡＷＡ　２０１９年
「ベースボール・マガジン　東京六大学野球特集号」各年度版　ベースボール・マガジン社
「デイリー新潮」清水一利著　にっぽん野球事始　２０２０年4月18日
「日刊スポーツ」
「スポーツニッポン」
「朝日新聞縮刷版」
「毎日新聞縮刷版」
「読売新聞縮刷版」
「高森町シニア大学講座資料」松上清志編
「鉄道員台本決定稿」東映東京撮影所編
・各大学の大学案内
・全日本学生野球連盟ＨＰ
・日本野球連盟ＨＰ

ご協力をいただいた皆さま

明治大学野球部
明治大学応援団
日刊スポーツ新聞社
信州たかもり温泉「御大の館」
飯田市観光協会
野球殿堂博物館
長野県飯田市立図書館

本著は文藝春秋企画出版部より刊行された『なんとかせい！　島岡御大の置き手紙』（2020年）をもとに適宜加筆修正し出版したものです。

＊特にクレジットのない写真は筆者所有・撮影です。版権には注意しましたが、お気づきの点などございましたらお知らせください。

著者略歴

丸山清光（龍光）（まるやま・きよみつ）〔写真左〕

1953（昭和 28）年、長野県生まれ。1972（昭和 47）年、上田高校卒業後、明治大学商学部入学、在学中は硬式野球部に所属、島岡吉郎監督の下で東京六大学野球リーグ優勝 3 回。主将、エースとして活躍した 1975（昭和 50）年は、江川卓を擁する法政を抑えて春秋連覇。投手として 20 勝 7 敗。卒業後は朝日新聞社入社、販売局勤務を経て、関連企業の朝日トップス、朝日サービス社長を歴任。現在は合同会社北海道信州グッドラボ代表、松戸市在住。

座右の銘は「情熱に勝るものはなし、日々鍛練」。

著書『なんとかせい！ 島岡御大の置き手紙』（文藝春秋企画出版部）

連絡先　napa.sonoma.cl@gmail.com

増補版　なんとかせい！
一事入魂
島岡御大の10の遺言

2023年1月26日初版第1刷発行
著　者　丸山清光
発行者　百瀬精一
発行所　鳥影社 (choeisha.com)
〒160-0023 東京都新宿区西新宿3-5-12トーカン新宿7F
電話 03-5948-6470, FAX 0120-586-771
〒392-0012 長野県諏訪市四賀229-1（本社・編集室）
電話 0266-53-2903, FAX 0266-58-6771
印刷・製本　モリモト印刷

ISBN978-4-86265-998-9 C0095